월급쟁이
강남 내집 마련하기

1,800만 원으로 시작하는 강남 입성 프로젝트

월급쟁이 강남 내집 마련하기

초판 1쇄 발행   2025년 6월 18일

지은이   기필코강남(조동식)
감수   송희창
기획/총괄   배희원
책임편집   양희준
편집진행   노영현
펴낸곳   도서출판 지혜로
디자인   **표지** 송봉엽 · **본문** 봉찬우

출판등록   2012년 3월 21일 제 387-2012-000023호
주소   경기도 부천시 원미구 길주로 137, 6층 602호(상동, 상록그린힐빌딩)
전화   032-327-5032 | **팩스** 032-327-5035
이메일   book@jihyerobook.com
   (독자 여러분의 소중한 의견과 원고를 기다립니다)

ISBN   979-11-87799-37-5 13320
값   21,000원

- 잘못된 책은 구입처에서 교환해드립니다.
- 이 책은 저작권법에 의하여 보호를 받는 저작물이므로 무단 전재 및 복제를 금합니다.

> 도서출판 지혜로는 경제·경영 서적 전문 출판사이며, '독자들을 위한 책'을 만들기 위해 객관적으로 실력이 검증된 저자들의 책만 엄선하여 제작합니다.

월급쟁이 강남 내 집 마련하기

기필코강남(조동식) 지음

지혜로

프롤로그

평범한 월급쟁이,
강남에 입성하다

KB 부동산 통계에 따르면, 2025년 4월 기준으로 서울 아파트의 중위 매매가는 약 10억 원으로 집계되었다. '중위 매매가'란 전체 거래 중 딱 중간에 해당하는 가격으로, 일반적인 구매자가 실제 마주치는 가격대를 말한다.

서울 아파트의 중위 매매가가 10억 원을 훌쩍 넘긴 시대. 이런 숫자 앞에서, 우리 같은 평범한 월급쟁이들은 그저 한숨만 나온다. 그렇다면 연봉 4,000만 원인 직장인이 소비 없이 모든 급여를 저축한다 하더라도 서울에 집을 사기까지 최소 25년이 걸린다는 계산이 나온다. 이게 말이 되는가?

그렇다고 집값이 이 금액으로 멈춰있는 것도 아니고, 그 사이 집값은 계속해서 오를 것이고, 물가 또한 치솟을 것이다. 이런 현실을 보면, 많은 이들이 시도도 해보지 않고 내집마련을 포기해버리는 것도 충분히 이해가 된다. 거기에 더해 서울 중에서도 강남이라면?

시작은 보증금 1,800만 원짜리 월세방이었다

나 역시 월급쟁이로 시작했으니 부동산에 대한 참담한 마음을 누구보다 잘 안다. 회사에 갓 입사했을 땐 아무것도 몰라 돈을 흥청망청 쓰기도 했고, 소비에 대한 경계심이 많이 부족했다. 그러던 중 부모님의 도움 없이 결혼을 준비하면서 현실의 벽을 실감하게 되었다.

웨딩홀, 신혼여행, 가전·가구 등 결혼 준비 비용이 너무 터무니없이 비싸다는 사실에도 놀랐지만, 무엇보다 신혼집을 알아보는 과정에서 서울에 집을 자가로 마련한다는 것이 얼마나 넘사벽 같은 일인지 뼈저리게 느끼게 되었다.

그때 이후로 나는 '어떻게든 평범한 직장인도 강남에 내 집을 마련할 수 있는 방법을 찾자'고 결심했다. 월급쟁이라는 조건 안에서 돈을 모으고, 또 그 목돈을 불리며, 최종적으로 서울, 그것도 중심지인 강남에 발을 들이기 위한 재테크 전략을 세우기 시작했던 것이다.

꿈은 원대했지만 신혼집으로는 서울 외곽의 보증금 1,800만 원짜리 월셋집을 얻었다. 그리고 지독하게 절약했고, 돈을 불리기 위한 투자를 하기 위해 퇴근 후에도 자주 부동산을 보러 다녔다. 그리고 매주 주말에는 책을 읽고 강의를 들으며 부동산 공부를 완성했다.

정말이다! 월급쟁이도 노력하니 강남 아파트를 가질 수 있더라

평범한 직장인이, 누구의 도움 없이, 자신의 월급만으로 단번에 강남 아파트의 주인이 된다는 것은 현실적으로 불가능에 가깝다. 그래서 나는 총 다섯 번의 갈아타기를 거쳐 강남 아파트에 도달했다. 그러나 많은 이들이 막연하게 한 번에 강남의 아파트를 살 생각을 하니 해볼 엄두조차 내지 못하는 것이다. 하지만 전략만 잘 세운다면 강남도 충분히 다다를 수 있는 곳이다.

나는 지독한 재테크로 종잣돈 1억을 모아, 첫 투자로 다세대 건물에 투자했다. 이 첫 투자가 다음 기회를 열어주었고, 두 번째 투자가 또 다음 투자의 길을 열어주는 식이었다. 난 그렇게 다섯 번의 갈아타기 과정을 거쳐 결국 강남에 입성했고, 지금은 60억 원이 넘는 자산을 보유하고 있다.

이는 단계별 과정을 거친다면 누구나 가능한 일이다. 다만, 경우에 따라서는 두세 번의 갈아타기로도 충분할 수 있고, 누군가는 여섯 번이 걸릴 수도 있다. 중요한 것은 '목적지를 유지'하는 것, 그리고 '한 번에 끝을 보려 하지 말 것', 이것만 명심하면 된다.

나는 결코 특별한 사람이 아니다. 처음엔 재테크의 용어조차 몰랐던 평범한 월급쟁이였다. 내가 남들과 달랐던 점이 있다면 단 하나, 강남으로 가겠다고 마음먹은 것과 절대 포기하지 않았다는 것이다. 그리고 기필코 강남에 진입하겠다는 절실함과 간절함 하나로 여기까지 오게 되었다. 시작이 어렵지, 일단 방향을 알고 한 걸음 내딛고 나면 그다음 길은 명확해진다. 단계별 전략만 있으면 누구에게나 가능한 일이다.

월급쟁이의 강남 내집마련을 위한 실전 로드맵

이 책에는 그런 나의 여정을 고스란히 담았다. 막막한 현실 앞에서 무엇부터 시작해야 할지 모르는 이들에게 실전 로드맵을 전하고 싶어 책을 집필하게 되었다. 길을 모른다면 두렵겠지만, 내가 제시한 길을 참고한다면 어느새 강남 입성에 성공한 당신을 보게 될 것이다. 재테크의 기초부터 종잣돈을 만드는 시스템, 돈이 모이는 구조, 그리고 강남 입성을 위한 전략까지, 처음 부동산을 접하는 이들도 부담 없이 읽을 수 있도록 구성했으며, 한 단계씩 따라갈 수 있도록 설계했다.

이 책은 크게 다음과 같은 내용이 담겨있다.
첫째, 돈이 꾸준히 모이는 시스템을 만드는 방법
둘째, 초보자도 실전에서 바로 써먹을 수 있는 부동산 투자법

셋째, 강남 입성을 가능케 하는 갈아타기 전략과 실전 노하우

누군가는 나의 이야기를 들으며 '그때는 가능했지만 지금은 상황이 또 달라졌잖아?'라고 생각하거나 '운이 좋았던 거겠지'라고 치부할지 모른다. 하지만 체계적인 전략과 노력만 뒷받침이 된다면, 지금도 강남에 입성할 수 있는 기회는 충분하다. 다만 준비된 사람에게만 보일 뿐이다.

2025년 3월 3일, 서울 반포동에 위치한 래미안원베일리아파트의 전용면적 84㎡ 매물이 실거래가 70억 원을 기록했다. 이제 평당 2억 원의 시대가 시작된 것이다. 이는 많은 사람에게 충격을 준 뉴스였다.

그러나 내가 보기에 더 놀라웠던 사실은, 이 아파트의 전신인 (구)반포경남아파트는 2013년 당시 6억 2,000만 원에 거래되었다는 점이다. 만약 그 시기에 종잣돈을 충분히 모아두었고, 부동산에 대해 제대로 공부해두었다면, 이 하나로 수십억 원대 자산가가 되는 것도 가능했을 것이다. 하지만 안타깝게도 나는 2014년부터 부동산에 관심을 갖기 시작했기에 이런 좋은 기회를 놓치고 말았다.

하지만 나는 늦은 시기를 탓하기보다 다시 기회가 올 것이라 믿으면서, 차근차근 종잣돈을 모았고 또 꾸준히 공부했다. 만약 그때 후회만 하며 체념했다면 지금의 나는 없었을 것이다.

준비된 사람만이 기회를 잡는다

나는 흙수저 월급쟁이였기 때문에 지독하게 돈을 모았고, 기회를 발굴하기 위해 일주일에도 2~3일씩 부동산을 둘러보았다. 그리고 기회가 왔을 때 붙잡기 위해 사전에 전략을 철저히 세웠고, 누구보다 과감하게 움직였다. 그리고 그 결과가 지금의 나를 만들었다.

그래서 나는 자신 있게 말한다. 당신에게도 분명 기회는 올 것이다. 문제는 기회가 왔을 때 그것을 알아볼 준비가 되었는가, 그리고 그것을 잡을 준비가 되어있는가이다.

사람들이 내게 자주 묻는 질문이 있다.
"지금 시작해도 늦지 않을까요?"
그럴 때마다 나는 항상 같은 대답을 한다.
"오히려 지금이 가장 좋은 시기입니다."

10년 전, 나도 늦은 줄 알았다. 그러나 그때 후회하며 멈춰있지 않았기에 지금의 내가 있는 것이다. 현재 나는 가족과 함께 6개월마다 하와이, 뉴욕, 시드니 등에서 한 달 살기를 하며 꿈같은 시간을 보내고 있고, 심지어 여행비는 건물에서 나오는 월세 수입으로 충당하고 있다. 공부를 시작할 당시 꿈같은 생활이라고 여겼던 바로 그 생활을, 내가 하고 있는 것이다.

당신도 분명히 할 수 있다. 당신이 책장을 펼친 지금 이 순간, 변화는 이미 시작된 것이다. 부디 이 책이 당신의 내집마련 첫 걸음에 확신과 방향을 더해주기를 바란다.

기필코강남(조동식)

CONTENTS

프롤로그 평범한 월급쟁이, 강남에 입성하다 005

Part 1.
간절함으로 시작한 부동산 투자

- 전 재산 1,800만 원, 자본주의의 현실을 깨닫다 018
- 누구나 월급쟁이 부자가 될 수 있다 025
- 물고기는 결코 물 밖에서 살 수 없다 033
- 큰돈을 굴려야 빠르게 부를 쌓는다 038
- 부동산 투자를 반드시 해야 하는 이유 043
- 두 마리 토끼를 잡는 부자 시스템 048

  투자 insight 부동산 투자를 잘하는 법 053

Part 2.
돈이 모이는 시스템부터 갖춰라

- 부동산 투자, 종잣돈이 클수록 크게 번다 058
- 돈 모으기, 먼저 시스템을 갖춰라 063
- 돈이 모이는 'Make It Real System' 069
- 1단계: 목표 설정(돈을 다루는 기준을 세워라) 072
- 2단계: 소비 관리(돈이 어디로 새는지 아는 것의 힘) 078
- 3단계: 저축·투자(돈이 돈을 벌게 하라) 083
- 4단계: 스트레스 관리(실패해도 멈추지 않는 멘탈) 089
- 5단계: 커뮤니티 참여(함께하면 포기하지 않는다) 094

  투자 insight 자산 vs 부채 096

Part 3.
단단하게 기초를 쌓아라

- 부동산 투자, 공부부터 시작해야 하는 이유 　　　　　　　　100
- 퇴근길, 임장하고 집에 가자 　　　　　　　　　　　　　　103
- 기초① 부동산 통계 지식 　　　　　　　　　　　　　　　　107
- 기초② 부동산 계약 지식 　　　　　　　　　　　　　　　　116
- 기초③ 부동산 세금 지식 　　　　　　　　　　　　　　　　122
- 부동산을 가장 싸게 사는 법 　　　　　　　　　　　　　　129
  - **투자 insight** 직장인의 시간을 아껴줄 부동산 사이트 4 　　136

Part 4.
생애 첫 투자로 만든 월세 수익 400만 원

- 생애 첫 투자, 서울 역세권에 건물을 사다 　　　　　　　142
- 방법① 대출의 두려움에서 벗어나라 　　　　　　　　　　148
- 방법② 대출 한도, 어떻게 계산할까? 　　　　　　　　　　152
- 방법③ 무이자 대출도 적극 활용하자 　　　　　　　　　　156
- 방법④ 공인중개사는 나의 조력자다 　　　　　　　　　　159
- 방법⑤ 임차인을 계속 구할 수 있었던 이유 　　　　　　　162
  - **투자 insight** 쉽게 셀프 인테리어 하는 법 　　　　　　　166

CONTENTS

Part 5.
어떤 부동산을 샀는지가 인생을 결정한다

- 빌라 건물 투자 vs 아파트 투자 — 170
- 차원이 다른 아파트의 시세 차익 — 176
- 원칙① 부자가 좋아하며 희소성이 높은 아파트에 투자하라 — 180
- 원칙② 부동산 가격을 상승시키는 가장 강력한 호재 — 192
- 원칙③ 투자해야 할 시점이 따로 있다 — 200
- 강남 신축 아파트를 저렴하게 사는 법 — 205
  - **투자 insight** 도미노 효과를 믿어라 — 214

Part 6.
내 인생을 바꾼 강남입성 전략

- 강남2구? 3구? 4구? 도대체 강남은 어디일까? — 220
- 아파트 입지 결정의 3가지 핵심 지표 — 223
- 강남입성, 구체적으로 어떻게 해야 할까? — 243
- 강남입성 전략① 두 번의 징검다리, 이렇게 건너라 — 246
- 강남입성 전략② 강남을 향해 온 힘을 다해 뛰어라 — 256
- 토지거래허가제와 이를 활용한 투자 전략 — 264
  - **투자 insight** 팔지 않는 사람이 결국 부자가 된다 — 278

Part 7.
1,800만 원으로 이룬 60억 원의 기적

- 결국 중요한 건 용기 그리고 방향성　　　　　　　　　　　　282
- 얼죽신 열풍?(신축, 대단지만 답이 아니다)　　　　　　　　288
- 시간은 결코 당신을 기다려주지 않는다　　　　　　　　　　294

에필로그　늦은 밤, 투자로 잠 못 드는 이유는 무엇인가요?　　298

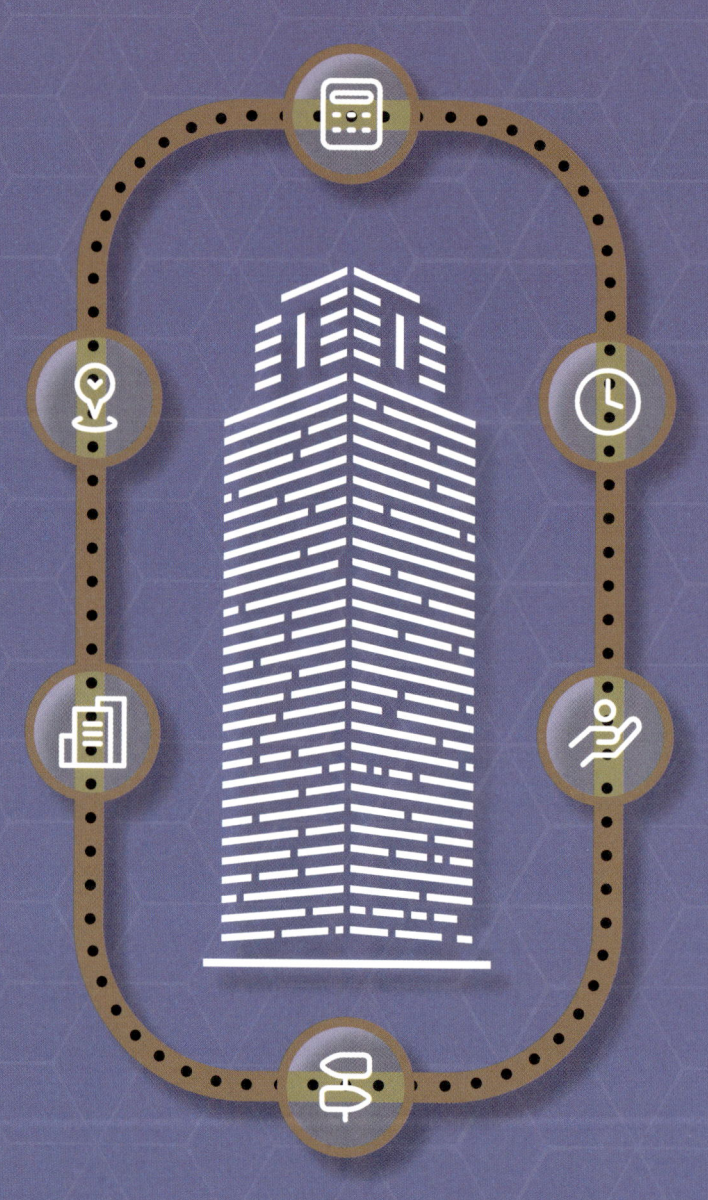

Part 1

간절함으로 시작한
부동산 투자

전 재산 1,800만 원, 자본주의의 현실을 깨닫다

자본주의라는 말을 사전에서 찾아보면, "생산 수단을 자본으로서 소유한 자본가가 이윤 획득을 위하여 생산활동을 하도록 보장하는 사회경제 체제"라고 나와 있다. 여기서 말하는 자본은 여러 가지로 설명할 수 있겠지만, 이 책에서는 쉽게 '돈'으로 풀어 설명하겠다.

대한민국에 사는 사람이라면 누구나 자본주의 속에서 살고 있다고 말해도 과언이 아닐 것이다. 그러나 자본주의 속에서 어떻게 잘 살 수 있을지 고민하는 사람은 별로 없다. 대부분 이런 현실은 등한시한 채, 그저 하루하루를 살아갈 뿐이다. 이상하지 않은가? 사람들은 늘 돈을 갈망하지만, 정작 어떻게 해야 돈을 잘 벌 수 있을지에 대해서는 깊이 고민하지 않는 것이다.

물론 과거의 나 또한 그랬다. 집이 유복하진 않았지만 가난하지도 않은, 평범한 중산층 가정에서 자랐으며, 평범한 학창 시절을 보내고 남들처럼 대학을 졸업하고 직장생활을 시작했다. 대한민국 평균 직장인의 삶이었다고 생각하면 될 것 같다. 대학에 다닐 땐 부모님께 용돈을 받거나 아르바이트를 했고, 수중에 돈이 얼마 없어도 젊음을 무기로, 그럭저럭 만족하며 지냈던 것 같다. 그러니 자본주의와 돈에 대해 사실 딱히 고민할 이유가 없었다.

그런데 직장인이 되자 상황이 달라졌다. 더 이상은 용돈을 받지 못했지만, 그보다 훨씬 많은 돈을 월급으로 받게 된 것이다. 대학에 다닐 때는 늘 구내식당에서 밥을 먹고, 자판기 커피를 뽑아 마시며 돈을 아꼈다. 그러나 정기적으로 월급을 받게 되자, 쓸 수 있는 돈의 규모가 달라졌고, 그 당시 하루에 점심 식사와 커피값으로만 1만 5,000원 정도를 자연스럽게 사용했다 (한 달에 아무것도 사지 않아도 고정비로 45만 원이 나가는 것이니 적지 않은 돈이다).

그리고 입사 전에는 전혀 관심이 없었던 고가의 가방이나 카드 지갑에도 돈을 쓰기 시작했다. "가랑비에 옷 젖는 줄 모른다"는 말처럼, 언제 썼는지도 모를 지출이 쌓여, 신용카드 결제 대금이 빠져나가는 순간 월급의 대부분이 사라지곤 했다.

당시에는 소비를 줄여야겠다는 생각은 전혀 하지 못했고, 오히려 남는 돈으로 고가의 사치품을 하나라도 더 사야겠다고 생각했다. 특히 자동차에도 관심이 많아져, 4,000만 원 상당의 스포츠카를 60개월 할부로 구매하려고 한 적도 있다(지금 생각해보면 미쳤던 게 아닌가 싶다).

이렇다 보니, 용돈보다 훨씬 많은 돈을 받게 되었음에도 돈을 전혀 모을 수 없었다. 이는 잘못된 소비 습관과 더불어 근본적으로 자본주의에 대해 깊이 고민해본 적이 없었기 때문에 발생한 일이었다.

결혼을 준비하며 깨달은 현실

이런 소비 패턴은 결혼을 준비하기 시작하면서 난관에 부딪혔다. 결혼을 준비하며 소비를 줄이고 저축을 늘리려 했지만, 한 번 높아진 소비 패턴을 다시 과거 수준으로 줄이는 것은 정말 쉽지 않았다(이를 전문 용어로 '소비의 비가역성'이라고 한다).

특히 소비를 줄이기 시작하면서 가장 힘들었던 것은 친구나 회사 동기들과의 술자리를 자제해야 한다는 것이었다. 아무래도 술자리의 특성상 주류비가 추가되다 보니, 저렴한 안주를 먹어도 일반 식사보다 비용이 훨씬 많이 들었다. 또한 술을 마시다 보면 1차로 끝나는 경우가 거의 없었기에 추가로 발생하는 비용도 만만치 않았다.

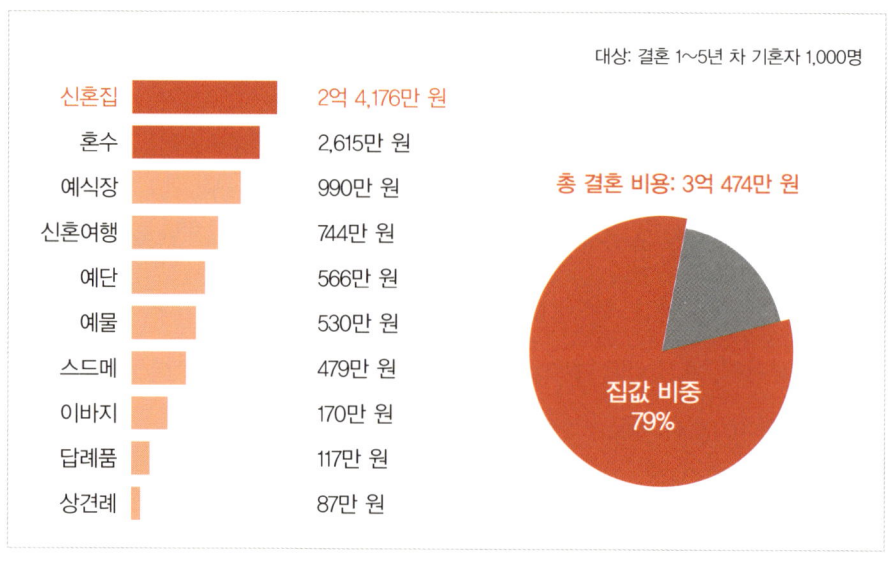

2024 결혼 비용 리포트(출처: 가연)

호기롭게 결혼 준비를 하며 저축을 시작했지만, 생각처럼 쉽게 되지 않았고 여러 시행착오를 겪었다. 그런데 나를 더욱 당황스럽게 한 것은 신혼여행, 스드메(스튜디오 촬영, 드레스, 메이크업) 등 결혼 준비에 필요한 비용을 알아봤을 때였다. 결혼식을 진행하는 데 필요한 각각의 항목을 정리해보니, 예상을 훨씬 뛰어넘는 충격적인 금액이었다. 무엇 하나 합리적인 가격이라고 느껴지는 것이 없었다.

계약	일	정보	가격 ↓	타입	거래동	층
14.07	29		전세 4억	84	104동	23층
	12		전세 3억 5,000	84	101동	2층
	09		전세 4억 1,000	84	101동	3층
14.06	25		전세 4억	84	104동	9층
	17		전세 4억	84	104동	19층
	13		전세 3억 6,000	84	104동	1층
14.04	15		전세 4억	84	104동	23층
	10		전세 3억 9,000	84	104동	14층
	02		전세 4억 1,000	84	104동	23층
14.03	24		전세 4억	84	104동	18층
	19		전세 4억 2,000	84	104동	11층
	03		전세 4억 1,000	84	104동	2층

매매최고 21.10 16억 2,500
전세최고 21.11 9억 8,000

당시 알아봤던 공덕삼성아파트 전세 실거래가

가장 큰 충격을 받았던 것은 바로 신혼집을 구할 때였다. 내심 신혼집을 구하게 되면 꼭 여기서 시작하겠다고 마음먹었던 곳의 전세 가격이 예상보다 훨씬 비쌌기 때문이다.

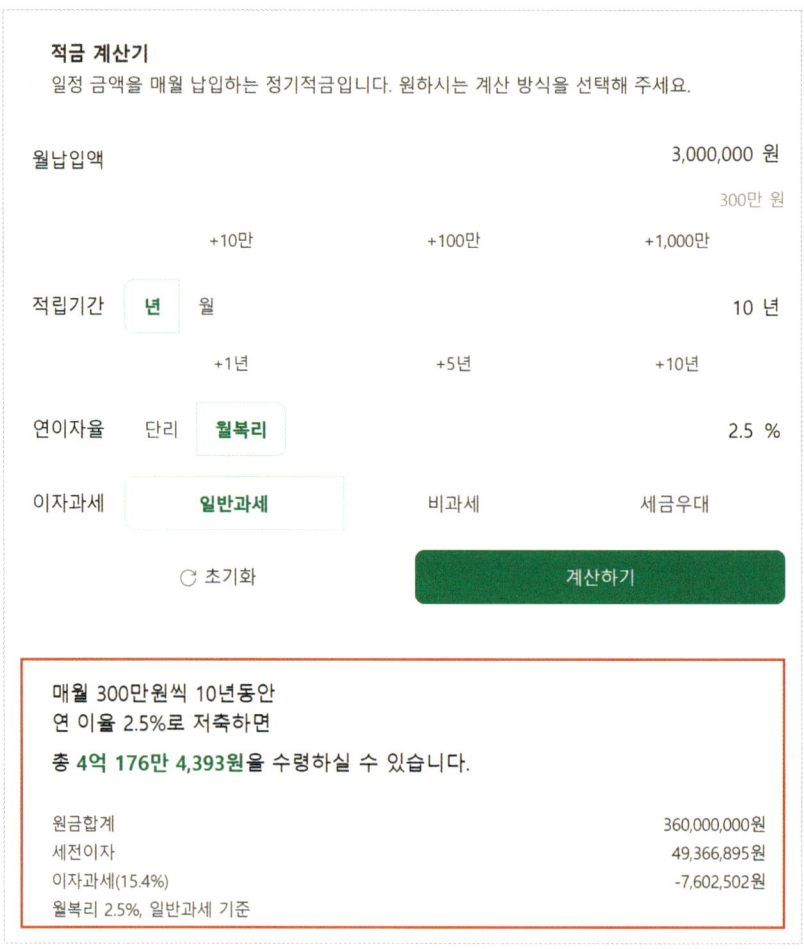

네이버 '적금 계산기'를 활용해 계산할 수 있다

 당시 신혼집으로 생각했던 곳은 공덕삼성아파트(33평)였는데, 전세 가격을 확인해보니 4억 원에 실거래가 다수 발생하고 있었다. 아직도 그 가격을 보고 망연자실했던 기억이 난다.

 충격에 휩싸여 4억 원이란 돈을 마련하려면 앞으로 얼마나 걸릴지 계산해보았다. 당시 적금 금리(2.5%)로 계산해보니, 향후 10년 동안 두 사람의 월급 중 50%(300만 원)를 매달 저축해야 겨우 가능하다는 결론이 나왔다.

그런데 10년 안에 전셋값 상승, 자녀 양육비, 노후 자금 마련까지 고려해 보면, 퇴직할 때까지 저축해도 그 아파트에 전세로 들어가는 것은 불가능해 보였다. 그 어느 때보다 자본주의 사회에서 '자본(돈)'의 부족이 얼마나 냉혹한 현실로 다가오는지 철저히 깨닫게 된 순간이었다.

물론 지금은 거의 두 배 가까이 비싸졌지만, 당시에도 서울 아파트의 전세 가격은 부모님의 경제적 지원이 없다면, 평범한 직장인 부부가 열심히 저축해서 감당할 수 있는 수준이 아니었다.

철저히 시장 논리로 움직이는 부동산 시장

왜 굳이 서울에서 거주하려고 했냐고 물을 수도 있겠지만, 서울에서 직장생활을 하다 보니 신혼생활도 꼭 서울에서 시작하고 싶었다. 그래서 한정된 예산으로 서울 안에 살기 위해 서울 외곽 지역의 부동산을 보러 다니기 시작했다. 예산이 부족하다 보니, 교통이 불편하고 오래된 아파트 위주로 보게 되었다.

특히 외국인이 많이 사는 지역에서 집을 보러 갔을 때, 대낮에 건장한 남자들이 윗옷을 벗고 대로변을 돌아다니는 모습을 보고 공포심을 느낀 적도 있었다. 그리고 분명 사전에 집을 보러 간다고 이야기했는데도, 화장실 변기에 용변을 내리지 않은 집도 있었다. 이 외에도 당시 집을 보러 갔다가 충격을 받았던 곳이 여럿 있었고, 그 사례들을 다 설명하자면 끝이 없을 것이다.

이런 과정을 거치며, 더욱 뼈저리게 자본주의의 현실을 경험할 수 있었다. 그렇게 조금씩 지쳐가던 나는 결국 서울 하늘 아래 마음에 드는 전셋집을 구하는 것은 현실적으로 불가능하다는 결론에 이르렀다. 그리고 차라리 대출을 받지 말고, 현재 가진 돈으로 최대한 저렴한 월셋집에서 신혼생활을 시작하기로 했다. 최대한 아끼고 저축해서 가능한 한 빨리 월셋집을 탈출하는 전략을 세운 것이다. 그렇게 서울 변두리의 한 아파트에서 월세로 신혼생활을 시작하게 되었다.

자본주의 현실, 빨리 깨달을수록 좋다

우리는 살면서 많은 일을 경험하는데, 막상 부딪혀 보면 걱정했던 것보다 어렵지 않게 처리할 수 있는 경우가 많다. 예를 들어, 처음 직장에 입사할 때는 업무가 너무 어렵게 느껴지지만, 몇 달이 지나면 익숙해져 자연스럽게 적응하는 경우가 많다. 그러나 자본주의 사회에서 자본이 부족하다는 것은 삶의 전반을 힘들게 만든다. 이 문제는 시간이 지나도 저절로 해결되지 않고, 단순히 열심히 산다고 나아지는 것도 아니다. 더욱이 결혼을 하고 자녀가 생기면 이 문제는 더욱 심각해진다.

"젊어서 고생은 사서도 한다"는 말처럼, 나는 다행히 비교적 젊은 나이에 자본주의의 현실을 깨달을 수 있었다. 당시 자본주의나 부동산에 대해 전혀 몰랐지만, 지금부터라도 노력하면 미래에는 넉넉한 삶을 살 수 있을 것이라고 긍정적으로 생각했다. 실제로 그렇게 열심히 노력한 덕분에, 10년이 지난 지금 자본을 모아 경제적 자유를 얻을 수 있었다.

따라서 이 책을 읽는 여러분 역시 아직 늦지 않았다. 사회초년생이나 신혼부부 혹은 자본주의에서 부자가 되는 법을 알고 싶은 분이라면 이 책을 끝까지 집중해서 읽어보기를 바란다. 나 역시 월세 보증금 1,800만 원으로 시작했지만, 꾸준히 노력한 끝에 지금은 강남에 거주하며 60억 원의 자산을 이룰 수 있었다. 단언하건대, 이는 누구나 가능한 일이다.

누구나 월급쟁이 부자가 될 수 있다

앞서 말했듯이, 나는 서울 변두리 아파트 월세 보증금 1,800만 원으로 시작해 지금은 강남에 실거주하며 60억 원대 자산가가 되었다. 그런데 어느 순간부터 회사 내에서 나에 대한 소문이 퍼졌고, 조용히 상담을 요청하는 사람이 많아졌다. 질문은 대체로 비슷했다. "어떻게 했냐?"는 것이었다. 그때마다 어떻게 하면 월급쟁이가 부자가 될 수 있는지 정성을 다해 설명했지만, 대부분은 "그게 가능해요?"라며 의아해하는 반응만 보였다.

우리 모두는 월급쟁이 생활에서 벗어나 부자가 되기를 바란다. 그러나 문제는 마음 속 깊은 곳에 '월급쟁이는 부자가 되기 어렵다'는 믿음을 갖고 있는 것이다. 도대체 왜 그럴까?

직장생활이 가장 안전하고 최선이라고 생각한다

대부분의 직장인은 직장생활이 만족스럽지 않더라도, 그것이 가장 안전하고 최선의 선택이라고 여긴다. 왜냐하면 꼬박꼬박 회사에서 월급이 나오고, 어지간해서는 직장을 잃을 일이 없기 때문이다. 반면, 창업이나 투자는 정기적인 수익이 나지 않을 수도 있고, 망할 염려도 있기 때문에 위험하다고 생각한다. 하지만 정말 그럴까?

만약 당신이 평생 회사를 다닐 수만 있다면, 결코 잘못된 생각이 아닐 것이다. 하지만 당신이 사장이 아니라면, 적어도 법정 정년인 60세 이후부터는 그동안 모아둔 자산으로 남은 인생을 보내야 한다.

(단위: 년)

연령	남자				증감		여자				증감	
	1970	2013	2022	2023	'13년 대비	'22년 대비	1970	2013	2022	2023	'13년 대비	'22년 대비
0세	58.7	78.1	79.9	80.6	2.4	0.7	65.8	84.6	85.6	86.4	1.8	0.8
10세	52.8	68.5	70.2	70.9	2.4	0.7	60.2	74.9	75.9	76.7	1.8	0.8
20세	43.9	58.6	60.3	61.0	2.4	0.7	51.3	65.0	66.0	66.8	1.8	0.8
30세	35.4	48.9	50.5	51.3	2.4	0.7	43.0	55.2	56.2	57.0	1.8	0.8
40세	26.7	39.3	40.9	41.6	2.3	0.7	34.3	45.4	46.4	47.2	1.8	0.8
50세	19.0	30.2	31.6	32.3	2.1	0.7	26.0	35.9	36.8	37.6	1.8	0.8
60세	12.7	21.6	22.8	23.4	1.8	0.7	18.4	26.5	27.4	28.2	1.7	0.8
70세	8.2	13.8	14.7	15.2	1.4	0.6	11.7	17.5	18.2	19.0	1.5	0.8
80세	4.7	7.7	7.9	8.3	0.5	0.4	6.4	9.9	10.1	10.7	0.9	0.7
90세	2.8	3.9	3.7	3.9	- 0.1	0.20	3.4	4.8	4.6	5.0	0.3	0.4
100세	1.7	2.0	1.8	1.8	- 0.2	0.1	1.9	2.3	2.1	2.3	- 0.0	0.2

성·연령별 기대 수명(출처: 통계청)

위의 자료는 통계청이 발표한 2023년도 기준 기대 수명표로(2024년 12월 기준 최신 자료), 만약 당신이 현재 30세인 경우, 남자는 81.3세(= 30세+51.3년), 여자라면 87.0세(= 30세+57.0년)까지 살 수 있을 것으로 예상된다. 따라서 당신은 60세 이후 월급을 받지 못하는 상황에서도, 남자라면 21.3년(= 81.3년−60세) 이상, 여

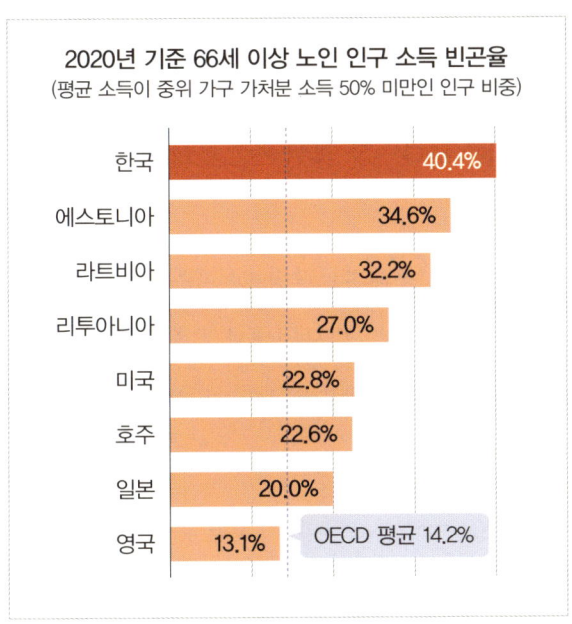

OECD 주요국 노인 빈곤율(출처: OECD)

자라면 27.0년(= 87.0년-60세) 이상 생계를 유지할 수 있어야 한다.

그런데 안타깝게도, 우리나라의 노인 빈곤율은 2020년 기준으로 OECD 주요국 중 가장 높은 수준을 기록하고 있다. 66세 이상 노인 중 40.4%가 중위 가구 가처분 소득(필수 비용을 제외한 비용)의 50% 미만으로 생계를 유지하고 있다는 의미이다. 즉, 노인 중 상당수가 필수 비용을 제외하고는 사용할 수 있는 돈이 매우 적다는 뜻이며, 앞으로 내가 그런 상황에 처하지 않으리라는 보장이 없다.

따라서 퇴직 후 노인 빈곤층으로 전락하지 않기 위해서는 필요한 자금을 충분히 마련해둬야 한다. 그리고 이를 위해 지금 바로 노력을 기울여야 한다. 왜냐하면 바로 지금이 당신의 남은 인생에서 가장 오랫동안 월급을 받을 수 있는 시점이기 때문이다.

그런데 무엇보다 먼저 필요한 것은 '불가능하다'는 생각을 바꾸는 것이다. '나는 자본을 충분히 모을 수 있으며, 사업이나 투자를 통해 경제적 자유를 누릴 수 있음'을 믿어야 한다. 즉, 본인 스스로의 생각 자체를 바꾸는 노력이 선행되어야 한다.

나는 특히 양질의 책을 통해 이 과정에서 많은 도움을 받았다. 생각보다 우리 주변에는 가난한 월급쟁이 회사원에서 시작해 자수성가한 부자들이 많은데, 그들을 보고 배우며, 그들의 방식을 내 것으로 만든다면 누구든 부자가 될 수 있을 것이다.

직장생활 때문에 시간이 없다고 생각한다

다음으로 월급쟁이 직장인이 부자가 될 수 없다고 생각하는 이유는, 직장생활로 인해 공부나 투자를 할 시간이 부족하다고 생각하기 때문이다. 코로나19 이후 재택근무가 늘어났지만, 대부분의 직장인은 보통 오전 9시부터 저녁 6시까지 일한다. 이런 직장인들은 퇴근 후 피곤한 몸을 이끌고 공부하거나 투자하는 것이 불가능하다고 생각한다. 그리고 주말에는 주중에 열심히 일했으니 충분히 쉬어야 한다고 생각한다. 그래서 그런 생활을 해내는 사람은 초인이라 여기며, 자신과는 상관없는 일이라 단정 짓는다.

하지만 나를 비롯해, 어느 정도 성공을 거둔 사람들은 직장에 다니면서도 공부나 투자 활동을 위한 시간을 반드시 확보했다. 나의 경우, 주중에는 퇴근 후 몇 시간씩 여러 지역을 돌아다니며 괜찮은 매물이 있는지 직접 보러 다녔다. 그리고 주말에는 관련 책을 읽거나 강의를 들었고, 주중에는 거리상 한계 등으로 가지 못한 지역에 임장을 다녔다. 그 결과, 아끼고 모은 자본으로 괜찮은 부동산을 살 수 있었고, 그것이 큰 기반이 되었다.

월급쟁이 직장인이 부자가 되려면, 단순히 돈을 모으는 것만으로는 부족하고 투자가 반드시 필요하다. 여기서 말하는 투자는 돈뿐만 아니라 시간에 대한 투자도 포함된다. 내가 아는 부자들 중에는 게으른 사람이 없었다. 그들은 누구보다 부지런했고, 남들이 놀고 쉴 때에도 결코 멈추지 않았다.

실행 가능한 재테크부터 시작하라

그렇다면, 월급쟁이가 부자가 되기 위해 가장 먼저 해야 할 일은 무엇일까? 바로 당장 할 수 있는 것부터 시작하는 것이다. 재테크란, 결국 내가 가진 돈을 효율적으로 '관리'해 점점 불리는 행위다. 따라서 지금 내가 가진 돈의 크기는 상관없다.

보통 재테크는 절약, 저축, 투자, 부업 등으로 실천할 수 있다. 나의 경우, 초기에는 철저히 절약과 저축에 초점을 맞춰 재테크를 시작했는데, 부부가 맞벌이를 했기에 절약과 저축만으로도 꽤 많은 돈을 모을 수 있었다. 물론 극단적인 절약을 통해 가능했던 일이었던 만큼, 그 과정은 결코 쉽지 않았다.

따라서 재테크를 시작한다면, 우선 경제적 체질을 개선하는 것부터 시작하길 권한다. 간단히 말해, 자신의 수입과 지출 상태를 확인한 후, 수입은 늘리고 지출은 줄이는 것이다. 그런데 수입을 늘리는 것과 지출을 줄이는 것 중 어느 것이 더 개선 가능성이 높을까? 상황에 따라 다르겠지만, 대부분의 경우 지출을 줄이는 쪽이 훨씬 개선 가능성이 높다.

예를 들어, 연봉 5,000만 원을 받는 직장인이 있다고 생각해보자. 연봉의 10%(500만 원) 정도를 추가로 벌려면 어떻게 해야 할까? 어쩌면 퇴근 후 혹은 주말에 부업을 시작해 벌 수 있다고 생각할지도 모르겠다. 그러나 2025년 최저 시급 10,030원을 기준으로 계산해보면, 1년에 500만 원을 벌려면 한 달에 40시간 정도를 편의점 등에서 일해야 한다.

물론 불가능한 방법도 아니고, 실제로 그와 같은 방식으로 돈을 버는 사람도 많다. 그러나 직장에서 녹초가 된 상태로 퇴근 후 다시 편의점 등에 출근하는 것은 매우 힘든 일이다.

그런데 만약 퇴근 후 추가로 일할 필요도 없이 1년에 연소득의 10% 이상을 벌 수 있는 방법이 있다면 어떨까? 당연히 마다할 이유가 없을 것이다. 그 방법은 바로 소비를 10%(500만 원) 줄여 저축하는 것이다. 막상 답을 알고 나니 어이없다는 생각이 들지도 모르겠다. 그러나 앞서 이야기했듯, 다시 한번 곰곰이 생각해보길 바란다. 퇴근 후 아르바이트를 통해 연소득의 10%를 추가로 번다면, 체력적인 소모는 물론이고 소중한 가족과의 시간을 대부분 포기해야 한다. 따라서 개인적으로는 결코 추천하지 않는 방법이다.

반면, 지출을 줄이는 것은 조금만 관심을 기울여 관리하면 체력과 시간을 소비하지 않고도 충분히 달성할 수 있다. 아주 기초적인 방법은 직전 1년 동안의 지출 내역을 출력한 뒤 필수 지출을 제외하고 불필요한 항목을 최대한 제거하는 것이다. 아마도 이 방법을 처음 시도해본 사람이라면 예상보다 훨씬 많은 비용이 언제 썼는지도 모르게, 즉 불필요한 지출로 낭비되고 있는 것을 확인하고 놀라게 될 것이다.

또한 과거에는 필수적이라고 여겼던 지출을 좀 더 아끼거나 지출 빈도를 줄이는 방식으로 조정할 수만 있다면, 연소득의 10% 이상을 절감하는 것도 결코 어렵지 않을 것이다.

다음 사진 속 차량은 내가 2021년 말까지 대략 8년간 타고 다녔던 1999년

벤츠 차 옆에 있지만, 한 번도 부끄럽지 않았다

식 소나타다. 오래된 차였지만, 장을 보러 마트를 다니거나 부동산 임장을 다닐 때도 전혀 부족함이 없었다. 물론 연식이 20년을 넘은 차량이라 잦은 고장이 있었지만, 오랫동안 나의 발이 되어준 소중한 차였다.

그런데 직장생활을 하다 보면, 급여 수준이 비슷해도 2~3년마다 차량을 바꾸는 사람을 쉽게 볼 수 있다. 대부분은 보증 기간이 적당히 남은 시점에 기존 차량을 중고로 팔고, 조금만 보태면 새 차로 바꿀 수 있다고 말한다. 이렇게 하면 큰돈 들이지 않고 계속 새 차를 탈 수 있으니 오히려 남는 장사라는 논리인 것이다.

그러나 아무리 중고로 잘 팔아도 새 차와의 가격 차이는 분명히 존재하고, 또한 차량을 교체할 때마다 납부해야 하는 취득세와 등록세만 해도 최소 1,000만 원 정도의 지출이 발생한다. 그럼에도 차량을 자주 교체하는 직원에게 내가 "그 돈을 아껴 부동산 투자에 보태라"고 조언하면, "월급이 적어서 생활비를 쓰고 나면 남는 돈이 없다"거나 "주말에 아르바이트라도 해서 돈을 모으겠다"는 답이 돌아올 때가 많았다.

물론 선택은 자유다. 다만, 내가 전하고 싶은 핵심은 '당장 실천할 수 있는 일부터 시작하라'는 것이다. 그리고 나의 경험상, 현재 지출하는 금액을 정확히 파악하고 불필요한 지출을 줄이는 것이 다른 방법으로 추가 소득을 얻는 것보다 시간과 노력 면에서 훨씬 효과적이었다.

Tip. 월급쟁이 부자 마인드를 얻을 수 있는 추천 도서 3

1. 엑시트(송희창 저, 지혜로)
부동산 투자 전문가인 송사무장의 책이다. 가난한 환경에서 시작했지만, 목돈을 모아 부동산 투자를 시작해 현재는 수백억 원대 자산가가 된 저자가, 직접 습득한 자본주의 사용 설명서에 대해 알려주는 책이다. 수많은 제자를 부자로 만든 실전 매뉴얼을 공개하여 부자가 되는 메커니즘을 엿볼 수 있는 책이다.

2. 한국의 부자들(한상복 저, 위즈덤하우스)
2003년도에 발행된 책으로, 저자가 1년간 100명이 넘는 대한민국의 자수성가한 부자들을 직접 만나 설문 조사를 하고, 그들의 생생한 경험을 담아낸 책이다. 다양한 부자와의 인터뷰를 기반으로 작성된 책임에도 불구하고, 부자가 되기 위한 공통 요인들이 추려져 있어 마인드 정립에 큰 도움을 받을 수 있다.

3. 돈의 심리학(모건 하우절 저, 인플루엔셜)
이 책은 20개의 스토리를 통해 돈과 부가 무엇을 위한 것인지, 어떤 관점과 태도로 부를 추구할 것인지에 대해 끊임없이 질문을 던지고 생각하게 만든다. 어떻게 돈을 벌어야 하는지 구체적으로 다룬 책은 아니지만, 부자가 되고 싶다면 반드시 고민해봐야 할 내용이 많아 큰 도움이 되었던 책이다.

물고기는 결코
물 밖에서 살 수 없다

생각보다 많은 사람이 자신이 속한 경제 환경의 구조를 잘 알지 못한다. 그런데 이를 알기 위해 노력하는 사람은 거의 없고, 관심조차 없는 경우가 대부분이다. 그러나 물고기가 물 밖에서 살 수 없듯, 우리도 경제 환경을 떠나 살아갈 수 없다.

그렇다면, 우리가 살고 있는 자본주의는 어떤 경제 시스템으로 돌아가는 것일까? 자본주의에 관한 모든 것을 다 다룰 수는 없으니, 부동산 투자와 관련된 핵심 특징 하나만 이야기하겠다. 그것은 바로 '인플레이션'이다. 뉴스 기사에서 한 번쯤 들어본 익숙한 용어일 것이다. 쉽게 말해, 시간이 지나면서 통화량이 증가해 화폐 가치는 하락하고, 그로 인해 물가가 전반적, 지속적으로 상승하는 현상이다.

이와 관련해 좋은 예시가 EBS 다큐프라임 〈자본주의〉에 나오는데, 내용은 다음과 같다.

외부와 교류 없이 단일 통화 체제로 운영되는 외딴 섬이 있다고 가정해보자. 만약 해당 섬의 중앙은행에서 딱 1만 원을 발행했고, 시민 A는 그 돈을 빌린 후에 이자를 포함해서 1만 500원을 갚아야 한다고 해보자. 시민 A는 다른 시민으로부터 배를 구입해, 그 배로 열심히 물고기를 잡아 돈을 벌었다. 그렇다면, 과연 시민 A는 1년 뒤에 1만 500원을 중앙은행에 갚을 수 있을까?

정답은 '절대로 갚을 수 없다'이다. 왜냐하면 중앙은행이 발행한 돈은 1만 원뿐이기 때문에, 이자로 내야 할 500원은 아예 세상에 존재하지 않기 때문이다.

그렇다면 해결책은 무엇일까? 바로 중앙은행이 추가로 500원을 찍어내고 그 돈을 시민 B가 중앙은행으로부터 빌려간 뒤, 시민 A에게 물고기를 구매하며 500원을 지불하면 된다. 즉, 해당 섬에 존재하는 돈은 총 1만 500원이 되고, 시민 A는 이 돈을 모두 벌어야 중앙은행에 갚을 수 있게 된다.

그러나 문제는 여기서 끝나지 않는다. 중앙은행에서 500원을 빌려간 시민 B도 중앙은행에 500원에 대한 이자를 지불해야만 하기 때문이다. 하지만 마찬가지로 섬에는 1만 500원 이상의 돈이 없다. 결국, 중앙은행은 또다시 돈을 찍어내야 하고, 누군가는 그 돈을 빌려가야만 한다.

따라서 중앙은행은 다양한 정책으로 통화량 증가 속도를 조절할 수 있지만, 이자 지급을 위해서는 끊임없이 돈을 찍어내야 한다.

위의 자료를 통해 알 수 있듯이, 결국 우리가 자본주의 속에서 살아가는 한, 앞으로도 인플레이션은 지속될 수 밖에 없다.

끝없는 인플레이션의 해법은?

피할 수 없는 상황이라면, 오히려 그 상황을 활용하는 것이 더 현명하다. 자본주의 사회에서 살아가는 이상, 인플레이션이 영원히 지속된다면 피하기보다 이를 어떻게 활용할지 고민하는 것이 더 지혜로운 태도일 것이다. 다행히 인플레이션을 자산 증식에 활용할 수 있는 방법이 있다. 여기에서는 인플레이션을 어떻게 자산 증식의 기회로 삼을 수 있는지를 살펴보겠다.

그러기 위해서는 먼저 주요 재화 및 서비스의 가격이 인플레이션의 영향을 받아 장기간 어떻게 변해왔는지를 확인해야 한다. 이때 참고하기 좋은 자료는 하나금융경영연구소의 '1980~2020 국내 주요 재화 및 서비스 가격 추세 분석' 자료이다. 이 자료를 통해 인플레이션이 지속되는 동안 화폐 가치가 얼마나 하락했고, 각 재화와 서비스의 가격이 어떻게 변해왔는지를 구체적으로 확인할 수 있다.

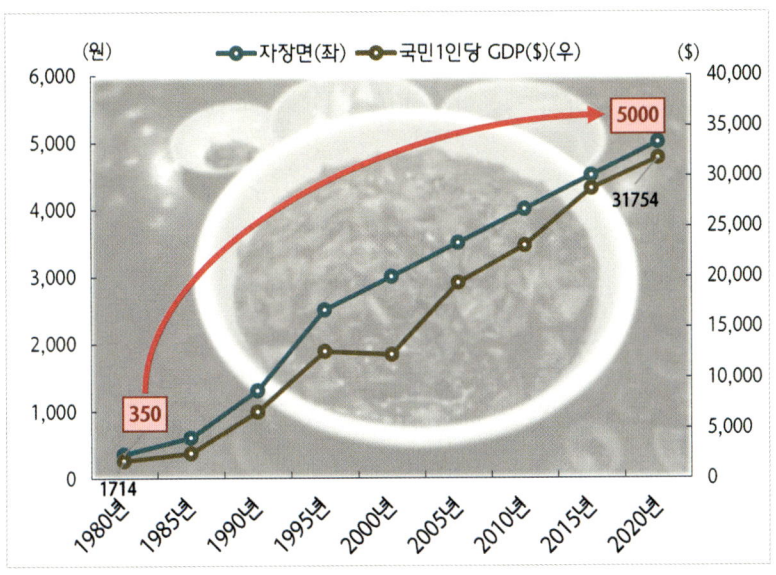

짜장면 한 그릇의 가격 변화

먼저, 우리에게 친숙한 짜장면을 예로 들어보겠다. 1980년에 짜장면 한 그릇은 350원이었다. 그런데 2020년에는 5,000원으로 14.29배나 올랐다는 것을 확인할 수 있다.

새우깡, 사이다, 부라보콘 가격 변화

이 외에도 지난 40년간 새우깡이 13배, 사이다가 약 5배, 부라보콘이 10배 가격이 상승했다. 따라서 사이다를 제외하면 최소 10배 이상 가격이 상승했음을 알 수 있다.

위 결과를 한번 투자에 적용해서 생각해보자. 만약 1980년에 짜장면에 1억 원을 투자했다면, 40년이 지난 2020년에는 짜장면이 14.3억 원이 되었을 것이고, 이는 연평균 6.87%라는 수익을 얻을 수 있는 투자가 되었을 것이다. 물론 짜장면에는 유통기한이 있어 이런 투자는 현실적으로 불가능하다.

그런데 만약 지난 40년간 가격 상승률이 가장 높았는데, 유통기한이 없는 좋은 투자처라면 어떨까? 그리고 관계 법령 등이 잘 갖춰진 정형화된 투자처라면?

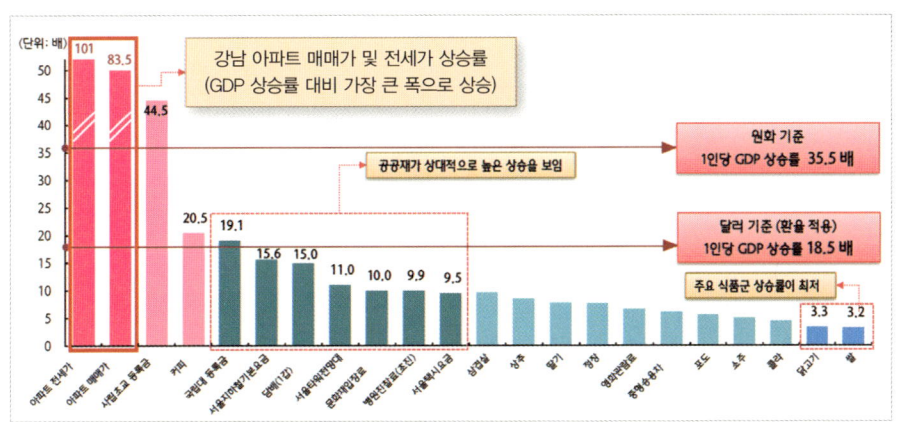

물품 및 서비스 품목별 가격 상승률

이제 위와 같은 조건을 갖춘 투자처를 한번 찾아보자. 앞서 살펴본 하나금융경영연구소의 자료이다. 자료를 보면, 붉은색 막대그래프가 눈에 띄는데 지난 40년 동안 가장 높은 가격 상승률을 보였던 항목이다. 보다시피 '강남 아파트 매매가 및 전세가'가 가장 높은 가격 상승률을 기록했다는 것을 확인할 수 있다.

따라서 어느 정도 방향은 정해져 있다. 자본주의 체제에서 살아가는 이상, 가장 높은 가격 상승률을 보이는 자산에 투자하는 것이 현명한 전략이다. 위의 자료가 보여주듯, 그 자산은 '강남 아파트'이며, 가능한 모든 방법을 동원해 이를 목표로 삼는 것이 좋다. 구체적인 방법은 뒤에서 자세히 다루겠다.

큰돈을 굴려야
빠르게 부를 쌓는다

레버리지(Leverage)라는 용어를 들어본 적이 있을 것이다. 이는 적은 힘으로 큰 힘을 발휘할 수 있게 해주는 지렛대(Lever)의 원리를 투자에 적용한 개념으로, 타인의 자본을 지렛대처럼 활용하여 적은 투자금으로 큰 수익을 얻는 것을 의미한다.

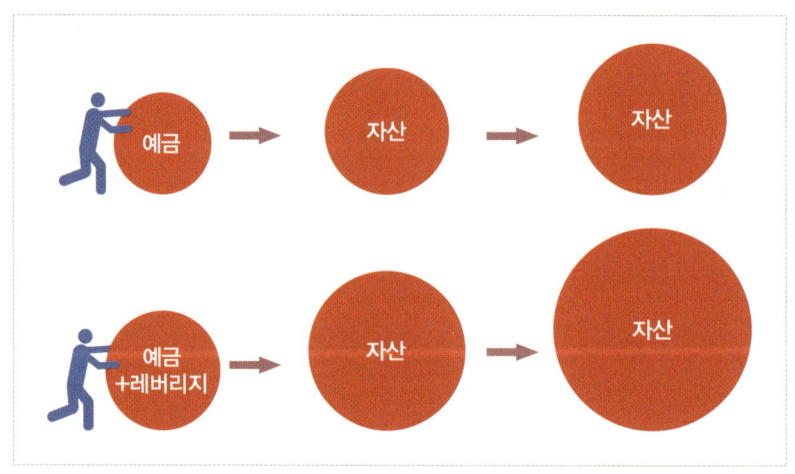

레버리지를 활용하면 자산을 빠르게 불릴 수 있다

이를 쉽게 이해할 수 있도록 예를 들어 설명해보겠다. 어릴 적 눈사람을 만들 때를 떠올려보자. 작은 눈뭉치를 손으로 굴려 점점 크게 만드는 방법도 있지만, 연탄재나 다른 단단한 물체를 활용해 처음부터 큰 눈뭉치를 만들어 훨씬 빠르게 눈사람을 완성할 수도 있다. 마찬가지로, 투자에서도 자신의 자본만으로 시작하는 것보다 레버리지를 활용하면 더 빠르게 목표를 달성할 수 있다.

부동산 투자는 은행 담보대출이나 전월세 세입자의 보증금 등을 활용할 수 있어 다른 어떤 투자 분야보다도 적은 비용으로 오랫동안 많은 타인의 자본을 활용할 수 있다. 따라서 레버리지 활용에 특화된 투자법이라고 할 수 있다.

특히 평균적으로 매매가의 50% 정도인 전세 보증금을 활용하는 것은 사실상 무이자로 투자 대금의 절반 이상을 레버리지할 수 있는 좋은 방법이다. 따라서 투자금이 적다면 적극적으로 활용해야 한다.

레버리지를 적극 활용한 첫 부동산 투자

나 역시 생애 첫 투자에서 레버리지를 적극 활용했다. 물론 본격적인 투자에 앞서 악착같이 종잣돈을 모았고, 2년 만에 1억 원을 마련한 뒤 그 자금을 바탕으로 부동산에 투자했다.

첫 투자 대상은 빌라 건물로(그 이유는 뒤에서 더 자세히 설명하겠다) 5층짜리 다세대 주택이었다. 1억 원으로 5층 빌라 건물을 샀다는 게 믿기지 않을 수도 있겠지만, 그 당시에는 충분히 가능한 상황이었고, 무엇보다도 레버리지를 적극 활용했기에 가능한 일이었다.

당시 구입했던 빌라 건물

구분	금액
매매가	13억 8,000만 원
(-) 건물 담보대출	6억 2,000만 원
(-) 전세/월세 보증금	5억 8,000만 원
(-) 개인 신용대출	6,000만 원
(=) 실투자금(현금)	1억 2,000만 원 + α(취득세 등)

건물 매입 시 활용한 레버리지

이 빌라 건물의 매매가는 13억 8,000만 원이었고, 건물 담보대출과 개인 신용대출, 전월세 보증금을 활용해 실투자금 약 1억 2,000만 원으로 매입할 수 있었다. 이 건물은 10년이 지난 후 28억 원에 매도했다. 결과적으로 1억 2,000만 원을 투자해, 14억 2,000만 원의 수익을 거둔 것이다. 또한 10년 간 매월 400만 원 정도의 월세 수익이 발생했고, 무엇보다도 자연스럽게 증액된 보증금을 활용, 이후 아파트 투자 시 큰 도움이 되었다.

아마 앞의 표를 봤을 때, 가장 먼저 드는 생각은 '저게 가능해?'라는 생각일 것이다. 자본주의 사회에서 부자가 되는 방법을 모르면 이런 반응을 보이는 게 당연하다. 물론 부동산 가격, 정부 규제 등 다양한 요인이 변화함에 따라 지금도 동일한 방식의 투자가 가능하다고 단언할 수는 없다. 그러나 레버리지를 활용한 투자는 항상 존재했으며, 정부 규제 등이 달라지더라도 다양한 방식으로 지속적으로 이루어진다.

나 역시도 대출과 보증금을 레버리지로 투자에 성공한 것이며, 이를 통해 3년 간 힘들게 모은 종잣돈(1억 2,000만 원)을 14억 2,000만 원의 수익으로 만들 수 있었다. 이 빌라 건물은 매입 후 매달 400만 원의 월세 수익을 안겨주었으며, 10년 동안 보유한 뒤 최근에 매도해 투자금 대비 10배 이상의 수익을 거두었다. 매달 400만 원의 현금 흐름을 얻는 동시에 10배 이상의 시세 차익까지 얻을 수 있다면, 과연 누가 이런 투자를 마다할까?

이처럼 초기 투자금이 많지 않은 평범한 직장인들에게 레버리지는 예상치 못한 기회를 제공한다. 그러나 레버리지를 사용할 때는 몇 가지 주의사항을 반드시 염두에 두어야 한다.

첫째, 과도한 레버리지는 높은 부채 비율로 인해 금리 상승이나 시장 하락 시 큰 위험을 초래할 수 있다.

둘째, 대출 상환 계획이 명확하지 않으면, 부동산 자체를 잃을 수도 있다.

셋째, 현금 흐름을 충분히 고려하지 않으면, 월세나 임대 수익으로 대출 원리금을 갚지 못할 수 있다.

따라서 레버리지는 신중하게 활용해야 하며, 투자에 앞서 철저한 분석과 계획을 세우는 것이 반드시 필요하다.

부동산 지식 UP. 사회초년생이 헷갈리는 대출 종류

주변을 보면, 내집마련을 위해 대출을 받으려 하지만 어떤 대출을 선택해야 할지 몰라 고민하는 경우를 종종 접하게 된다. 예를 들어, 담보대출을 받아야 하는 상황인데 전세대출을 알아보는 식이다. 따라서 앞으로 다룰 내용을 이해하는 데 도움이 될 수 있도록, 알아두면 좋은 대출의 종류 세 가지를 정리해보겠다.

1. 개인 신용대출
신용대출은 개인의 신용도를 기준으로 대출을 받는 것이다. 신용도는 신용점수, 소득 수준, 대출 및 연체 이력 등을 종합적으로 평가한 결과이다. 신용도가 낮으면 대출에 제한이 있을 수 있으며, 대출 한도는 연간 소득 수준을 기준으로 결정된다. 이자의 경우 담보대출보다 상대적으로 높다.

2. 담보대출
담보대출은 주택이나 상가 등 부동산을 담보로 대출을 받는 방식이다. 담보물의 가치를 기준으로 대출 금액이 결정되며, 대표적으로 아파트, 주택, 전세자금대출 등이 있다.

3. 전세대출
전세나 월세 보증금을 마련하는 데 어려움을 겪는 사람들을 위한 대출이다. 최근에는 신혼부부와 사회초년생을 위한 저금리 전세자금대출이 다양하게 제공되고 있으므로, 주택도시기금 홈페이지(nhuf.molit.go.kr)에서 자신에게 맞는 전세대출을 찾아보는 것이 좋다.

부동산 투자를
반드시 해야 하는 이유

투자의 대가인 워런 버핏은 자신의 투자 원칙을 다음과 같이 정리했다.

> 원칙1. 절대 돈을 잃지 마라(Never lose money)
> 원칙2. 절대 '원칙1'을 잊지 마라(Never forget 'Rule No.1')
> - 워런 버핏 -

앞서 설명한 인플레이션이나 레버리지를 활용할 수 있다는 점 외에도 내가 부동산 투자를 권하는 또 다른 이유가 있다. 바로 대한민국에서 부동산, 특히 강남 아파트에 투자한다는 것은 위 원칙에 가장 부합하는 투자이기 때문이다.

사실 원금이 보장되는 예·적금과 달리, 투자에는 항상 원금 손실의 가능성이 존재한다. "하이리스크(High risk)—하이리턴(High return)"이라는 말처럼 말이다. 따라서 처음 투자를 시작할 때는 적어도 투자하려는 분야에 대해 충분히 공부한 뒤 자본을 투입해야 한다. 더불어 처음 투자할 땐 상대적으로 안전한 분야에 투자하는 것이 좋다.

그러나 많은 사람이 안전한 투자보다는 거래가 쉽고, 무엇보다 투자금이 적어도 당장 시작할 수 있는 분야를 선택하는 경우가 많다. 나 역시 처음에는 주식으로 투자를 시작했다. 그 이유는 투자금이 적어도 할 수 있고, 언제 어디서든 간편하게 거래할 수 있었기 때문이다.

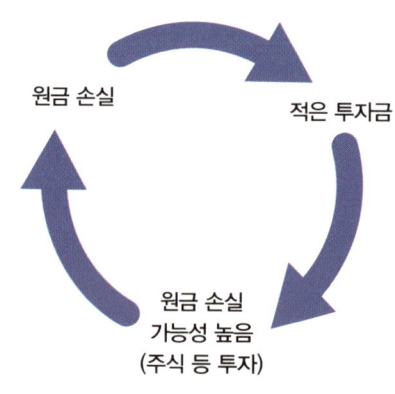

잃는 투자의 악순환

하지만 반드시 기억해야 할 것은, 예·적금과 달리 투자는 원금 손실의 가능성이 있다는 것이다. 특히 적은 투자금으로 비교적 쉽게 시작할 수 있지만 변동성이 큰 주식이나 코인과 같은 자산의 경우, 충분한 사전 준비 없이 성급하게 투자하게 될 가능성이 높다. 이러한 경우, 결국 원금 손실로 이어질 위험이 크다.

문제는 잃은 돈을 만회하기 위해 점점 더 많은 돈을 투자하게 되지만, 기초가 부족한 상태에서 무리한 투자가 계속되면서 시간이 지날수록 오히려 더 큰 손실을 보게 된다는 것이다.

직장생활을 하다 보면 많은 사람이 주식이나 코인 같은 변동성이 큰 투자에 뛰어드는 모습을 종종 보곤 하는데, 대부분이 원금 손실을 경험하고 이를 만회하기 위해 더 많은 자금을 투입하지만, 결국 더 큰 손실로 끝난다. 이런 악순환의 고리를 끊지 못하면 퇴직할 때까지 무리한 투자를 반복하게 되고, 결국 경제적 자유를 얻지 못할 가능성이 높다.

KB 아파트 매매 가격지수

그렇다면, 부동산 투자는 어떨까? 위 그래프는 서울 아파트 매매 가격지수를 나타낸 것이다. 매매 가격지수란, 실제 거래가 신고된 아파트의 가격과 그 변동률을 파악해 산출한 지수로, 다른 지표보다 아파트 시장 동향을 더 잘 보여준다.

그래프를 보면, 서울 아파트는 1986년 이후 38년 동안 총 세 차례의 급상승기를 겪었다. 중간에 보합기와 일부 하락기도 있었지만, 전반적으로는 우상향 그래프를 그리고 있다. 사실 주식이나 코인 등 변동성이 큰 투자와 비교하면, 서울 아파트 시장은 변동성이 거의 없다고 할 수 있다.

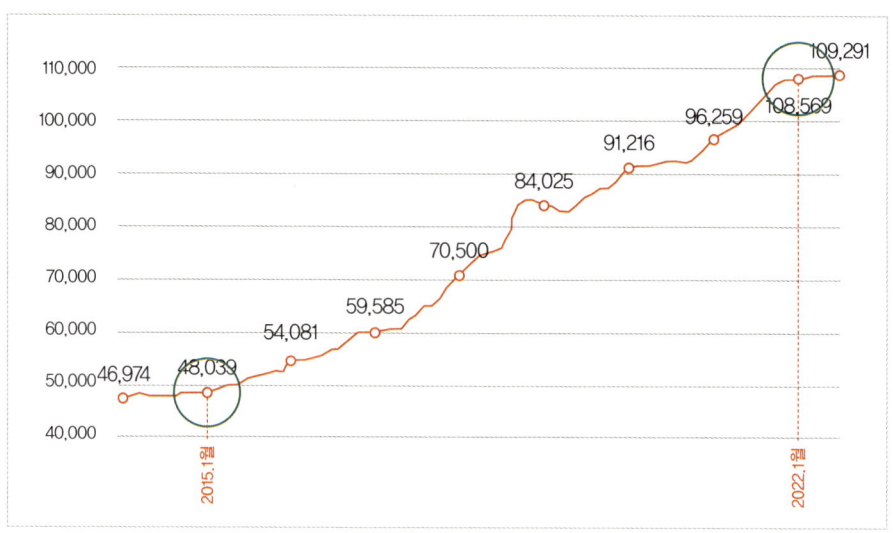

제3차 급상승기 서울 아파트 중위 가격 변화

그중 제3차 급상승기의 가격을 한번 살펴보자. 서울 아파트 매매 가격지수에서 무엇보다 중요한 점은, 계단식 상승이 발생할 때 막대한 투자 수익이 발생한다는 것이다. 위 그래프에서 2015년 1월 가격을 보면 4억 8,039만 원이었다. 그런데 2022년 1월에는 10억 8,569만 원으로, 6억 원 이상 상승했음을 확인할 수 있다. 이는 상승장이 도래했을 때 더욱 급격한 가격 상승이 이뤄지기 때문에 나타나는 현상이다.

게다가 부동산 투자는 레버리지를 활용할 수 있는 대표적인 자산이다. 만약 2015년 1월에 위 가격의 아파트를 레버리지를 활용해 매입했다면, 2억 원 이하 종잣돈만으로도 서울 아파트를 충분히 매입할 수 있었을 것이다. 다시 말해, 가격 상승기에 맞춰 종잣돈을 모아 투자했다면, 3배 이상의 자산 증가를 경험할 수 있었다는 것이다. 이것이 바로 자본주의 사회에서 부동산 투자가 자본을 획득하는 데 가장 적합한 투자 방법인 이유이다.

물론, 일부에서는 부동산 하락기에는 더 이상 부동산으로 돈을 벌 수 없다고 주장하며 위기론을 제기하기도 한다. 그러나 일시적인 하락이 있다 해도 부동산 시장의 장기적 우상향 흐름은 쉽게 꺾이지 않는다. 왜냐하면 자본주의 속에서 살아가는 한, 인플레이션은 끝없이 지속되는 현상이기 때문이며, 또 모두가 원하는 부동산은 결국 공급이 제한적이기 때문이다. 대한민국에서 살아가는 사람이라면 누구나 내 집에서 살기를 원하며, 가능한 더 넓고 좋은 집으로 이사하고 싶어한다. 이것은 사회가 발전하고 직업이 다양해져도 서울대 등 주요 대학의 입시 경쟁률이 좀처럼 떨어지지 않는 것과 같은 이유다. 수요와 공급의 원칙에 따라, 많은 사람이 원하는데 공급이 부족하다면, 결국 가격은 인플레이션 효과로 인해 계속 올라갈 수밖에 없다.

따라서 처음 투자를 시작한다면, 반드시 투자하려는 분야에 대해 충분히 공부한 후에 시작해야 하며, 상대적으로 안전한 부동산 투자부터 시작하는 것이 바람직할 것이다.

두 마리 토끼를 잡는 부자 시스템

부자 시스템이란 돈이 돈을 버는 구조, 즉 자본이 스스로 불어나는 구조를 만드는 것을 일컫는다. 이때 필수적인 요소가 바로 앞에서 설명했던 '레버리지'다. 개인의 자산이나 월급은 한정적이기 때문에, 투자자는 반드시 레버리지를 활용해야 한다. 그리고 레버리지를 통해 자동화된 현금 흐름을 구축해야 한다.

나는 생애 첫 부동산으로 빌라 건물을 매입할 때, 대부분의 자금을 레버리지로 조달했다. 그리고 그 결과 월세 현금 흐름이 발생했다. 이로 인해 월급보다 월급 외 현금 흐름이 더 많아지게 되었고, 부자가 되는 시간을 앞당길 수 있었다.

따라서 자본이 한정적인 평범한 사람이라면, 반드시 레버리지에 대한 이해가 필요하며 이를 적극적으로 활용해야 한다. 그렇게 돈이 돈을 낳는 현금 흐름이 발생하게 될 때, 자본 증식은 획기적으로 빨라질 것이다.

부동산 투자로 '부자 시스템'을 구축하기 위해서는 현금 흐름과 시세 차익을 동시에 누릴 수 있어야 한다. 앞서 설명한 대로, 월세를 통해 현금 흐름을 확보하고, 장기적으로 가격이 오르면 팔아 시세 차익을 누리는 투자 방식이다.

이 책을 읽는 독자 중에는 부동산 투자가 처음인 사람도 많을 것이다. 그래서 이제부터는 부동산을 통해 돈을 어떻게 벌 수 있는지 부동산 투자의 종류에 대해 설명하겠다.

수익형 부동산의 종류

부동산의 취득 목적은 크게 실거주와 투자로 나눌 수 있다. 여기서 실거주 목적의 취득은 제외하고, 투자 목적의 부동산은 다시 '수익형 부동산'과 '시세차익형 부동산'으로 구분할 수 있다. 앞서 언급한 현금 흐름을 주는 부동산이 '수익형 부동산'이며, 가격 상승을 통해 차익을 얻는 부동산이 '시세차익형 부동산'이다.

최근 100세 시대가 도래하면서 은퇴와 노후 준비에 대한 걱정이 커지고 있다. 은퇴 후에도 매달 200~300만 원의 생활비가 필요한데, 이 돈을 마련할 방법을 고민하는 것이다. 이때 수익형 부동산이 하나의 해답이 될 수 있다. 수익형 부동산은 매달 안정적인 현금 흐름을 만들어주기 때문에, 은퇴 이후에도 꾸준한 생활비를 확보하는 데 매우 효과적이다.

1. 주거용 부동산

먼저, 주거용 부동산부터 살펴보자. 주거용 부동산이란 아파트, 다세대 주택, 오피스텔, 다가구 주택, 도시형 생활주택 등 주거를 목적으로 지어진 부동산을 말한다. 주거용 부동산을 수익형 부동산으로 활용하는 방법은 전세나 월세로 임대하여 수익을 얻는 것이다.

그런데 같은 주거용 부동산이라도 수익형 부동산으로 활용할지, 시세차익형 부동산으로 활용할지에 따라 접근 방법이 달라진다. 만약 수익형 부동산으로 활용하려면 큰 평형보다는 소형 부동산이 더 적합하다. 왜냐하면 소형 부동산은 월세 수요가 많고 수익률이 높기 때문이다. 소형 아파트나 다세대주택, 주거용 오피스텔, 도시형 생활주택이 여기에 해당한다. 최근 1인 가구가 증가하면서 소형 부동산을 수익형 부동산으로 활용하는 방식이 각광을 받고 있다.

2. 상업·업무용 부동산

상업·업무용 부동산이란 쉽게 상가를 생각하면 된다. 이 외에도 업무용 오피스텔, 아파트형 공장, 오피스 빌딩 등이 포함된다. 아직 부동산에 대해 잘 모른다면, 먼저 주거용 부동산에 관심을 가질 확률이 높다. 그러나 상업·업무용 부동산은 주거용 부동산보다 위험은 크지만, 더 높은 수익을 기대할 수 있다는 장점이 있다.

3. 숙박용 부동산

숙박용 부동산이란, 말 그대로 숙박 서비스를 제공하고 요금을 받는 곳을 말한다. 대표적인 숙박용 부동산은 펜션, 리조트, 여관, 모텔, 호텔, 게스트하우스 등이 있다.

숙박용 부동산은 다른 수익형 부동산과 달리, 임대 수익보다 사업 수익에 더 가깝다는 특징이 있다. 다른 수익형 부동산은 임대 수익을 내는 반면, 숙박용 부동산은 직접 서비스를 제공한다. 따라서 개인사업자 등록과 영업 허가 사항도 사전에 반드시 확인해야 한다.

시세차익형 부동산 투자

시세차익형 부동산은 부동산을 매입한 후 그 물건의 매매가가 더 올랐을 때 팔아서 오른 만큼의 차익을 얻는 것을 말한다. 이러한 시세차익형 부동산 투자를 잘 활용하면, 종잣돈을 불려 새로운 투자로 이어갈 수 있다. 하지만 이때 반드시 고려해야 할 중요한 요소가 바로 세금이다.

부동산 매매 과정에서 여러 세금이 발생하는데, 그중에서도 가장 부담이 큰 것은 양도소득세(양도세)이다. 양도세는 쉽게 말해 부동산을 타인에게 팔 때 내는 세금이다. 매매를 자주 하는 부동산 투자자들은 양도세를 줄이기 위해 법인 투자를 하는 등 다양한 방법을 활용한다.

따라서 직장인에게 적합한 시세차익형 부동산 전략은, 소액으로 자주 사고파는 방식보다는 '똘똘한 한 채'를 매입하여 일정 기간 임대 수익을 얻고, 시세가 올랐을 때 매도하여 시세 차익을 실현하는 방식이다.

시스템을 만들어야 부자다

나는 수익형 부동산과 시세차익형 부동산에 모두 투자하여 성과를 얻었다. 앞서 소개한 빌라 건물 투자로 월세 수익을 만들었고, 이는 이후 시세차익형 부동산 투자에 필요한 투자금 마련에 큰 도움이 되었다.

빌라 건물을 매입한 이후 더 빠르게 투자금을 확보할 수 있었고, 몇 차례 매매를 통한 시세 차익으로 강남 아파트 실거주 자금을 마련할 수 있었다.

나는 보증금 1,800만 원으로 시작해 60억 원의 자산을 쌓기까지 10년이 걸렸다. 열심히 노력했음에도 시행착오가 있었기에 상당한 시간이 걸린 것 같다. 그래서 이 책에서는 과거의 시행착오를 돌아보며, 독자들에게 도움이 될 내용을 최대한 담으려고 노력했다.

부동산 지식 UP. '똘똘한 한 채'란 무엇일까?

부동산에 처음 입문했다면 '똘똘한 한 채'라는 용어가 생소할 수 있지만, 앞으로 자주 듣게 될 용어이다. 간단히 말해, 집을 여러 채 소유한 사람('다주택자'라고 한다)에 대한 규제가 강해지면, 가장 매력적인 한 채만 남기고 나머지는 정리하는 현상이 나타난다. 그리고 이때 많은 사람이 남기고 싶어하는 그 한 채로 수요가 집중되면서 해당 부동산 가격이 폭발적으로 상승하는 현상이 나타나는데, 이를 '똘똘한 한 채 현상'이라고 한다.

투자 insight 부동산 투자를 잘하는 법

어느 화창한 오후, 대기업 회장이 비서와 함께 차를 타고 이동하고 있었는데 신호에 걸려 차가 잠시 정차하는 상황이 발생했다. 그러자 창밖을 유심히 살펴보던 회장이 비서에게 말을 건넸다.

"김 비서, 저 건물 정말 마음에 드는군. 딱 내가 원하는 위치에 원하는 모습이야! 저 건물을 꼭 사고 싶네. 한번 알아보게."

그러자 김 비서는 회장의 갑작스러운 요구에도 당황하지 않고 건물을 본 뒤 이렇게 답했다.

"회장님, 저 건물 이미 소유하고 계십니다."

이 이야기를 읽으며, '도대체 돈이 얼마나 많아야 저런 일이 가능할까?' 궁금한 독자도 있을 것이다. 그러나 이 이야기를 통해 내가 전달하고 싶은 메시지는 이미 소유한 사람도 다시 사고 싶을 정도로 매력적인 부동산을 사야 한다는 것이다.

'견물생심(見物生心)'이라는 사자성어가 있다. 이는 물건을 보면 자연스럽게 그것을 갖고 싶은 마음이 생긴다는 뜻이다. 앞선 이야기에 등장한 회장은 자신이 소유한 부동산이었음에도 불구하고, 지나가던 길에 그것을 보니, 또다시 소유하고 싶은 마음이 생겼던 것이다. 부동산 투자를 잘하는 방법이 이것이다. 바로 누가 봐도 사고 싶은 마음이 강하게 생기는 부동산을 사는 것이다.

나는 현재 잠실엘스아파트(34평)에 살고 있다. 여기에 살며 매일 한강뷰를 즐기고 한강공원과 대단지(5,678세대)에만 존재하는 단지 내 공원을 산책한다. 해당 아파트를 구입한 이야기는 뒤에서 더 자세히 설명할 예정이나, 매수 과정에서 가장 큰 효과를 본 것이 바로 '견물생심'이었다.

당시만 해도 아파트 30평형대 가격이 10억 원을 넘는 것은 강남에서도 꽤 높은 가격이라는 인식이 있었다. 따라서 해당 아파트를 직접 보기 전까지는 너무 무리하는 게 아닌지 고민이 되었다. 더욱이 아내가 극구 반대하면서 매수 시점이 계속 미뤄졌고, 9억 원 중반이었던 가격은 어느새 10억 원을 돌파하고 말았다. 그러나 해당 아파트를 함께 방문하고 나서 생각이 완전히 달라졌다. 기존에 살던 곳과 확연히 다른 모습(단지 조경, 아파트 내부 구조, 한강뷰 등)을 보며 견물생심이 강하게 일었고, 그날 바로 매매계약서에 도장을 찍었다.

그런데 해당 아파트를 보고 나만 견물생심이 생겼을까? 아닐 것이다. 다른 사람들도 이 아파트를 보고 소유하고 싶다는 생각이 들었을 것이다. 결국, 그런 부동산의 가격은 계속 상승할 수밖에 없는 것이다.

부동산 투자를 하다 보면 입지가 중요하다는 말을 자주 듣는다. 견물생심이란 곧 입지가 좋은 곳을 말하는 것이기도 하다. 부동산을 사려면 반드시 입지가 좋은 곳을 사야 한다. 이곳이 바로 사람들의 견물생심을 자극하는 곳이기 때문이다. 그렇다면, 현재 해당 아파트의 가격은 어떻게 되었을까? 내가 매수한 가격의 대략 3배 정도가 되었다. 따라서 부동산 투자를 잘하고 싶다면 반드시 견물생심을 기억하자.

그리고 평소 임장 등을 다니다가 만약 견물생심이 생긴 부동산을 발견하면 즉시 기록해두자. 나는 지금도 임장을 다니다가 그런 부동산을 찾으면 스마트폰 메모 앱을 활용해 즉시 기록하고, 집에 돌아와서 이를 파일로 정리한다. 사람의 기억은 시간이 지나면 쉽게 잊어버리기 마련이다. 견물생심과 기록, 두 가지를 반드시 기억하자.

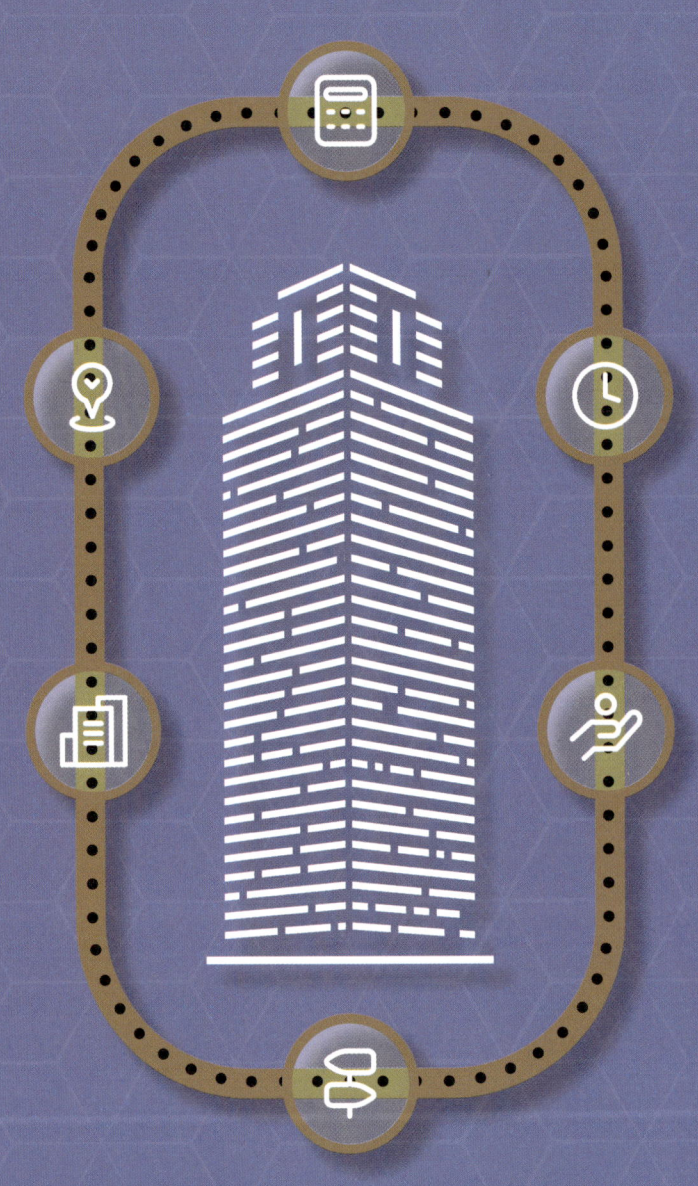

Part 2

돈이 모이는
시스템부터 갖춰라

부동산 투자, 종잣돈이 클수록 크게 번다

사람들에게 돈 모으기의 중요성에 대해 말하면, 대부분은 고리타분한 이야기로 치부하고 금방 흥미를 잃는다. 이는 어렸을 때부터 부모님이나 주위 사람들로부터 자주 들었던 이야기이기 때문이다. 더욱이 부모님 세대는 고금리 시대를 살아왔기 때문에, 저축의 힘을 절대적으로 믿고 있는 경우가 많다. 이렇다 보니 사람들에게 저축의 중요성은 흔히 듣는 조언이 되었고, 진부해진 것이다.

그러나 막상 실제로 돈을 꾸준히 모으는 사람이 얼마나 되는지 주위를 둘러보면, 현실은 다르다. 대부분의 사람이 돈을 모아야 한다고 말은 하지만, 정작 실천하지는 못하고 있기 때문이다. 이것은 돈 모으기의 중요성을 몰라서가 아니라, 돈을 모으는 일이 그만큼 어렵기 때문에 발생하는 현상이다.

하지만 평범한 직장인이 경제적 자유를 이루기 위해서는 무엇보다 먼저 돈을 모아야 한다. 특히 부동산 투자의 경우, 목돈은 훨씬 더 강력한 힘을 발휘한다. 왜냐하면 부동산 투자의 경우 정부에서 대출 한도를 강력하게 규제하고 있기 때문이다. 예를 들어, 매매가가 10억 원인 아파트를 매수한다고 생각해보자. 이때 대출 한도가 5억 원이라면, 적어도 5억 원 이상을 보유하고 있어야 해당 아파트를 매수할 수 있다. 따라서 일정 규모 이상의 종잣돈을 보유하고 있지 않으면 대출 규제로 인해 원하는 아파트를 구입하지 못할 수 있다.

목돈이 있어야 기회를 잡는다

목돈의 유무에 따라 투자의 결과에는 어떤 차이가 있을까? 여기서는 다음 두 아파트의 실거래가 변동을 살펴보며, 목돈에 따라 투자 수익이 얼마나 차이가 날 수 있는지 확인해보도록 하겠다.

2014년 1월, 서울 서초구에 위치한 반포경남아파트(현 래미안원베일리)의 실거래가를 확인해보면, 당시 전용 73.5㎡의 실거래가가 7.1억 원이었음을 확인

(구)반포경남아파트 실거래가

할 수 있다.

법정동/리	기준년도	월			면적			
창동	2014	전체			--전체--			
84.97	22	-	-	-	35,000	-	2	-
59.76	22	-	-	-	27,400	-	9	-
134.94	21	-	-	-	45,000	-	12	-
134.94	20	-	-	-	49,500	-	22	-
134.94	12	-	-	-	52,750	-	15	-
84.97	11	-	-	-	41,000	-	15	-
84.97	06	-	-	-	38,000	-	11	-

동아청솔아파트 실거래가

그리고 같은 시기 서울 도봉구에 위치한 동아청솔아파트의 실거래가를 확인해보면, 전용 84㎡의 실거래가는 3.8억 원(평균)이었음을 확인할 수 있다. 물론 전용면적이나 사용승인일 등 여러 차이가 존재하지만, 2014년 1월 기준으로 두 아파트의 실거래가만 비교해보면 3.3억 원(7.1억 원-3.8억 원) 차이가 난다는 것을 확인할 수 있다. 만약 각 아파트 실거래가의 50%를 주택담보대출을 활용해 매수했다면, 그 차이는 1.65억 원(= 3.55억 원-1.9억 원)으로 좁혀졌을 것이다.

그런데 10년 뒤, 두 아파트의 실거래가는 어떻게 변했을까? 두 아파트의 실거래가 차이가 무려 50.1억(= 60억 원-9.9억 원)까지 벌어졌다는 것을 알 수 있다. 다만, 반포경남아파트(전용 73.5㎡)를 매수했을 경우, 래미안원베일리(전용

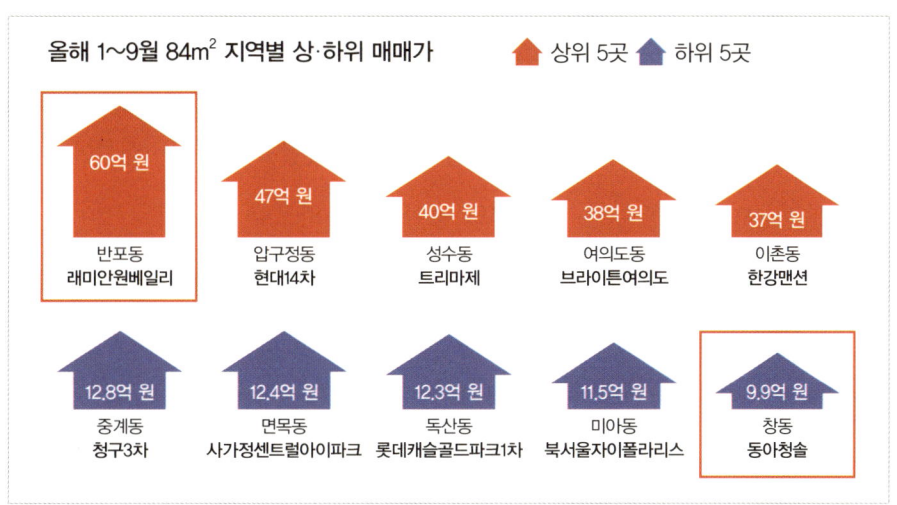

두 아파트의 10년 뒤 실거래가(출처: 국토교통부·아실)

84㎡)를 배정받기 위해서는 추가 분담금 약 5.1억 원이 필요했을 것이다. 그러나 이를 감안하더라도 47.8억 원(= 60억 원-7.1억 원-5.1억 원)이라는 엄청난 시세 상승이 발생한 것이다.

구분		반포경남	동아청솔	차이
실거래가	2014.1	7.1	3.8	3.3
	10년 후	60	9.9	50.1
	상승	52.9	6.1	46.8
초기 투자금(대출 50%)		3.55	1.9	1.65
추가 분담금		5.1	-	5.1
총 투자금		8.65	1.9	6.75
투자 수익		51.35	8.0	43.35

목돈 유무에 따라 수익 차이가 벌어진다 (단위 : 억 원)

따라서 2014년 1월에 주택담보대출(실거래가의 50%)을 받고 반포경남아파트와 동아청솔아파트를 매수하고 2024년도에 이를 매도할 경우, 순투자금과 시세 차익 등을 분석해보면 앞과 같다.

만약 2014년 1월 주택담보대출을 활용해 (구)반포경남아파트를 매수할 수 있었다면, 10년 후 52.9억 원의 수익을 얻을 수 있었을 것이다. 하지만 이때 초기 투자금이 부족했다면, 아쉽게도 동아청솔아파트를 매수했을 것이고 상대적으로 적은 수익을 거둘 수밖에 없었을 것이다. 물론 평범한 직장인에게는 8억 원의 수익도 상당히 큰 액수다. 그러나 단지 목돈의 차이로 수익이 8배가 넘게 차이가 난다면 아쉽지 않을까?

이처럼 같은 시기에 서울 아파트를 매수해도, 수익은 목돈에 따라 다를 수 있다. 이것은 초기 자금의 중요성을 다시금 상기시켜주는 좋은 예이다. 따라서 부동산 투자 공부뿐만 아니라, 초기 투자금을 모으는 것도 중요하다.

돈 모으기, 먼저 시스템을 갖춰라

의외로 많은 사람이 돈 모으기를 쉽게 생각하는 경향이 있다. 그러나 과거에 도전해본 사람은 이미 충분히 경험해봤겠지만, 돈을 모으는 것은 결코 만만한 일이 아니며 상당한 노력이 필요하다. 그런데 돈 모으기와 비슷한 것이 있는데, 바로 다이어트이다.

돈 모으기와 다이어트의 유사점

돈 모으기는 많은 사람이 도전하지만, 자주 실패한다는 점에서 다이어트와 유사하다. 아마 사람이 태어나서 죽을 때까지 반복적으로 고민하는 대표적인 주제는 돈과 다이어트일 것이다. 이 두 분야는 서로 전혀 다른 것처럼 보이지만, 상당한 유사점이 있다.

다이어트에 성공하려면, "오늘은 좀 덜 먹자", "내일은 꼭 운동하자" 같은 작은 결심들이 반드시 실천으로 이어져야 한다. 왜냐하면 달콤한 간식이나 맛있는 치킨의 유혹을 이겨내지 못한다면, 다이어트에 성공할 수 없을 것이기 때문이다.

이처럼 돈을 모으는 과정도 작은 결심들이 쌓여야 장기적으로 일정 규모 이상의 종잣돈을 모을 수 있다. 그러나 매일 아침 커피 한 잔, 점심 외식, 퇴근 후 배달 음식과 같은 작은 소비의 유혹을 이겨내기란 쉽지 않고, 그런 작은 소비의 결정들이 쌓여 어느새 큰 지출이 되어버린다.

스트레스 관리가 지속성을 만든다

돈을 모으거나 다이어트를 할 때 가장 중요한 것은, 단기적인 성과에 집착하지 않고 꾸준히 지속하는 것이다. 하지만 현실에서는 생각만큼 속도가 나지 않거나, 목표를 달성하지 못하는 날도 생기기 마련이다. 이때 '내가 정말 성공할 수 있을까?'라는 불안감이 들면, 쉽게 포기하게 된다.

다이어트의 경우, 오늘 체중이 늘었다는 이유로 의욕을 잃게 되면 지속할 수 없고, 돈을 모으는 과정에서도 저축 목표를 달성하지 못해 낙심한다면 기존의 소비 습관으로 돌아가게 될 수도 있다. 결국, 스트레스를 적절히 관리하고 장기적인 관점에서 접근하는 것이 중요하다.

너무 당연한 말이지만, 다이어트를 시작했다고 하루아침에 이상적인 체형을 만들 수 없고, 돈 모으기를 시작했다고 단기간에 종잣돈을 모을 수도 없다. 하루하루의 작은 선택이 모여 결국 큰 변화를 만들어낸다는 점을 명심하고, 중간에 발생하는 사소한 실수로 쉽게 포기하지 않도록 마음을 다잡는 것이 필요하다.

의지력보다는 시스템부터 갖춰라

많은 사람이 돈을 모으지 못하는 이유가 단순히 소득이 적기 때문이라고 생각한다. 그러나 이는 명백한 오해다. 돈을 잘 모으는 사람과 그렇지 못한 사람의 차이는 소득의 크기가 아닌 '돈을 관리하는 능력'의 차이에서 오기 때문이다.

예를 들어, 연봉이 1억 원 이상인 사람이 있다고 생각해보자. 그런데 이 사람은 충동적인 소비 습관을 갖고 있고, 계획 없는 지출을 반복하고 있다. 시간이 지나면 어떻게 될까? 월급이 들어오자마자 돈이 금방 사라지는 패턴을 매달 반복하게 될 것이고, 결국 목돈을 마련하지 못할 것이다.

반면, 연봉을 4,000만 원 받는데 체계적인 시스템으로 돈을 관리하는 사람이 있다면 어떨까? 적절한 관리와 저축, 투자를 통해 돈을 불린다면 몇 년 안에 목돈을 모을 수 있을 것이다. 따라서 당장 바꿀 수 없는 소득의 크기를 탓하기보다는, 돈을 관리하는 방식을 개선하기 위해 노력하는 것이 가장 현실적인 방법일 것이다.

그렇다면, 재정적으로 안정된 사람들은 어떻게 돈을 관리할까? 하나씩 살펴보자.

첫째, '소비 기준'이 명확하다. 필요한 소비와 불필요한 소비를 명확히 구분하고, 필요한 소비는 과감히 지출하되 불필요한 소비는 철저히 제거하여 본인의 소비 습관을 지속적으로 개선한다.

둘째, 저축을 자동화하고 안정적인 분야에 투자한다. 이를 통해 모은 돈이 스스로 수익을 창출할 수 있게 하고, 소득이 점점 증가하는 선순환 구조를 만든다.

셋째, '스트레스 관리'에 능숙하다. 혹시라도 돈을 모으며 생길 수 있는 불안감을 줄이고, 중간에 실패하는 순간이 있더라도 이를 배움의 기회로 삼아 돈을 관리하는 시스템을 구축한다.

넷째, '함께 성장할 사람들'과 연결되어 있다. 이런 사람들을 통해 긍정적인 재정 습관을 공유하고 피드백을 주고받으며, 무엇보다 목표와 가치에 대한 책임감이 강화되고 정체성이 변함에 따라 장기적으로 저축을 지속할 수 있게 된다.

시스템을 갖춰야 성공한다

많은 사람이 돈을 잘 모으거나 부자가 되는 것을 어떤 결정적인 사건(로또 당첨이나 한 번의 투자로 큰돈을 버는 일 등)이 있거나 특별한 재능이 있어야 가능하다고 생각한다. 그러나 앞서 살펴봤듯, 재정적으로 안정된 사람들은 대부분 하루에도 수차례 발생하는 선택의 순간에 좀 더 나은 선택을 할 수 있는 시스템을 갖추고 있는 경우가 많다.

물론 다음과 같은 의문을 품는 사람도 있을 것이다. '굳이 머리 아프게 시스템을 갖추지 않아도, 강한 의지만 있으면 돈을 잘 모을 수 있지 않을까?' 그러나 이것이 바로 많은 사람이 돈을 모을 때 범하기 쉬운 착각이다. 사람들은 돈을 모으지 못하는 이유를 자신의 의지력 부족 때문이라고 생각한다. 그러나 그것이 진짜 이유가 아님을, 다음 내용을 통해 확인할 수 있을 것이다.

첫째, 사람의 의지력에는 한계가 있다. 심리학자 로이 바우마이스터(Roy F. Baumeister)의 '자원 고갈 이론'에 따르면, 의지력은 한정된 자원이며 하루 동안 여러 결정을 내리다 보면 점차 소진돼 결국 목표 달성이 어려워진다고 한다. 따라서 체계적인 시스템을 갖춰야 꾸준히 계획을 실천하고, 이를 통해 목표에 다가갈 수 있다.

둘째, 시스템이 없으면 명확한 기준과 행동 계획, 피드백이 부재하다. '돈을 모으겠다'는 막연한 결심은 명확한 기준이나 구체적인 행동 계획 없이 단순히 마음속 결심에 머무르는 경우가 많다. 그런데 무작정 소비를 줄이려고 해도 어떤 소비를 줄여야 하는지, 또 언제까지 얼마를 줄여야 하는지 등에 대한 판단이 명확하지 않다. 따라서 하루에도 몇 번씩 우왕좌왕하게 되므로, 결국 일시적인 성과만 보이고 장기적인 변화로 이어지기 어려운 것이다.

셋째, 시스템이 없으면 환경 변화나 예측 불가능한 변수에 제대로 대응하지 못한다. 아무리 강한 의지를 갖고 있더라도, 일상에서 발생하는 예기치 못한 지출, 경제적 변화, 개인의 기분 변화 등 다양한 요인이 재정 관리에 영향을 줄 수밖에 없다. 그러나 체계적인 시스템은 이러한 변수들을 고려하여 계획을 어떻게 수정해야 하는지, 실패를 어떻게 학습의 기회로 전환할 것인지에 대한 구체적인 실행 방안을 반영할 수 있다.

넷째, 사회적 지원과 책임감이 강화되지 않는다. 단순히 개인의 의지에 의존하면, 실패하거나 좌절하는 순간에 외로움과 무력감에 빠지기 쉽다. 반면, 체계적인 시스템은 커뮤니티 참여를 통해 사회적 지원을 제공하며, '나는 혼자가 아니라, 같은 목표를 향해 가는 사람들이 함께하고 있다'는 소속감과 책임감을 강화하게 된다. 따라서 재정 관리의 지속성을 높이고, 단기적인 실패에도 불구하고 다시 일어설 수 있게 도와준다.

많은 사람이 돈을 모으지 못하는 이유로 나약한 의지력을 탓한다. 하지만 진짜 문제는 당신의 의지가 약하기 때문이 아니며, 단지 이런 시스템의 존재

자체를 몰랐거나, 알더라도 어떻게 활용해야 하는지 배우지 못했기 때문이다.

따라서 지금부터라도 시스템을 어떻게 갖춰야 하는지 철저히 공부하고, 또 이를 통해 시스템을 잘 갖추도록 하자. 그렇게 한다면, 당신은 의지력과 상관없이 어느새 뛰어난 재정 관리 능력을 갖추게 될 것이다.

돈이 모이는
'Make It Real System'

나는 월세 보증금 1,800만 원으로 시작했지만, 지금은 충분히 재정적으로 안정된 생활을 할 수 있게 되었다. 물론 과거의 나보다 현재 더 어려운 상황에 처한 사람도 많을 것이다. 그러나 분명히 말할 수 있는 건, 누구나 노력만 한다면 어려운 환경에서 시작하더라도 충분히 재정적으로 안정된 삶을 만들어낼 수 있다는 것이다.

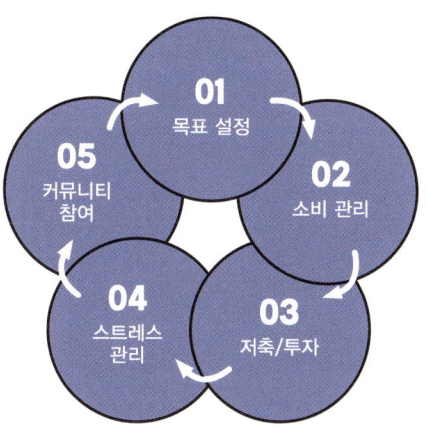

Make It Real System 구조도

그리고 이를 위해 내가 직접 고안한 시스템이 있으니, 바로 'Make It Real System'이다. 이는 자신이 원하는 꿈을 현실로 만들 수 있도록 돕는 시스템이라는 뜻이다. 따라서 지금부터 'Make It Real System'의 각 구성 요소를 살펴보면서, 해당 시스템이 어떻게 우리가 돈을 모을 수 있도록 돕는지 구체적으로 살펴볼 것이다. 'Make It Real System'은 다음과 같은 단계로 이루어진다.

첫째, '목표 설정' 단계이다. 이 단계는 자신의 정체성을 설정하는 것에서 시작된다. 스스로를 어떤 사람이라고 생각하는지, 그리고 그 정체성의 변화를 중심으로 목표를 설정해야 함을 다룰 것이다. 즉, 이 단계는 목표를 설정하는 법을 다루며, 목표 성취를 통해 결국 정체성 변화를 얻을 수 있도록 도와준다.

둘째, '소비 관리' 단계이다. 목표를 향한 자금의 흐름을 파악하기 위해 소비를 어떻게 기록해야 하고, 불필요한 지출을 어떻게 저축으로 전환할 수 있는지에 대해 다룰 것이다.

셋째, '저축·투자' 단계이다. 목표 설정과 소비 관리를 통해 개선된 현금 흐름을 어떻게 저축과 투자로 연결할 수 있는지를 다룬다. 어떻게 해야 돈을 잘 불리고, 장기적으로 재정 상태를 개선할 수 있는지 살펴볼 것이다.

넷째, '스트레스 관리' 단계이다. 이 시스템에서 가장 중요한 단계로, 돈 모으기를 지속할 수 있도록 돕는 역할을 한다. 스트레스 관리는 하루아침에 이루어지지 않으며, 그 과정에서 발생할 수 있는 심리적인 문제(불안과 좌절 등)를 적절히 다룰 수 있어야 한다.

마지막으로, '커뮤니티 참여' 단계이다. 특히 같은 목표를 가진 사람들과의 상호작용은 돈 모으기를 지속할 때 큰 장점으로 다가올 수 있다. 이는 서로에게 동기부여를 할 수 있고, 책임감을 강화하여 지속적인 재정 관리를 가능하게 만든다.

결론적으로, 'Make It Real System'은 각 요소가 유기적으로 시너지 효과를 내며 작동한다. 그리고 이를 통해 단순히 저축을 잘하는 데 그치지 않고, 통합적인 재정 관리를 할 수 있게 도와줄 것이다.

1단계: 목표 설정
(돈을 다루는 기준을 세워라)

당신의 돈이 늘 모자라는 이유

많은 사람이 '큰돈을 쓴 적도 없는데, 도대체 왜 항상 돈이 부족하지?'라고 생각한다. 실제로 그들의 소비 내역을 살펴보면, 대부분의 경우 고가의 제품(명품 등)을 구매한 적이 없는 경우가 많다. 그렇다면, 왜 항상 돈이 부족한 걸까?

그 이유는 하루에도 몇 번씩 찾아오는 '소비 결정의 순간' 때문이다. 그때마다 자신이 어떤 선택을 했는지 돌아보고, 그 반복되는 소비 패턴을 분석해 보면 해답을 찾을 수 있을 것이다.

〈평범한 직장인 A씨의 일주일 소비 패턴〉
1. 출근길: 편의점에서 커피 + 샌드위치 = 6,000원(주 5회)
2. 점심: '이왕이면 맛있는 걸 먹자' = 12,000원(주 5회)
3. 퇴근 후: 연인, 친구와 저녁 약속 = 30,000원(주 2회)

4. 주말: 연인, 친구와 약속 = 60,000원(주 2회)
   5. 쇼핑: 쇼핑몰 할인, SNS 광고 충동 구매 = 40,000원(주 2회)

앞의 표는 평범한 직장인 A씨의 일주일 동안의 소비 패턴을 정리해본 것이다. 결과적으로 A씨는 일주일에 35만 원, 한 달에 140~175만 원을 지출했다. 그리고 여기에 임차료나 교통비, 통신비 등을 포함하면 스스로 체감하지 못하는 사이에 월급의 대부분이 사라지고 말 것이다. 왜 이런 일이 발생하는 걸까?

원인은 간단하다. '이 정도는 괜찮겠지?'라는 안일한 생각과 할인이나 유행 또는 친구의 추천 등 외부 요인에 의한 소비, '내가 왜 이걸 샀지?'라고 후회하는 소비 등 기준이 없는 지출 때문이다. 이런 지출들은 금액이 적어 대수롭지 않게 여겨질 수도 있지만, 무수히 많은 소비가 쌓이면 결국 큰 소비로 이어지게 되고 내 자산을 갉아먹게 된다.

돈을 다루는 기준

어떻게 하면 이런 소비를 막을 수 있을까? 다음의 단계를 참고해보자.

첫째, 내가 돈을 어디에 쓰고 있는지부터 파악하자. 지난 한 달 동안 사용한 돈을 기록해보자. 그리고 카드 명세서를 출력한 후, 이를 보면서 월별 소비 패턴을 분석해보자. 이렇게 하면 내가 지출을 많이 하는 분야를 확인할 수 있고, 과소비에 대한 반성도 할 수 있을 것이다.

둘째, 구체적이면서 측정 가능한 목표와 계획을 세우자. 예를 들어, '3개월 안에 50만 원을 모으겠다', '목표 달성을 위해 이번 달에 30만 원을 저축하겠다', '매주 예산을 10만 원씩 관리하며 소비하겠다'와 같은 구체적인 목표와 계획을 세우면, 이를 달성하기 위해 필요한 금액 기준이 세워질 것이다.

셋째, 소비할 때마다 먼저 스스로에게 질문해보자. '이 소비는 내 목표를 돕는가, 방해하는가?', '지금 당장 필요한가 아니면 좀 더 기다려도 되는가?', '지금 기분 때문에 소비하는 건 아닌가?' 이처럼 소비를 할 때마다 습관적으로 스스로에게 질문을 하다 보면, 돈을 다루는 기준이 자연스럽게 만들어질 것이다.

SMART 목표 설정 방법

목표를 세울 때는 'SMART 목표 설정법'을 활용해보자. 이 방법은 1981년 조지 도란(George Doran)이 처음 제시한 이후, 지금까지 폭넓게 활용되고 있다. 사람들은 보통 목표를 세울 때 야심차게 큰 목표를 설정하는 경향이 있다. 하지만 SMART 목표 설정법은 실행 가능한 목표 설정을 추구한다. 그렇다면, SMART 목표 설정법의 각 항목의 의미와 활용법은 어떻게 될까?

1) Specific(구체적이어야 한다)

목표는 구체적일수록 좋다. 막연한 목표는 실행하기 어렵고, 방향을 잃기 쉽기 때문이다. 따라서 목표를 설정할 때는 '누가, 무엇을, 언제, 어떻게 할 것인지'가 포함되어야 한다. 예를 들어, 다음과 같이 목표를 설정할 수 있다. '이번 달 식비를 30만 원 이내로 줄인다', '월급이 들어오면 20만 원을 자동 저축 계좌로 옮긴다'와 같은 식이다.

2) Measurable(측정 가능해야 한다)

다음으로, 목표가 얼마나 달성되었는지를 측정할 수 있어야 한다. 측정이 불가능하면, 진행 상황을 확인할 수 없어 동기부여가 어렵기 때문이다. 예를 들어, 다음과 같이 목표를 설정해야 한다. '이번 달 커피값을 5만 원 이하로 줄인다', '월급의 10%를 저축한다'와 같이 구체적이고 수치로 확인 가능한 목표여야 한다.

3) Achievable(실현 가능해야 한다)

목표는 너무 크면 부담스럽고, 너무 작으면 의미가 없다. 따라서 현실적으로 달성 가능한 수준의 목표를 설정하는 것이 중요하다. 예를 들어, '6개월 안에 1억 원 모으기'와 같은 목표는 실현 가능성이 낮아 오히려 동기를 떨어뜨릴 수 있다. 따라서 '매달 30만 원씩 저축해서 1년 후 360만 원을 모은다', '일주일에 한 번 외식비 2만 원을 절약한다'와 같이 목표를 현실적으로 세워야 중간에 포기할 가능성을 충분히 줄일 수 있다.

4) Relevant(자기 삶과 관련이 있어야 한다)

목표는 나에게 중요한 이유가 있어야 지속할 수 있다. 단순히 '남들도 하니까'라는 이유로 세운 목표는 금방 포기하게 된다. 예를 들어, '남들도 투자하니까 나도 해야겠다' 또는 '그냥 저축해야 한다고 해서'와 같은 이유는 스스로에게 동기부여가 되지 않기 때문에 목표로서의 의미가 약하다.

따라서 '내년 해외여행을 위해 6개월 동안 매달 50만 원씩 모으겠다', '비상금 200만 원을 모아서 예상치 못한 지출에 대비하겠다' 등과 같이 목표를 설정할 때 '왜 이 목표가 중요한가?'를 스스로 질문한 뒤 정하는 것이 좋다.

5) Time-bound(기한이 있어야 한다)

목표는 언제까지 달성할 것인지 기한이 정해져 있어야 한다. 기한이 없으면, '언젠가 해야지'라고 생각하다가 실행하지 않게 된다. 예를 들어, '돈을 모아야겠다', '언젠가 투자 공부해야지' 등과 같은 목표는 기한이 명확하지 않아서, 실천 가능성이 떨어진다.

따라서 '3개월 동안 매달 20만 원씩 저축해서 60만 원을 모으겠다', '이번 주 일요일까지 내 소비 내역을 정리하겠다'와 같이 목표에 데드라인(기한)을 설정해야 실천 가능성이 높아진다.

정체성 변화에 전념해라

마지막으로, 한 가지 더 명심해야 할 점이 있다. SMART 목표 설정 방법에 따라 정해진 목표를 평가할 때는 반드시 '정체성의 변화'에 초점을 맞춰야 한다는 것이다.

이때 정체성이란, 스스로를 어떤 사람이라고 생각하는지를 말하며, 정체성 변화에 주목해야 하는 이유는 사람은 의식하지 못하는 상황에서도 자신의 정체성에 따라 행동하기 때문이다. 예를 들어, 두 사람이 절약을 시작했다고 생각해보자. 어느 날 친구가 찾아와 예산보다 비싸지만 좋아하는 식당에 가자고 할 때, 첫 번째 사람은 이렇게 말한다. "아니야, 돈 아껴야 해." 겉보기에는 전혀 문제가 없는 답변이지만, 사실 큰 문제가 있다. 여전히 그 식당에 가고 싶지만, 어쩔 수 없이 참아야 한다고 생각하기 때문이다. 즉, 그의 행동은 바뀌었지만 정체성은 바뀌지 않았다.

반면, 두 번째 사람은 이렇게 말한다. "아니야, 과소비야." 답변에 큰 차이가 없다고 생각할 수 있지만, 이 말에는 정체성에 변화가 왔음을 분명하게 확인할 수 있다. 과거에는 '가고 싶은지'가 소비의 기준이었다면, 지금은 '나는 돈을 잘 관리하는 사람이다'라는 정체성을 바탕으로 예산을 먼저 고려하고, 이를 초과하는 소비는 설령 좋아하는 식당이라 해도 불필요한 소비로 인식하게 된 것이다.

정체성 변화가 중요한 이유는, 자신의 정체성에 반하는 행동을 계속 유지하는 것은 너무도 힘겨운 일이기 때문이다. 예를 들어, 스스로 돈을 잘 쓰는 사람이라고 생각하는 사람에게는 모든 소비가 너무도 자연스러운 일이다. 그러니 소비를 제한하는 일은 자신의 정체성에 반하는, 즉 피치 못해 억지로 하는 일이 된다. 따라서 자신의 정체성을 바꾸지 않는다면, 이를 장기간 지속하기란 너무도 힘겨운 일이 될 것이다.

그러므로 구체적인 목표와 계획을 세울 때, 또 이를 실천하는 과정에서 자신의 정체성을 '돈을 잘 관리하는 사람'으로 바꿀 수 있도록 항상 노력해야 한다.

2단계: 소비 관리
(돈이 어디로 새는지 아는 것의 힘)

월급이 들어오면 당연히 남을 것이라 생각했는데, 한 달이 지나고 통장을 보면 남아 있는 돈이 없다. '나는 명품도 안 사고, 고급 레스토랑도 안 가는데, 왜 돈이 모이지 않을까?', '큰돈을 쓴 적이 없는데, 왜 저축이 어려운 걸까?', '도대체 내 돈이 어디로 사라진 걸까?' 아마 이런 생각을 하는 사람이 많을 것이다. 하지만 신기하게도, 정확히 어디에 얼마나 썼는지 생각해보면 기억이 나지 않는다.

이처럼 돈이 어디로 가는지 모르면 절대로 돈을 모을 수 없다. 사실 돈이 부족한 가장 큰 이유 중 하나는, 스스로 돈을 얼마나 쓰고 있는지 정확히 모르기 때문이다. 앞에서 여러 번 이야기했듯이, 작은 지출이 쌓이면 큰 지출이 된다. 문제는 우리가 큰 지출만 조심하면 된다고 생각한다는 점이다.

사실 대부분의 사람은 큰돈을 쓴 적이 없어도 돈이 모이지 않는다. 그 이유는 매일의 작은 소비가 모여 결국 큰 지출을 만들어내기 때문이다. 결과적으로 작은 소비를 통제하지 않으면, 한 달 수입의 상당 부분이 의식하지도 못하는 사이에 눈 녹듯이 사라지게 된다. 따라서 소비를 기록하고, 이를 통해 작은 소비를 통제하는 습관을 만들어야 한다.

그런데 이를 이미 알고 있는 사람조차도 소비를 기록하지 않는 경우가 많다. 분명 소비를 기록해야 한다는 걸 알면서도, 왜 많은 사람은 실천하지 않을까? 당연한 이야기지만, 가장 큰 이유는 소비를 기록하는 것이 상당히 귀찮기 때문이다. 사실 매번 소비할 때마다 가계부를 쓰는 일은 번거롭다. 게다가 '기록한다고 달라질 게 있을까?', '어차피 생활비는 매달 비슷한데, 굳이 기록해야 하나?', '기록한다고 돈이 갑자기 남는 것도 아니잖아?' 등과 같은 생각이 그 귀찮음을 더욱 배가시킨다.

또한 의외로 많은 사람이 자신의 소비 현실과 마주하는 것을 불편해한다. '이렇게까지 많이 썼다고?', '내가 왜 이걸 샀지?'라며 현실을 인정하고 싶지 않은 것이다. 하지만 이런 불편함을 이겨내고 소비를 기록하지 않으면, 소비 패턴은 바꿀 수 없다. 따라서 지금부터라도 반드시 소비를 기록해야 한다.

그렇다면, 소비를 어떻게 기록해야 중도에 포기하지 않고 꾸준히 실천할 수 있을까? 바로 다음의 원칙만 지키면 된다.

〈소비 기록 원칙〉
첫째, 반드시 직접 기록한다.
둘째, 최대한 간략하게 기록한다.
셋째, 소비 기록을 메모가 아닌 반성의 시간으로 활용한다.

이때 한 가지 의문이 생길 수 있다. 요즘은 자동으로 소비 내역을 기록해주고 또 카테고리별로 소비 내역까지 정리해주는 앱이 많은데, 도대체 왜 직접 소비를 기록해야 할까? 이는 자동 기록 기능을 사용하면 소비에 대한 관심도 함께 사라지기 때문이다. 소비 내역이 자동으로 기록되고 또 정리까지 해주기에, 오히려 이를 신경 쓸 필요조차 없다고 느끼게 되는 것이다.

따라서 대부분의 사람은 앱을 설치한 뒤, 처음 한두 번 정도만 정상적으로 작동하는지 확인하고 더 이상 앱을 사용하지 않는다. 자연스럽게 '내가 돈을 어떻게 썼는지'에 대해 고민할 시간도 함께 사라지게 된다.

그러나 조금 귀찮아도 직접 소비를 기록하면 다음과 같은 장점이 생긴다.

첫째, 내 소비 패턴을 객관적으로 파악할 수 있다. 예를 들어, 하루 동안의 지출 내역을 직접 종이나 앱에 기록하게 되면, 커피에 5,000원, 점심에 15,000원, 기타 비용으로 3,000원을 썼다는 구체적인 숫자가 눈앞에 나타난다. 이렇게 쌓인 데이터는 내가 어떤 항목에 과도하게 지출하고 있는지를 명확하게 보여준다.

둘째, 소비를 직접 기록하는 행동은 자기 점검의 기회를 제공한다. 예를 들어, '오늘 내가 소비한 모든 돈이 내 재정 목표와 정체성(예: 나는 돈을 잘 다루는 사람이다)에 부합했는가?'라는 질문을 스스로에게 던질 수 있게 되며, 이 과정에서 불필요한 소비를 줄이고, 내 목표에 더 가까워질 수 있도록 행동을 개선하는 동기를 얻을 수 있다.

셋째, 직접 기록하는 습관은 소비에 대한 책임감을 높여준다. 매일 소비를 기록하면, 내 돈이 어디로 흘러가는지 명확하게 확인할 수 있고, '내가 이 부분에서 더 절약할 수 있었는데…'라는 반성을 통해 다음 날의 소비 결정 시 더욱 신중해질 수 있으며, 이러한 지속적인 자기 점검은 단순한 결심보다 훨씬 강력한 내재적 동기를 만들어낸다.

소비, 최대한 간단하게 기록하자

그렇다면, 어떤 방식으로 소비를 기록해야 할까? 앞에서 언급했듯이, 복잡한 재정 관리 앱이나 고급 소프트웨어 대신 종이 노트, 간단한 스프레드시트 혹은 사용하기 쉬운 소비 기록 앱을 선택하는 것이 좋다.

다음과 같이 간단한 템플릿(예: 날짜, 항목, 금액, 느낀 점)을 만들어, 간략하게 기입하는 것이다.

> **〈템플릿 예시〉**
> 1. 날짜: 2025-02-05
> 2. 내역: 커피 - 5,000원, 점심 - 10,000원, 기타 - 3,000원
> 3. 평가: 오늘은 불필요한 소비 없이 계획한 대로 절약했다.

이렇게 간단한 템플릿을 사용하면, 매일 2분만 투자해도 부담 없이 소비를 기록할 수 있다.

또한 일정한 루틴을 만드는 것도 중요하다. 예를 들어, 퇴근길 지하철 안이나 저녁 9시 또는 잠들기 전 2분 등 동일한 시간과 장소를 정해두고 소비 내역을 기록하는 루틴을 만드는 것이다. 왜냐하면, 일관된 루틴은 소비 기록을 습관화하게 만들어 소비 패턴을 꾸준히 파악할 수 있도록 돕기 때문이다.

마지막으로, 기록 후에는 반드시 평가, 즉 자기 점검의 시간을 가져야 한다. 우리가 직접 소비를 기록하는 목적은 단순히 소비 패턴을 파악하는 것을 넘어, 매일 기록한 소비 내역을 보고 스스로 점검하는 시간을 갖기 위해서이다. 이를 통해 '이 소비가 내 재정 목표 달성에 도움이 되었는가?', '내가 오늘 줄일 수 있었던 지출은 무엇이었는가?'와 같은 질문을 스스로에게 던져

그날의 소비를 평가하고 개선할 수 있다.

또한 일주일 혹은 한 달 단위로 소비 기록을 정리하고 분석하는 것도 필요하다. 예를 들어, '이번 달 점심 비용이 예산보다 10% 초과했다'는 데이터를 확인했다면, 다음 달에는 그 항목을 줄이기 위한 구체적인 개선 전략을 세울 수 있다.

이처럼 직접 소비를 기록하고 관리하는 일은 단순히 '돈을 아끼자'는 결심을 구체적인 행동으로 전환시키는 강력한 도구이다. 매일의 소비 기록을 꾸준히 실천함으로써 스스로의 재정 상태를 명확하게 파악할 수 있고, 더 나은 소비 결정을 내릴 수 있는 기반을 마련할 수 있을 것이다.

결국, 매일 2분 정도의 소비 기록은 당신의 재정 관리 여정에서 큰 변화를 만들어내는 첫걸음이 될 것이다. 이 작은 습관이 쌓이면, 점차 '나는 돈을 잘 다루는 사람이다'라는 내면의 확신으로 이어지고, 그 결과 안정된 재정 상태를 맞이하게 될 것이다.

3단계: 저축·투자
(돈이 돈을 벌게 하라)

앞선 1단계와 2단계를 통해 목표를 설정하고 소비를 적절히 관리하게 되었다면, 이제 그렇게 모은 돈을 어떻게 활용할 것인지에 대해 고민할 차례다.

사실 앞에서 이미 설명했듯이, 자본주의 사회에서 인플레이션과 그로 인한 화폐 가치의 하락 현상은 앞으로도 필연적으로 계속될 가능성이 높다. 따라서 우리는 소비 관리를 통해 생긴 여유 자금을 그대로 쌓아두기만 해서는 안 되며, 이를 저축·투자를 통해 적어도 인플레이션보다 높은 수익률로 불려야 한다.

> "잠을 자는 동안에도 돈이 들어오는 방법을
> 찾아내지 못한다면 당신은 죽을 때까지
> 일을 해야만 할 것이다."
> - 워런 버핏 -

뿐만 아니라, 워런 버핏의 명언에서도 알 수 있듯, 재정을 관리하는 궁극적인 목표는 단순히 돈을 모으는 것이 아니라, 그 돈이 스스로 일하게 만들어 경제적 자유를 이루는 데 있다. 따라서 우리가 잠을 자는 동안에도 수익이 발생할 수 있도록, 저축과 투자를 통해 여유 자금을 꾸준히 불려야 한다.

미래를 위한 기초 다지기

우리가 흔히 '돈을 모은다'고 말할 때, 이를 단순히 숫자가 늘어나는 것으로 생각하기 쉽다. 그러나 진정한 저축은 돈을 아끼는 행위를 넘어, 보다 깊은 의미를 지닌다.

먼저, 저축은 내가 원하는 미래를 위해 기초 자산을 마련하는 과정이다. 또한 예기치 못한 지출이나 긴급 상황에 대비할 수 있는 안전망의 역할을 한다. 뿐만 아니라, 저축한 돈은 차후에 투자 자산으로 활용되어, 복리 효과를 통해 점차 불어나는 '성장의 씨앗'이 된다. 마지막으로, 정기적으로 저축하는 습관은 '나는 돈을 잘 모으고 있다'는 자기 확신을 키워주며, 불안한 소비 결정에 대한 두려움을 줄이는 데에도 도움을 준다.

『아주 작은 습관의 힘』[1]에서 제임스 클리어(James Clear)는 "작은 습관이 모여 거대한 변화를 만든다"라고 강조한다. 저축 습관 역시 마찬가지이다. 하루에 단 5,000원씩이라도 꾸준히 저축하면, 그 적은 돈이 모여 장기적으로는 상상할 수 없는 큰 자산으로 불어나기 때문이다.

예를 들어, 만약 매일 5,000원을 저축한다면, 한 달에 약 15만 원, 1년이

---

[1] 제임스 클리어, 『아주 작은 습관의 힘』, 비즈니스북스, 2019.

면 약 180만 원이 된다. 5,000원이 적은 금액처럼 보일 수 있지만, 이를 매일 꾸준히 반복하면 자신도 모르게 커다란 저축액이 형성되어 미래의 재정적 안정과 투자의 기회를 마련할 수 있다.

저축 습관, 어떻게 만들 수 있을까?

첫째, 상황에 따라 저축 목표를 유연하게 수정해야 한다. 이미 구체적인 저축 목표를 설정하고 저축을 하고 있겠지만, 적극적으로 소비를 관리하다 보면 생각보다 많은 금액을 저축할 수 있음을 깨닫게 될 것이다. 따라서 이를 고려하여 매달 저축 가능한 금액을 다시 판단하고, 목표 금액을 지속적으로 보완해야 한다.

예를 들어, 처음 수립한 목표가 '3개월 동안 매달 50만 원씩 저축하기'였는데, 적극적인 소비 관리를 통해 매달 10만 원을 추가로 저축할 수 있다고 판단된다면, 이를 기존 목표에 반영해 '3개월 동안 매달 60만 원씩 저축하기'로 목표를 수정하는 것이다.

둘째, 자동이체 기능을 활용하여 월급이 들어오면 미리 정해진 금액이 자동으로 저축 계좌로 이체되도록 설정하자. 이 방식은 수동으로 돈을 옮기는 번거로움을 줄이고, 저축할 때마다 의지력을 소모하지 않아도 되는 장점이 있다. 실제로 미국에서는 많은 회사가 급여일에 자동으로 일정 금액을 저축 계좌로 이체하는 제도를 운영하고 있으며, 이로 인해 직원들의 저축률이 눈에 띄게 향상되었다고 한다.

셋째, 앞서 소비 관리에서 배운 것처럼 매일의 소비 내역을 간단한 템플릿(날짜, 항목, 금액, 느낀 점)으로 만들어, 간략하게 기록하는 습관을 들이자. 이러한 기록은 내가 돈을 얼마나 아끼고 있는지를 실시간으로 보여주며, 저축에 대한 지속적인 동기부여를 강화한다.

넷째, 초기에는 저축 목표를 달성할 때마다 작은 보상을 스스로에게 주는 것이 효과적이다. 예를 들어, '이번 달 목표 저축액을 채우면 좋아하는 영화를 보거나, 작은 선물을 받자'는 식의 보상 계획을 세워보자. 그러나 중요한 것은, 이러한 단기적 보상이 점차 내재적 동기로 전환되어 돈이 불어나는 것 자체가 당신에게 큰 보상이 되도록 만드는 것이다. 즉, 시간이 지나면서 '내 통장이 점점 불어나는 걸 보니, 나는 돈을 잘 다루는 사람이야'라는 자부심이 생기면, 더 이상 외부 보상 없이도 저축과 투자를 지속할 수 있게 된다.

다섯째, 저축과 투자를 단순한 숫자 증가가 아닌, 내가 원하는 삶을 위한 준비라고 인식해야 한다. 예를 들어, '내가 모은 돈이 있으면, 원하는 여행을 갈 수 있고, 갑자기 돈이 필요할 때도 부담 없이 대처할 수 있다', '투자를 통해 자산이 불어나면, 미래에 자유롭게 선택할 수 있는 삶을 살 수 있다'와 같은 장기적인 비전이 정립되어야 한다. 이러한 인식이 자리 잡으면, 저축과 투자의 매 순간은 단순한 소비 절약이 아니라 미래의 나에게 주는 값진 선물로 다가오게 될 것이다.

투자의 시작: 주식 vs 부동산 vs 코인

앞선 3단계 저축까지의 과정을 통해 안정적인 재정 기반이 마련되었다면, 이제는 단순히 돈을 모으는 것을 넘어, 모은 돈이 내 미래를 위해 스스로 일하도록 만드는 단계, 즉 '투자'를 시작할 때가 된 것이다. 그런데 이런 상황을 처음 맞이한 사람들은 공통적인 고민을 하게 된다. 바로 주식과 코인, 부동산 중 어디에 투자해야 할지에 대한 고민이다.

이에 대해서는 다음의 짧은 이야기를 통해 투자에 대한 기본적인 생각과 방향을 구체적으로 이야기해보고자 한다.

> 마케팅 전문가 민영(32세)은 소비를 조절하고 꾸준히 저축하며 재정을 관리해왔다. 하지만 이제는 단순한 저축을 넘어 본격적인 투자를 고민하게 됐다. 주식과 부동산 중 어떤 선택이 더 나을까? 정보를 찾을수록 혼란스러웠다.
>
> 결국, 그녀는 주변의 실제 사례를 참고하기로 했다. 가장 먼저 떠오른 건 직장 동료 승훈(35세)의 이야기였다. 승훈은 주식 투자를 통해 한때 50% 이상의 수익을 냈지만, 시장이 급락하면서 마이너스 30%까지 떨어졌다. 그는 당시를 떠올리며 말했다. "주가가 오를 땐 짜릿했지. 하지만 떨어질 땐 너무 스트레스였어. 매일 내 돈이 몇 백만 원씩 사라지는 걸 보니까 밤에 한숨도 못 잤어."
>
> 또한, 친구 지혜(30세)도 암호화폐에 투자해 단기간에 3배의 수익을 냈지만, 이후 급락하여 원금의 절반을 날렸다. "처음엔 너무 쉽게 돈을 벌 수 있을 거라 생각했는데, 하루아침에 무너지고 나니까 다시는 못 하겠더라."
>
> 이들의 이야기를 들은 민영은 깨달았다. "주식이나 코인은 빠른 수익을 줄 수 있지만, 그만큼 변동성이 크고 심리적 부담이 크구나."
>
> 한편, 그녀는 또 다른 동료 지수(37세)의 사례를 주목했다. 지수는 5년 전 서울 외곽의 아파트를 대출을 활용해 매입했다. 그녀는 매달 원리금을 갚으면서도 집값 상승을 지켜보며 점점 확신을 키웠다. "부동산은 주식처럼 단기간에 큰 수익을 내진 못하지만, 시간이 지나면 안정적으로 가치가 올라가더라고."
>
> 민영은 곰곰이 고민했다. 초보 투자자인 자신에게 심리적으로 안정적이고, 장기적으로 자산이 쌓이는 투자가 필요하다는 결론을 내렸다. 그렇게 그녀는 첫 투자로 부동산을 선택했다.
>
> 현재 그녀는 대출을 받을 수 있는 재정적 기반을 만들기 위해 저축을 늘리

> 고 있으며, 서울 아파트 시장에 대해 공부하고 있다. 또한 전문가들과 상담하며 투자 전략을 세우는 중이다.

나도 처음 투자를 시작하던 시기가 있었기에 분명하게 이야기할 수 있다. 처음 투자를 시작한 사람은 시장의 작은 변화에도 심리적으로 크게 흔들릴 수 있으며, 이는 그만큼 시장 변동성에 쉽게 휘둘릴 가능성이 크다는 뜻이다. 따라서 주식이나 코인 같은 변동성이 높은 자산보다는, 부동산처럼 상대적으로 안정적인 자산에 먼저 투자하는 것이 바람직한 선택이라 할 수 있다.

물론, 여기서 반드시 부동산에만 투자해야 한다고 말하려는 것은 아니다. 주식이나 코인 등 변동성이 큰 분야도 꾸준히 관심을 가지고 충분히 공부한 뒤라면, 스스로의 판단 아래 투자에 나서도 감당할 수 있을 것이다.

다만, 첫 투자를 고민하고 있다면 무엇보다 먼저 '나는 감당할 수 있는 리스크가 어느 정도인가?'를 생각해보길 바란다. 그리고 장기적으로 안정적인 부를 형성하고자 한다면, 변동성이 크지 않은 자산을 먼저 확보하는 전략을 선택할 것을 적극 추천한다. 보다 구체적인 부동산 투자 전략에 대한 이야기는 뒤에서 이어가도록 하겠다.

4단계: 스트레스 관리
(실패해도 멈추지 않는 멘탈)

　재정 관리는 단순한 숫자 놀이가 아니다. 매달 목표를 세우고 소비를 통제하며, 저축과 투자를 꾸준히 실천하더라도 우리는 종종 '내가 이걸 잘하고 있는 걸까?'라는 불안에 시달리게 된다.

　예를 들어, 한 달 동안 외식비와 충동 구매를 줄여 50만 원의 저축 목표를 달성했다고 하더라도, 예상치 못한 의료비나 갑작스런 여행 등으로 인해 그 목표가 무의미해질까 봐 두려워지는 순간이 있다.

　또한, 투자에서 단기적인 손실을 경험하면 '내 투자 전략이 틀렸나?'라는 자책감에 빠지게 되고, 그로 인해 재정 관리 자체를 포기하고 싶은 마음이 들기도 한다.

　실제 연구 결과에 따르면, 재정적 불확실성과 스트레스는 사람들의 소비 결정과 저축 행동에 부정적인 영향을 미치며, 특히 높은 스트레스 상태에 있는 사람들이 재정 관리 결정을 내릴 때 감정에 치우쳐 충동적으로 소비하는 경향이 40% 이상 높다고 보고되었다.

이처럼 스트레스는 재정 습관을 유지하는 데 있어 가장 큰 장애물 중 하나이다.

단기적 보상과 내재적 동기의 중요성

『아주 작은 습관의 힘』에서는 "단기적 보상은 장기적 목표와 일치해야 한다"고 강조한다. 즉, 당신이 저축이나 투자를 통해 미래의 자유를 꿈꾼다면, 단기적인 행동에 대한 보상 역시 그 목표와 연결되어야 한다는 것이다.

예를 들어, 이번 달에 '50만 원 저축하기'라는 목표를 세웠다고 해보자. 이 목표를 달성한 뒤, 보상으로 다음 달 여행에서 좀 더 좋은 숙소를 예약한다면, 그 보상은 저축이라는 장기 목표와 자연스럽게 연결된다. 즉, 저축을 했기 때문에 즐길 수 있는 보상이 주어지는 거다. 이렇게 하면 돈을 아끼는 것이 단순한 희생이 아니라, 더 나은 미래를 위한 과정처럼 느껴질 수 있다. 이러한 보상의 반복은 결국 외부에서 주어지는 보상 없이도(예: 작은 선물 등), 스스로 동기를 유지하는 내면의 힘으로 바뀌게 된다.

하지만 스트레스가 너무 심하면, 단기적인 보상이 있더라도 효과가 떨어질 수 있다. 예를 들어, '이번 달엔 소비를 참았지만, 다음 달엔 또 실패할 것 같아'라는 불안이 계속되면, 결국 저축에 대한 의지가 약해질 수 있다. 따라서 스트레스를 잘 관리하는 것은, 단기 보상을 내재적인 동기로 전환하는 데 있어 핵심적인 역할을 한다.

스트레스를 어떻게 관리해야 할까?

첫째, 매달 재정 관리를 되돌아보는 시간을 가져야 한다. 실패는 돈 관리의 여정에서 피할 수 없는 부분이다. 한 번의 과소비, 예상치 못한 투자 손실 혹은 계획한 저축 목표에 미치지 못하는 달이 생길 수 있다. 이러한 실패를 단순히 좌절의 원인으로 보기보다는, '내가 무엇을 개선해야 하는가?'라는 관점에서 바라봐야 한다.

예를 들어, '이번 달에 어떤 소비가 계획보다 초과되었는가?', '어떤 부분에서 실패가 있었고, 그 원인은 무엇이었는가?', '다음 달에는 어떤 작은 행동부터 개선할 것인가?'와 같은 질문을 통해 실패를 기록하고, 그 원인을 분석하면, 자신의 소비 패턴과 투자 전략을 점검하는 습관이 생길 것이다.

이때 중요한 것은, 절대로 두 번 연속으로 기록을 거르지 않는 것이다. 한 번의 실패가 있더라도, 다음 날 바로 복귀하여 재정 기록을 이어가야 한다. 이렇게 실패를 학습의 기회로 삼게 되면, 스트레스가 점차 줄어들고 자신감이 회복될 수 있다.

둘째, 매일 혹은 매주 자신의 재정적 스트레스를 수치화해보자. 예를 들어, 오늘 내가 느낀 돈 걱정을 1부터 10까지 중에서 평가해보는 것이다. 이 간단한 자기 평가를 통해, 자신의 스트레스 상태를 인지하고 개선할 방법을 찾을 수 있을 것이다.

예를 들어, 매일 저녁 소비 기록을 마친 뒤, 스트레스 점수가 7 이상이라면 그날은 무엇 때문에 스트레스를 받았는지, 그리고 내일은 어떻게 개선할 수 있을지 간단히 메모해보자.

이러한 스트레스 기록은 자신의 재정 관리 습관이 어떻게 발전하고 있는지를 보여주는 객관적인 지표가 된다. 그리고 이러한 자기 평가를 통해, 당신은 점차 돈을 관리하는 과정에서 오는 불안을 줄일 수 있을 것이며, 반복적인 기록을 통해 내재적 동기를 강화할 수 있을 것이다.

셋째, 돈을 모으고 관리하는 과정은 단기적인 보상을 통해 내재적 동기로 전환되어야 한다. 초기에는 '이번 달 목표 달성 시 내가 좋아하는 커피 한 잔'과 같은 단기 보상이 효과적이다. 하지만 중요한 점은, 이 단기적 보상이 당신의 장기 목표와 일치해야 한다는 것이다.

따라서 매달 저축 목표를 달성했을 때, 이번 달 저축으로 여행 경비를 보충하거나 다음 달 투자 자금을 늘리는 식으로 단기 보상이 곧 장기적 성취로 이어지도록 계획해야 한다. 이러한 보상 계획은 돈을 관리하는 과정을 더 긍정적이고 즐겁게 느끼도록 만들며, 스트레스 대신 희망을 경험하게 해줄 것이다.

넷째, 간단한 성취를 기록하고, 주변 사람과 피드백을 주고받자. 우리의 습관은 사회적 환경에 크게 영향을 받는다. UC버클리 하스경영대학원의 레이첼 거숀(Rachel Gershon) 교수와 연구팀은 2024년 피트니스 목표 달성에 있어 사회적 책임감(social accountability)의 효과를 실증적으로 분석한 연구를 발표했다. 이 연구는 〈Management Science〉라는 저널에 게재되었으며, 피트니스 목표 달성에 있어 사회적 책임감의 효과를 실증적으로 분석한 대표적인 사례로 평가받고 있다. 동반 보상 그룹의 참가자들은 헬스장 방문 횟수가 평균 35% 증가하였으며, 친구와 함께 방문하는 비율은 2배 이상 높아졌다.

따라서 자신의 재정 목표와 진행 상황을 주기적으로 공유하고, 서로 응원하는 그룹에 참여하자. "나는 이번 달 외식비를 20% 줄였다", "이번 달 목표 저축을 90% 달성했다"와 같은 간단한 성취를 기록하고 주변 사람과 피드백을 주고받자.

이러한 공동의 경험은 당신이 단순히 혼자서 어려움을 겪는 것이 아니라, 비슷한 목표를 가진 사람들과 함께 성장하고 있다는 사실을 인식하게 만든다. 그리고 이 과정에서 동료나 친구들의 성공 사례를 직접 목격할수록, 당신도 더욱더 해낼 수 있다는 확신을 갖게 될 것이다.

5단계: 커뮤니티 참여
(함께하면 포기하지 않는다)

개인의 정체성은 반복되는 행동과 환경에 의해 형성된다. 이 관점에서 보면, 같은 목표를 가진 사람들과 함께하는 환경은 단순히 사회적 교류 이상의 역할을 한다는 것을 알 수 있다. 여기에는 몇 가지 이유가 있다.

첫째, 사람은 주변 사람의 행동과 태도를 모방하는 경향이 있다. 미국의 유명한 기업가이자 동기부여 강사인 짐 론(Jim Rohn)은 "당신은 가장 많은 시간을 함께 보내는 5명의 평균이다"라는 유명한 말을 남겼다. 즉, 같은 목표와 가치를 공유하는 사람들 사이에 있으면, 그들의 긍정적인 행동과 습관이 자연스럽게 내게도 전파된다는 것이다.

예를 들어, 다이어트에 성공한 사람들이 모여 서로의 식단과 운동 루틴을 공유하면, 그 모임에 속한 사람들은 자신도 건강한 식습관과 꾸준한 운동을 실천하게 되어 '나는 건강한 사람이다'라는 정체성을 강화하게 되는 것이다.

재정 관리에서도 비슷한 원리가 작용한다. 만약 돈을 잘 모으고, 관리하는 사람들이 모여 있는 그룹에 참여한다면 그들의 소비 절약 습관, 저축 습관, 투자 전략 등이 자연스럽게 내게도 전파되어 '나는 돈을 잘 다루는 사람'이라는 내면의 정체성이 서서히 형성될 것이다.

둘째, 커뮤니티 내에서 같은 목표를 공유한다면, 서로의 목표 달성을 위한 상호 책임감이 생기게 된다. 그룹 내에서 이번 달에 얼마를 절약했는지 또는 저축 목표를 얼마나 달성했는지를 서로 공유하고 피드백을 주고받으면, 개인은 스스로 그 목표에 대해 더 큰 책임감을 느끼게 될 것이다.

이러한 사회적 자극과 격려는 정체성을 강화하는 데 중요한 역할을 한다. '나는 돈을 잘 다루는 사람이다'라는 인식은, 주변 사람들이 당신의 재정 관리 행동을 인정하고 격려할 때 더욱 굳건해질 것이다.

셋째, 같은 목표를 가진 사람들과 함께하면서 서로의 성공 사례를 듣고 칭찬과 격려를 받으면, 이는 개인의 내재적 동기를 크게 강화시킨다. 예를 들어, 네이버 카페 '행복재테크'와 같은 재테크 커뮤니티에 가입하면, 회원들의 다양한 재테크·투자 성공 사례를 접할 수 있고, 실제 성공한 사람들의 노하우를 얻을 수 있다. 잘 형성된 커뮤니티는 신규 회원들에게 개방적인 분위기를 제공하며, 댓글 역시 친절하고 따뜻한 경우가 많아 처음 접하는 사람도 큰 어려움 없이 적응할 수 있어 자신의 내재적 동기를 강화시키는 데 큰 도움이 된다.

결국, 반복되는 작은 행동이 내면의 정체성을 형성하고 강화한다. 같은 목표를 가진 사람들과 함께한다면, 그들의 긍정적인 습관이 내게도 자연스럽게 전파되어 재정 관리에 성공할 수 있을 것이다.

투자 insight 자산 vs 부채

재정 관리의 성공은 단순히 돈을 모으는 의지나 절약만으로 이루어지지 않는다. 이는 우리가 소유한 '자산'과 갚아야 하는 '부채'를 명확하게 구분하고, 이 둘의 균형을 효과적으로 관리할 수 있는 체계적인 시스템을 갖췄는지에 달려 있다.

먼저, 자산과 부채의 기본 개념에 대해 알아보자. 자산은 당신이 소유한 것 중 가치가 있으며, 미래에 수익을 창출하거나 가치가 상승할 가능성이 있는 모든 것을 말한다. 예를 들어, 은행에 저축해둔 돈이나 주식, 채권, 펀드 그리고 부동산이 이에 해당한다. 자산이 많을수록 돈이 돈을 낳아 경제적 자유를 실현하는 데 기여하게 된다.

반면, 부채는 쉽게 말해 돈을 빌리거나 미래에 지불해야 할 금액을 의미한다. 예를 들어, 신용카드 사용금, 각종 대출이 대표적이다. 부채는 단기적으로 레버리지 기능을 하여 자금 유동성을 제공할 수도 있으나, 과도한 부채는 매월 원리금 부담으로 인해 재정 건강을 악화시킬 수 있으니 주의가 필요하다.

그렇다면, 왜 자산과 부채의 차이를 명확하게 알고, 관리해야 할까? 자산과 부채를 명확히 구분하지 않는다면, 어느 순간 자산보다 부채가 더 많아질 위험이 있기 때문이다. 예를 들어, 투자를 위해 대출을 받거나 소비의 대부분을 신용카드로 결제하는 식이다. 이 경우 결국 부채가 점점 늘어나게 되어 돈이 돈을 낳는 것이 아니라, 돈이 돈을 갉아먹는 악순환이 반복될 수밖에 없다.

결국, 자산 관리를 잘하는 사람은 부채를 줄이고 자산을 늘리는 사람이다. 자산은 앞서 말한 것처럼, 돈이 돈을 낳는 작용을 한다. 지금 당장은 자산이 부족하더라도, 자산을 불리려 노력한 사람은 결국 자산이 불어나 일하지 않아도 점점 돈이 쌓이는 경험을 하게 될 것이다.

당신의 자산은 얼마이고, 부채는 얼마인가? 한번 아래 표에 작성해보고, 앞으로 어떻게 부채를 줄이고 자산을 늘려갈지 고민해보도록 하자.

과목	금액	과목	금액
자산 총계		부채 총계	

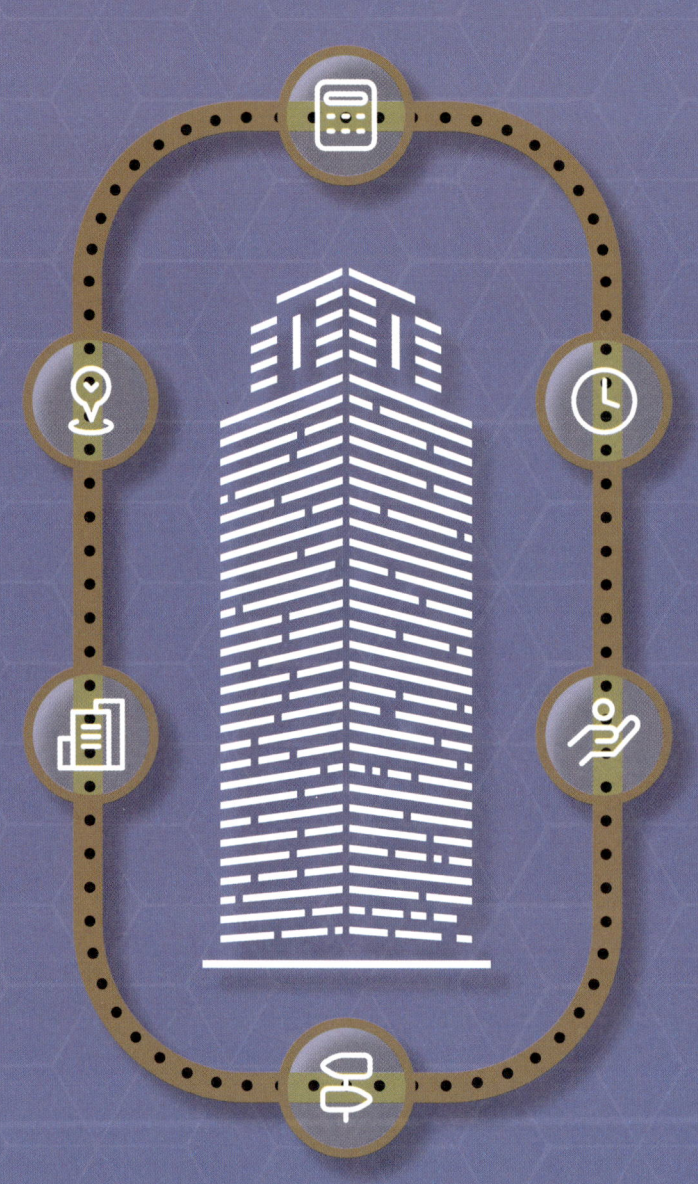

Part 3

단단하게
기초를 쌓아라

부동산 투자, 공부부터 시작해야 하는 이유

신혼부부 A씨는 결혼 후 남들이 다 그렇듯 전세로 집을 구했다. 부모님은 집을 사는 게 좋지 않겠냐고 말씀하셨지만, A씨는 모아둔 돈도 없고 굳이 무리하게 대출을 받고 싶지 않았다. 그리고 전셋집이 나름대로 평수도 괜찮았고, 여분의 방도 있어 아이가 생겨도 충분히 살 수 있겠다는 생각이 들었다. 그래서 A씨 부부는 더 이상 고민하지 않고, 다음에도 전세로 집을 구해야겠다고 다짐했다.

직장인 B씨는 얼마 전 직장 동료가 부동산 투자로 큰 수익을 얻었다는 소식을 들었다. 그래서 최근 이사를 준비하고 있었는데, 이번에는 내 집 마련에 도전해보려고 한다. 부동산에 관해 잘 알지는 못했지만, 지인의 추천을 받아 수도권의 한 아파트에 내집마련을 했다. B씨는 직장 동료가 얻은 수익만큼 자신에게도 수익이 날 것이라 내심 기대하고 있다.

두 사례를 보고 어떤 생각이 드는가? 둘 중 어떤 사람이 잘한 걸까? 결론부터 말하자면, 둘 다 잘못된 투자를 한 사례라고 할 수 있다. A씨는 안전한

게 좋아 앞으로도 전세로 계속 거주하겠지만, 보증금은 시간이 지나도 제자리일 것이다. 오히려 A씨가 살고 있는 집의 주인은, 앞으로 집값 상승을 통해 수익을 얻는 자본 시스템의 혜택을 누리게 될 것이다.

그렇다면 B씨는 어떨까? B씨의 경우 내집마련에 성공했지만, 스스로 공부를 해 결정한 것이 아니라 주변 의견을 듣고 집을 샀다. 나중에 알고 보니, 해당 아파트는 입지가 별로 좋지 않은 '나홀로 아파트'였고, 시세 또한 쉽게 오르지 않는 지역이었다. 그 결과 10년이 넘도록 아파트를 팔지 못하다가 처음과 비슷한 가격에 팔게 되었다. 나중에 확인해보니, 그 아파트는 다시 10년이 지난 뒤에야 가격이 상승하기 시작했다.

두 사례 모두 부동산 공부를 하지 않은 사람들이 투자했을 때 얻게 될 결과를 보여주고 있다. A씨의 경우 "전세로 사는 건 돈을 잃는 게 아니니 피해를 본 건 아니지 않나요?"라고 말할지도 모르겠다. 그러나 장기적으로 봤을 때 전세나 월세로 사는 건 그만큼의 자본을 활용하지 못한 셈이다. 오히려 집주인에게 새로운 자산 증식의 기회를 줄 뿐이다.

안타깝지 않은가? 누군가는 다른 사람의 보증금으로 자산이 2, 3배씩 늘어나는데, 자신은 제자리걸음이다. 이건 부동산이란 자산을 활용할 줄 모르기에 발생하는 현상이다. 앞서 설명한 것처럼, 인플레이션 때문에 물가는 오르게 될 것이고, A씨의 자산은 상대적으로 시간이 지날수록 가치가 떨어지게 될 것이다.

한편, B씨는 과감하게 부동산 투자를 감행했지만, '장소'와 '시기'를 알지 못했다. 부동산 투자를 하려면, 어느 장소와 시기에 투자해야 할지 스스로 알아야 한다. 우리 주변에서 조언을 주는 사람들이 전문가라고 안심하지 말자. B씨에게 조언을 줬던 지인은 사실 알고 보니 부동산 지식이 전혀 없는 사람이었다. 이렇게 공부가 부족하면, 스스로 판단하지 못해 투자에 실패하게 된다.

부동산의 기초: 장소, 시기, 방법

부동산 공부를 해야 하는 이유는 단순하다. 바로 어디에 사야 하는지(장소), 언제 사야 하는지(시기), 어떻게 사야 하는지(방법)를 알기 위해서다. 기본적으로 이 정도 내용은 파악하고 있어야 부동산 투자를 시작할 수 있다.

그런 후에 여러 책을 통해 투자 사례를 보며 노하우를 더하면 된다. 많은 사람이 부동산 투자에 실패하는 가장 큰 이유는, 지식은 없는데 단지 '좋아 보이는' 부동산에 주관적으로 투자하기 때문이다. 이건 매매, 전세, 월세 모두 마찬가지다.

부동산에 투자하려면 반드시 수요자의 관점에서 바라보는 시각이 필요하다. 저 부동산은 왜 인기가 많은지, 사람들이 찾는 이유가 무엇인지 알아야 하는 것이다. 이 책을 읽다 보면 위 세 가지 요소에 대한 답을 모두 찾을 수 있을 것이다.

퇴근길,
임장하고 집에 가자

나에게 부동산 투자를 공부하는 가장 효과적인 방법을 묻는다면, 망설이지 않고 '임장'이라 말할 것이다. 부동산은 현장이 답이라고들 말한다. 이는 부동산, 특히 아파트에 투자한다는 것은 결국 해당 아파트 인근에 위치한 인프라(교통, 학군 및 상업시설 등)에 투자하는 것이기 때문이다. 따라서 개인적으로 마음에 드는 동네와 아파트를 선택한 후 틈틈이 임장을 가서 주변을 직접 체험해본 뒤, 실거래가와 비교해보는 경험을 많이 해보기 바란다. 이를 통해 부동산 가격이 실제로 어떻게 형성되는지 피부로 느낄 수 있을 것이다.

또한 임장 후에는 실거래가 데이터를 확인하며, 자신이 선택한 지역이나 아파트에 대해 시장(가격)은 어떻게 판단하고 있는지, 그리고 그 판단이 본인의 인식과 어떤 차이가 있는지 고민해보자. 아마도 다른 어떤 방법보다도 실질적인 부동산 투자 실력 향상에 많은 도움이 될 것이다.

그런데 직장인은 주중에는 적어도 오전 9시에서 오후 6시까지 발이 묶여 있고, 오후 6시 이후에도 잦은 야근으로 인해 주중에는 임장을 다니는 것이

쉽지 않을 것이다. 따라서 직장인이 취할 수 있는 현실적인 전략은 다음과 같다. 주말에는 반드시 임장을 다니고, 주중에는 야근이 없는 날을 활용해 퇴근 후 임장을 다니는 것이다.

임장은 선택과 집중이 필수다

의외로 많은 사람이 임장은 무조건 많이 다니는 것이 좋다고 생각한다. 물론 시간적 여유가 많다면, 여행을 다니는 기분으로 다양한 지역을 구경해 보는 것도 나쁘지 않다. 그러나 임장은 해당 지역을 오가는 것만으로도 많은 시간을 소모하는 활동이다. 따라서 직장생활로 활용할 수 있는 시간도 제한적이고 다른 공부해야 할 것도 많은데, 무턱대고 여러 지역을 다니는 것은 그다지 좋은 방법이 아니다.

그렇다면, 어떻게 하는 게 좋을까? 바로 선택과 집중을 통해 불필요한 임장을 최대한 줄이는 것이다. 예를 들어, 본인의 종잣돈 규모에 따른 투자 가능 지역에 집중하는 것이다.

또한 임장 외에도 강의, 독서 등 공부해야 할 것들이 많다. 따라서 동선을 고려하여 평일 퇴근길에 한 번, 주말에 한 번, 이렇게 임장 다니는 것을 추천한다. 사실 이렇게만 해도 한 달이면 최소 8번은 임장을 다닐 수 있다.

임장의 주된 목적은, 손품으로 파악하기 어려운 정보를 확인하는 데 있다. 따라서 사전에 충분히 손품을 하고, 현장에서는 미처 파악하지 못한 부분을 집중적으로 살펴보는 방식이 효율적일 것이다. 이렇게 하면, 한정적인 시간에 필요한 부분만 효율적으로 확인할 수 있다.

마지막으로 강조하고 싶은 것은, 무리하지 않는 수준에서 지속해야 한다는 것이다. 단기간에 많은 지역을 다니는 사람을 간혹 보게 되는데, 솔직히 기억에 잘 남지도 않고 체력적 한계 등으로 임장 활동 자체를 금방 포기하는 경우가 많았다.

따라서 부담되지 않는 범위 내에서 구체적인 임장 계획을 세우는 것이 좋다. 예를 들어, 한 달에 한두 번 정도 임장 가능한 날짜를 미리 달력에 표시해두고, 그날만큼은 꼭 현장을 방문하는 것이다.

혼자보단 같이, 일보단 취미로

앞서 말했듯, 임장은 무엇보다 꾸준함이 생명이다. "백문불여일견(百聞不如一見)"이라는 말처럼, 현장을 직접 보는 것은 다른 어떤 방법보다 많은 것을 배울 수 있기 때문이다. 특히 부동산 투자의 핵심인 '견물생심'도 대부분 이때 생긴다. 또한 예상치 못한 기회로 크게 할인된 급매를 잡게 될지도 모르기 때문이다.

반대로, 가장 큰 적은 역시 게으름이다. 아무래도 사람이다 보니 금방 나태해질 때가 많다. 따라서 함께 임장을 다닐 사람을 구하는 것이 좋다. 무언가를 지속하고 싶다면, 그렇게 될 수밖에 없도록 환경을 만드는 것이 중요하다. 연인 혹은 부부라면 데이트 겸 임장을 다녀도 좋고, 친구끼리 다니거나 부동산 커뮤니티에 들어가 임장 동료를 만나는 것도 좋은 방법일 것이다. 인간은 사회적 동물이기 때문에, 혼자하는 것보다 여럿이 함께할 때, 훨씬 강력한 지속성이 생기기 때문이다.

또한 임장 자체가 일이 되어서는 안 된다. 직장인이라면 대부분 남들이 다 쉴 시간에 임장을 다니게 될 것이다. 퇴근 후 꿀 같은 휴식 시간을 보내는 대신 임장을 가거나, 주말에 동료들이 여행을 갈 때 임장을 가게 될 것이다. 따라서 임장 활동을 취미처럼 즐거운 시간으로 만들어야 한다. 예를 들어, 임장 코스에 맞게 맛집에 방문하거나 근처 명소를 방문하는 등 임장 활동을 즐거운 시간으로 만들면 꾸준함은 자연히 따라올 것이다.

가기 전엔 손품, 다녀온 뒤엔 기록

임장이 부동산 투자를 공부함에 있어 아무리 효과적인 방법이더라도, 아무런 준비도 없이 임장을 떠나는 것은, 시간과 노력을 허비하는 일에 불과하다. "아는 만큼 보인다"는 말처럼, 임장을 가기 전에 손품을 충분히 팔고 가야 현장에서 필요한 정보만 확인할 수 있고, 이를 통해 시간과 노력을 보다 효율적으로 쓸 수 있기 때문이다.

또한 손품으로도 충분히 확인할 수 있는 정보를 위해 시간 낭비를 하지 않을 수 있다. 특히 인근 공인중개사무소에 방문하여, 브리핑을 받을 때도 훨씬 잘 이해할 수 있게 된다.

마지막으로, 임장을 다녀왔다면 반드시 기록을 남겨야 한다. 손품으로 확인한 정보와 함께, 손품으로 알 수 없었던 정보와 현장 분위기 등을 정리해두는 것이다. 이러한 습관은 반복될수록 임장 효율을 높여주고, 자신만의 투자 기준을 세우는 데도 큰 도움이 된다. 직장인의 시간을 아껴줄 부동산 사이트와 앱은 뒤에서 더 자세히 소개하겠다.

기초①
부동산 통계 지식

관심 가는 부동산 매물을 발견했는데, 투자 결정을 망설이고 있다면 어떻게 해야 할까? 이런 고민은 대개 매물에 대한 충분한 분석이 이뤄지지 않았을 때 발생한다.

따라서 이번 글에서는 누구나 쉽게 따라할 수 있는 데이터 기반의 분석 방법을 소개하며, 이를 통해 어떤 정보를 어떻게 선별하고 활용해야 하는지 알아보겠다. 데이터 분석이라고 해서 어렵게 생각할 필요는 없다. 순서대로 따라하면 누구든 손쉽게 실행할 수 있을 것이다.

실거래가 확인

우리가 얻을 수 있는 부동산 관련 정보 중 가장 중요한 정보는 무엇일까? 바로 '실제 거래된 가격(실거래가)' 정보다. 왜냐하면 실거래가는 다양한 시장 참여자들이 아파트 가격에 영향을 미치는 수많은 요인(위치, 학군, 교통 등)을 종합적으로 고려한 결과값이기 때문이다.

따라서 뒤에 소개할 사이트 및 앱에서 제공하는 수많은 정보 중 반드시 우선적으로 확인해야 할 것은 바로 실거래가 정보다. 특히 서울시 각 구별, 동별, 아파트 단지별로 대략적인 실거래가를 파악하고 있어야 한다.

부동산의 경우, 다른 재화나 서비스에 비해 압도적으로 높은 가격대를 형성한다. 뿐만 아니라, 주택은 사람들이 살아가는 의식주 중 하나에 해당하며, 무엇보다도 거래(매매, 전세 등)하는 사람 입장에서는 한 번의 선택으로 삶의 많은 부분에 큰 영향을 받게 된다. 따라서 그만큼 많은 고민 끝에 거래 여부를 결정하게 되므로, 실거래가는 중요한 정보이며, 이를 통해 많은 것을 알 수 있다.

실거래가 구성 요소

그렇다면, 실거래가는 어떻게 구성될까? 일반적인 아파트의 가격 구조를 예로 들어보겠다. 위 자료에서 볼 수 있듯, 아파트 가격은 전세 가격, 즉 해당 아파트에 거주(사용)하기 위해 지불해야 하는 가격을 바탕으로, 여기에 투자 가치, 즉 해당 부동산을 소유할 경우, 예상되는 수익의 기대값이 더해지는 방식이다.

그리고 이때 매매 가격 중 전세 가격이 차지하는 비율을 '전세가율'이라고 하며, 이를 통해, '사용 가치'와 '투자 가치'가 각각 매매가격에 어느 정도 비중을 차지하고 있는지 알 수 있다. 아파트에 투자할 때는 반드시 매매 가격,

전세 가격, 그리고 투자 가치를 함께 확인하고 비교해야 한다. 그리고 이 세 가지 정보가 어떻게 서로 영향을 주고받는지 살펴보면, 시장의 흐름을 보다 정확하게 파악할 수 있다.

매매 가격 비교-1

먼저 첫째로, 매매 가격을 살펴보자. 매매 가격을 비교하려면, 매매 가격 지수를 확인하면 된다. 이는 KB부동산 데이터 플랫폼(data.kbland.kr)에 접속해서 확인할 수 있다. 좌측 메뉴에 나오는 '통계비교'를 선택하면 다음과 같이 화면이 바뀐다.

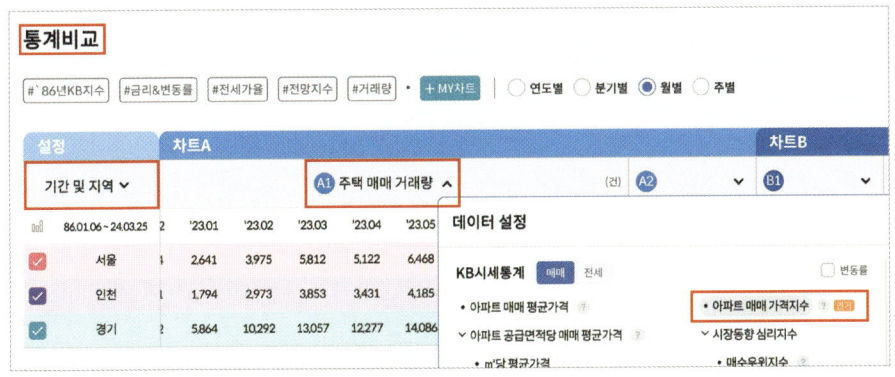

매매 가격 비교-2

여기서 '주택 매매 거래량'으로 설정된 정보를 '아파트 매매 가격지수'로 변경하고, 기간 및 지역도 변경하면 원하는 기간 및 지역의 매매 가격지수를 확인할 수 있다. 그런데 이때 아파트 매매/전세 가격지수란, 각 시점의 아파트 매매/전세 가격을 기준시점(2022년 1월 10일)과 비교하여 상대적인 지수로 나타낸 것이다. 이는 각 시점의 절대적인 가격을 보여주는 '아파트 매매/전세 평균가격'과 큰 차이가 있다. 그러나 지수화를 통해 각 시점별 아파트 가격의 변화를 한눈에 파악할 수 있다는 장점이 있다.

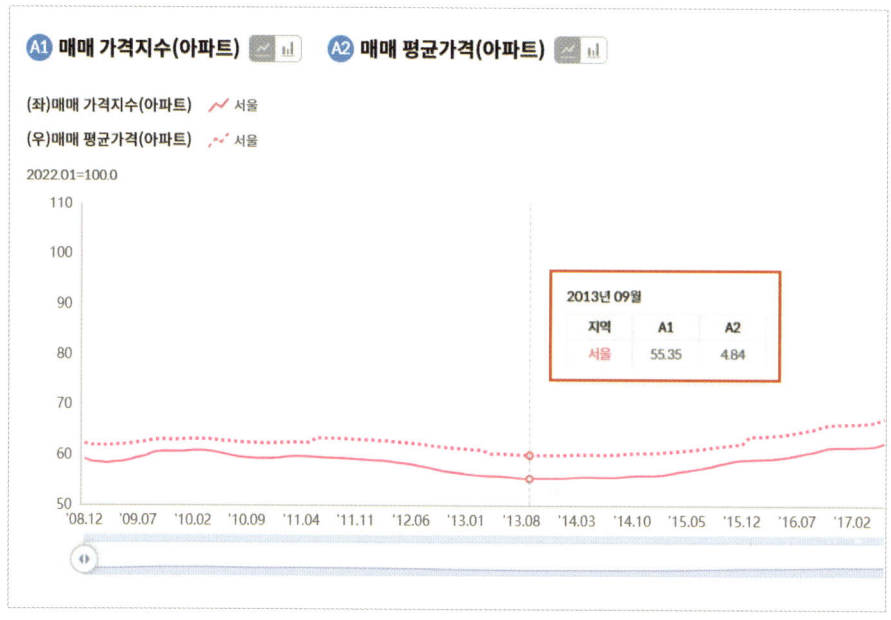

매매 가격 비교-3

예를 들어, 위 그림과 같이 데이터 설정을 변경해 2013년 9월 서울 아파트 매매 가격지수를 확인해보면, 55.35라는 수치가 확인될 것이다. 이를 2022년 1월 10일 지수인 100.0과 비교하면 2013년 9월의 서울 아파트 매매 가격이 2022년 1월 대비 55.35% 수준이었음을 알 수 있다.

전세 가격 비교-1

다음으로 둘째, 전세 가격을 살펴보자. 위 사이트에서 '전세'를 클릭한 후 '아파트 전세 가격지수'로 설정을 변경하고, 기간 및 지역도 바꾸면 원하는 기간 및 지역의 아파트 전세 가격 정보를 확인할 수 있다.

셋째, 전세가율 정보도 설정 변경을 통해 위 그림과 같이 확인할 수 있다. 전세가율이란, 각 시점의 아파트 매매 시세 대비 전세 시세의 비율을 산출한 정보를 말한다. 아파트 가격 구조상 매매 가격 중 사용 가치 비중이 어느 정도 수준인지 가늠할 수 있다. 100%에서 전세가율을 차감하면 아파트 매매 가격에서 투자 가치가 차지하는 비중도 손쉽게 계산할 수 있다.

따라서 전세가율을 활용하면, 해당 시점의 매매 가격 중 투자 가치가 과도한지 혹은 과소한지에 대한 객관적인 판단을 스스로 내릴 수 있을 것이다.

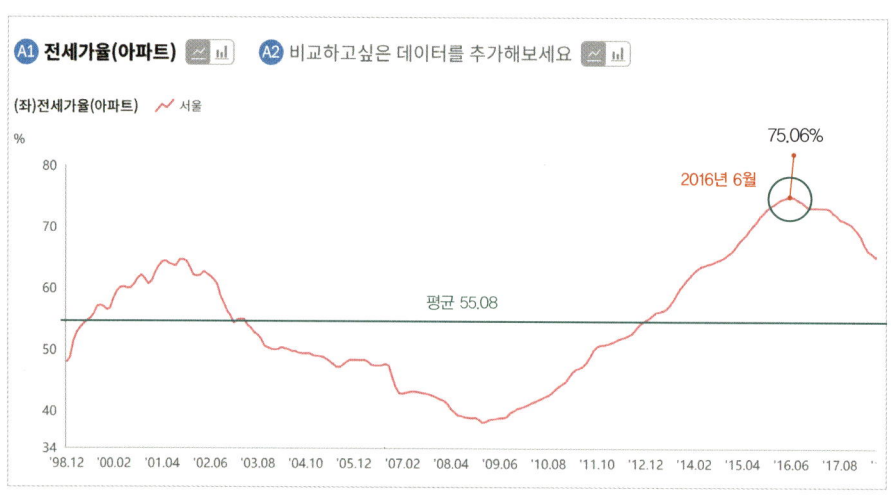

전세 가격 비교-2

　이해를 돕기 위해 실제 예시를 들어보겠다. 위 그림과 같이 데이터 설정을 변경하면, 1998년 12월 28일 이후의 서울 아파트 전세가율 추이를 확인할 수 있다. 예를 들어, 2016년 6월 전세가율은 데이터 수집 이후 최대치인 75.06%를 기록했다. 따라서 만약 당시 투자를 고려 중이었다면, 전세가율의 평균값인 55.08%와 비교했을 때 현재 아파트 매매 가격 중 전세가율이 지나치게 높다는 것을 알 수 있었을 것이다.

　그리고 이를 통해 향후 투자 가치 비중이 다시 높아질 것임을 누구나 예상할 수 있었을 것이고, 적극적으로 아파트를 매수해도 괜찮겠다는 확신을 내릴 수 있었을 것이다.

　전세가율이 높다는 것은 투자자가 아파트를 매수하는 데 필요한 실투자금이 그만큼 적게 필요하다는 얘기다. 그리고 필요한 실투자금이 줄면 그만큼 매수 진입 장벽이 낮아지므로, 전세 수요가 자연스럽게 매매 수요로 전환되고, 그 결과 매매 가격이 상승하게 된다.

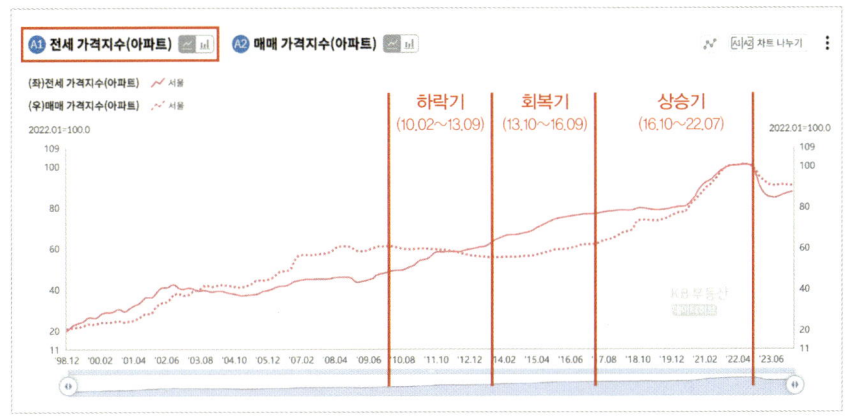

전세 가격 비교-3

다음으로 위 자료를 보면, 서울 아파트 전세 가격지수(실선)와 매매 가격지수(점선)를 확인할 수 있는데, 서울 아파트 전세 가격지수는 꾸준히 상승한 반면, 서울 아파트 매매 가격지수는 2010년 2월부터 2013년 9월까지 하락하는 모습을 보였고, 이후 2016년 9월까지 3년간 회복기를 거친 뒤 2022년 7월까지 급격하게 상승했음을 확인할 수 있다.

그렇다면 상기와 같은 아파트 매매/전세 가격지수 변화를 고려할 때, 언제 아파트를 매수해야 할까? 바로 '회복기'다. 그 이유는 매매 가격지수가 오르기 시작하지만, 3년이라는 충분한 시간을 동안 서서히 오르기 때문에 매매 가격 반등이 일시적인 현상인지 또는 지속될 현상인지를 충분히 검토 후 투자할 수 있기 때문이다.

따라서 해당 시기에 어떤 시그널이 있었는지 확인해보면 향후 그 시기를 예상할 수 있을 것이다. 그리고 이를 파악할 때 필요한 핵심 시그널 중 하나가 바로 투자 가치, 즉 매매 가격과 전세 가격의 차이(갭)다. 이 갭이 충분히 줄어들었을 때, 다시 말해 전세가율이 높아져 실투자금이 줄어드는 구간에서 회복장이 시작되는 경우가 많다.

특히 과거 회복장이 본격적으로 시작된 2013년 10월 수준의 전세가율을 기준으로 삼으면, 향후 바닥 시점을 예측하는 데 실질적인 기준점이 될 수 있을 것이다.

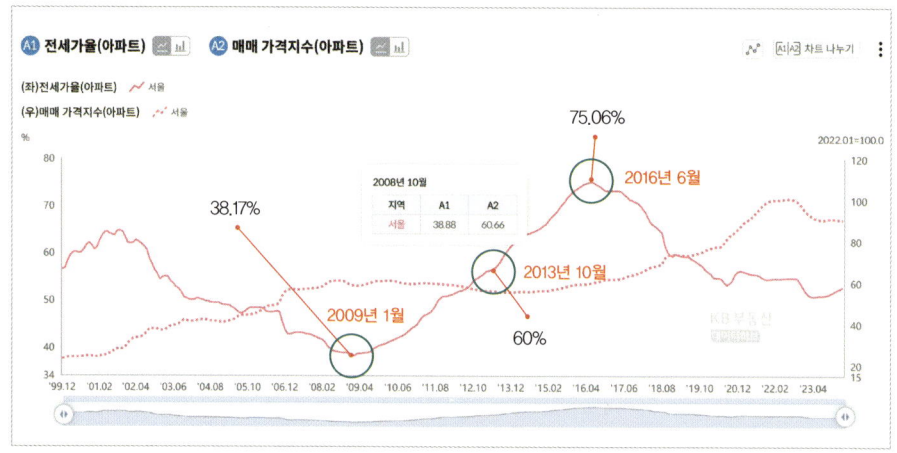

전세 가격 비교-4

한번 자료를 통해 이를 확인해보자. 먼저, 전세가율은 하락기가 시작되기 전인 2009년 1월에 38.17%로 최저점을 기록한 이후 급격히 증가하기 시작했다. 사실 전세가율 38.17%는, 아파트 매매가를 구성하는 사용 가치와 투자 가치 중 투자 가치 비중이 60%가 넘는다는 의미로, 지나치게 투자 가치 비중이 높았던 상황임을 알 수 있다. 이는 투자자가 60% 이상의 비용을 대출 등으로 부담해야 하기 때문이다.

결국, 이후 많은 사람이 아파트 매수를 포기하고 상대적으로 훨씬 저렴한 전세를 선택하며 전세가율은 급격하게 상승하기 시작했다. 매수자가 줄어들자 매매가도 일정 기간 보합 후 하락을 시작했다. 이후 매매가가 회복을 시작하는 2013년 10월을 보면, 전세가율이 60%를 넘어섰고 2016년 6월에는 최고치인 75.06%까지 상승했다.

결론적으로, 반드시 집을 매수해야 하는 시점은 바로 하락하던 전세가율이 반등 후 꾸준히 증가하여 60%를 돌파하는 시점이다. 다만, 과거 통계만으로 미래를 판단하는 것은 백미러를 보면서 운전하는 것과 같다. 그러니 항상 제반 상황을 고려해 투자 여부를 판단해야 한다. 투자에 100%는 없다는 말도 꼭 기억하길 바란다.

다행히 주식과 달리 부동산은 급하게 투자 여부를 결정하지 않아도 된다는 장점이 있다. 과거 회복기도 2013년 10월부터 3년간 이어졌고, 그 기간에 아파트를 매수했다면 충분히 높은 투자 수익을 거둘 수 있었을 것이다. 따라서 전세가율에 관심을 갖고 있다가 전세가율이 반등한 후 60%를 돌파하면, 3개월 정도 더 추이를 지켜본 다음 투자 여부를 판단해도 결코 늦지 않을 것이다.

기초②
부동산 계약 지식

 부동산 계약이 처음인 경우 공인중개사에게 의존하게 될 가능성이 높은데, 만약 부동산 계약의 기초 지식마저 없다면 그 의존도는 지나치게 높아질 것이다. 그런 경우, 외관이나 구조 등 당장 눈에 보이는 부분을 아무리 꼼꼼하게 확인하더라도, 결국 정작 중요한 부분은 보지 못한다.
 문제는 이런 사람들이 마음에 드는 부동산을 발견했을 때, 오히려 성급하게 계약을 진행한다는 것이다. 그리고 서두르다 보니, 반드시 짚고 넘어가야 할 내용을 제대로 확인하지 못해 큰 손해를 보게 되는 것이다. 예를 들어, 제대로 확인하지 않고 계약했는데, 근저당이나 가압류가 걸려 있다는 사실을 뒤늦게 확인하는 경우다.

반드시 확인해야 하는 등기부등본

 등기부등본이란 해당 부동산의 소유권 등 권리 관계를 공식적인 문서로 기록해놓은 것이다. 따라서 최소한 등기부등본 정도는 볼 수 있어야 한다. 매매 계약뿐만 아니라 임대차 계약 시에도 반드시 확인해봐야 한다. 보통은 공인중개사 사무소 방문 시 공인중개사가 해당 서류를 출력 후 확인시켜주지만, 그렇지 않은 경우도 있으니 반드시 사전에 미리 확인해보고 가는 것이 좋다.

  등기부등본은 '표제부'(해당 부동산 기본 정보), '갑구'(소유권 표시), '을구'(소유권 이외 권리 표시)로 구분되며, 이를 통해 전반적인 권리 관계를 확인할 수 있다. 특히 그중 '갑구'와 '을구'를 꼼꼼히 확인해야 하는데, 먼저 '갑구'에는 소유권에 관한 사항이 기재되어 있다. 따라서 '갑구'를 통해 거래 상대방이 현재 소유자가

【 갑 구 】		(소유권에 관한 사항)		
순위번호	등 기 목 적	접 수	등 기 원 인	권리자 및 기타사항
1	소유권보존	2016년7월28일		소유자 문*규 860508-******* 서울특별시
2	소유권이전	2017년10월26일	2017년9월29일 매매	소유자 이*심 531114-******* 서울특별시 거래가액 금190,000,000원
3	압류	2019년7월3일	2019년7월2일 압류(개인납세1과)	권리자 국 처분청 구로세무서장
4	3번압류등기말소	2020년9월18일	2020년9월18일 해제	
5	가압류	2021년3월22일	2021년3월22일 서울중앙지방법원의 가압류 결정	청구금액 금3,437,838,983 원 채권자 신용협동조합 서울특별시
6	강제경매개시결정	2021년8월13일	2021년8월13일 서울중앙지방법원의 강제경매개시결정	채권자 강*권 920318-******* 서울특별시 강*식 590115-******* 서울특별시
7	가압류	2023년3월6일	2023년3월6일 부산지방법원	청구금액 금392,000,000 원 채권자 주택도시보증공사

'갑구'에는 소유권에 관한 사항이 적혀 있다

맞는지 확인할 수 있다. 또한 (가)압류 등 소유권에 문제가 없는지 등도 확인할 수 있다.

【 을 구 】	(소유권 이외의 권리에 관한 사항)			
순위번호	등 기 목 적	접 수	등 기 원 인	권리자 및 기타사항
1	근저당권설정	2017년11월21일	2017년11월21일 설정계약	채권최고액 금840,000,000원 채무자 김 * 원 근저당권자 주식회사국민은행 공동담보목록 제2017-1217호
2	주택임차권	2018년11월14일	2018년10월10일 서울남부지방법원의	임차보증금 금148,000,000원 차 임 없음 범 위 건물전부 임대차계약일자 주민등록일자 점유개시일자 확정일자 임차권자 박 * 준
2-1				2번 등기는 건물만에 관한 것임 2018년11월14일 부기

'을구'에는 채무가 얼마나 있는지 알 수 있다

다음으로 '을구'에는 소유권 이외의 권리에 관한 사항이 기재되어 있다. 따라서 '을구'를 통해 근저당권, 주택임차권 등의 설정 여부를 확인할 수 있다. 따라서 '을구'를 보면 거래대상 부동산에 현재 대출이 얼마나 있는지, 또 현재 임차인이 있다면 임차보증금은 얼마인지 등을 확인할 수 있다. 따라서 만약 '을구'에 근저당권, 주택임차권 등이 많이 기재되어 있다면, 이는 위험한 물건이라고 생각하면 된다.

결과적으로 등기부등본에 많은 내용이 기재되어 있다면, 이는 이해 관계가 복잡하고 문제 있는 부동산일 확률이 높다. 따라서 만약 초보자라면 등기부등본을 확인하고 가능한 권리 관계가 깔끔한 부동산을 계약하는 것이 좋다. '갑구'에 (가)압류 설정 등 소유권에 문제가 있거나, '을구'에 근저당, 주택임차권 등이 매매 가격 대비 높게 설정되어 있다면 피해야 한다.

간혹 공인중개사가 "근저당이 설정되어 있으나 곧 갚을 거라 괜찮은 물건이에요"라고 말할 때도 있다. 그러나 앞으로 갚을 예정이지, 현재는 채무가 있는 상태다. 그리고 안 갚을 가능성도 충분히 있다. 현재 기준으로 판단하도록 하자.

부동산 계약 순서

부동산 계약은 일반적으로 위 순서로 진행되는데, 만약 어떤 매물이 마음에 든다면 일단 가계약을 진행하게 된다. 통상 가계약은 문자로 이뤄지며, 먼저 쌍방의 거래 의사를 확인하고 보통 계약금의 10%를 가계약금으로 부동산 소유자의 계좌로 입금한다.

주의할 점은 계약서를 작성하지 않았을 뿐, 가계약도 계약에 가깝다는 것이다. 따라서 일정 요건을 갖춘 경우, 일방적인 가계약 파기 시 위약금이 발생할 수 있다. 이때 위약금은 통상 매수인은 지급한 가계약금, 매도인은 지급 받은 가계약금의 두 배로 본다.

다음으로, 본계약은 통상 가계약을 체결한 후 일주일 이내에 이뤄진다. 본계약은 쌍방이 공인중개사 사무소에 출석해 진행하며, 계약서 확인 및 서명 날인 후 가계약금을 제외한 계약금(통상 총 거래대금의 10%)을 납부하는 절차로 진행된다.

다음으로 중도금(통상 총 거래대금의 40%)은 필수적인 과정은 아니지만, 통상 계약일부터 잔금일까지의 기간이 3개월을 초과하는 등의 경우, 상호 간 합의를 통해 정할 수 있다.

이때 주의할 점은 가계약 및 본계약과 달리, 중도금 지급 시 쌍방 합의가 있어야만 계약을 해제할 수 있다는 것이다. 즉, 거래 상대방의 일방적인 계약 해제가 불가능해진다는 것이다. 따라서 부동산 시장이 상승장인데, 해당 매물이 마음에 든다면 계약서에 중도금 조항을 넣는 게 좋다.

마지막으로, 잔금(통상 총 거래대금의 50%)을 납부하고 매매 계약의 경우 소유권 이전에 필요한 서류를 제공하는 등 상호 의무를 다하면 계약의 모든 과정은 마치게 된다.

매수인이 꼭 챙겨야 하는 특약

① 부동산 하자 관련
매매 계약 후 6개월 이내에 하자 발생 시 매도인이 책임지기로 한다.

② 세입자가 있을 경우
- 세입자가 있는 경우, 밀린 차임은 매도인이 직접 받기로 한다.
- 세입자의 명도는 매도인이 책임지기로 한다.

③ 공과금 납부
잔금일까지 발생한 공과금은 매도인이 납부하기로 한다.

④ 중도금 여부
잔금 전 중도금을 납부하고, 중도금 납부 이후에는 본계약을 파기할 수 없다.

> **⑤ 임차인 보증금으로 잔금 처리 시**
> 본 부동산에 대한 매매 대금 중 잔금의 경우, 현 임차인의 보증금으로 지급하기로 하고, 매도인은 이에 협조하기로 한다.

위는 기본적인 매매 계약의 특약 사항이다. 매매 계약은 임대차 계약과 달리 부동산의 소유권을 인도 받는 것이기에 신경 써야 할 게 훨씬 많다. 특히 세입자가 있는 경우에는 더욱 주의가 필요하며, 놓치는 부분 없이 철저하게 체크해야 한다.

기초③
부동산 세금 지식

내가 부동산 투자를 권하는 이유 중 하나는, 일정 요건을 충족하면 양도소득세에 대한 비과세 혜택을 받을 수 있기 때문이다. "소득이 있는 곳에 세금이 있다"라는 말처럼, 분야를 막론하고 사실상 거의 모든 투자 소득 발생 시 일정 비율의 소득세를 납부해야 한다.

이는 부동산 역시 예외가 아니다. 오히려 부동산은 보유할 때(재산세, 종부세), 팔 때(양도소득세)도 세금을 내야 한다. 다만, 주택의 경우 의식주 중 하나임에 따라 예외적으로 주택을 양도할 때 발생하는 소득에 대해서는 일정 요건 충족 시 비과세 혜택을 받을 수 있다.

물론 처음 세법 내용을 접하면 복잡해보이기도 하고, 당장 불필요하다고 생각할 수도 있다. 그러나 부동산에 투자하거나 내집마련을 할 때 반드시 고려해야 할 사항이기 때문에 이번 기회에 잘 알아뒀으면 좋겠다. 이 내용을 아는 사람과 모르는 사람은 투자 결과에서도 분명한 차이를 경험하게 될 것이다.

단계	세금 종류	적용 기준	납부 시기
살 때	취득세	아파트 구매 시	– 납부 시기: 취득일로부터 60일 이내
보유할 때	재산세	매년 6월 1일 기준, 아파트 보유자	– 납부 시기: 매년 7월(7월 16~31일)과 9월(9월 16~30일) 분할 납부
	종합부동산세 (종부세)	매년 6월 1일 기준, 아파트 보유자 – 1세대 1주택자 : 공시가격 합계 12억 원 초과분 – 이외 개인: 공시가격 합계 9억 원 초과분 – 법인: 전액	– 납부 시기: 매년 12월(12월 1~15일)
팔 때	양도소득세	아파트 매도 시, 차익이 발생한 경우	– 납부 시기: 양도일이 속하는 달의 말일부터 2개월 이내

부동산 세금 종류(아파트 기준)

부동산에 투자할 때 반드시 챙겨야 하는 주택 양도소득세 비과세 혜택은 세 가지가 있다. 지금부터 그 내용을 차례대로 살펴보자.

1. 1세대 1주택 양도소득세 비과세

1세대 1주택 양도소득세 비과세 제도는 가장 대표적인 비과세 혜택이다. 부동산에 조금이라도 관심이 있었다면 한 번쯤 들어봤을 것이고, 몰랐다면 지금부터 알아두면 된다. 쉽게 말해, 무주택자가 주택을 구입한 뒤 일정 기간 보유하고 매도하면, 양도소득세를 내지 않아도 되는 제도다. 이 혜택은 실수요자에게 큰 절세 효과를 주는 제도이므로, 부동산 투자든 내집마련이든 반드시 알고 있어야 한다.

소득세법 제89조 제1항에 규정하고 있는데, 실거래가 12억 원(실제 계약서상 금액)을 초과하는 고가 주택을 제외하고 1세대가 1주택을 보유할 경우 양도소득세를 과세하지 않는다.

여기서 1세대 1주택이란, 양도일 현재 1세대가 1주택만을 보유하고 있는 상태를 말하며, '보유기간'이 2년 이상이 된 경우만 해당된다. 다만, 취득 당시 조정대상지역[2] 주택을 매수한 경우 추가로 해당 주택에 2년 이상 '거주기간'이 있어야 한다. 요건을 정리하면 다음과 같다.

① 양도 당시 국내에 1세대 1주택만 보유
② 양도 주택 '보유기간' 2년 이상
③ 취득 당시 조정대상지역인 경우 '거주기간' 2년 이상
④ 양도 당시 실거래가액 12억 원 이하

2. 일시적 1세대 2주택 양도소득세 비과세

다음으로 소개할 제도는 일시적 1세대 2주택 양도소득세 비과세 제도이다. 만약 무주택자가 주택을 구입한 후 몇 년간 계속 그곳에 거주하거나 보유한다면 상관없지만, 빠른 상급지 갈아타기나 재개발, 재건축 등 정비사업에 투자할 목적으로 새로운 주택을 추가로 구입한다면 1세대 2주택인 상황이 발생하게 된다.

---

2) 정부가 부동산 시장의 과열을 방지하고, 주택 가격 안정화를 목적으로 지정한 지역을 말한다. 서울특별시 강남구, 서초구, 송파구, 용산구가 지정되어 있다(2025년 1월 기준).

이때 일시적으로 2주택자가 되는데, 기존 1세대 1주택 양도소득세 비과세 제도는 1세대 1주택자만 대상으로 하고 있었기 때문에 제도를 추가 보완한 것이라고 생각하면 되겠다.

다시 말해, '일시적'이라는 조건이 붙은 것처럼, 장기적으로 2주택을 보유하는 게 아니라 '일시적'으로 갈아타기를 할 때 해당된다고 볼 수 있다. 이 제도는 1세대 1주택 양도소득세 비과세 제도를 보완하기 위한 제도이기 때문에, 기존 1세대 1주택의 요건에서 두 가지만 추가된 형태이다.

따라서 1세대 1주택과 일시적 1세대 2주택 제도를 서로 연결해서 이해하면 훨씬 쉽게 정리할 수 있다.

① 양도 주택 '보유기간' 2년 이상
② 취득 당시 조정대상지역인 경우 '거주기간' 2년 이상
③ 양도 당시 실거래가액 12억 원 이하
④ 기주택 취득 1년 후 신주택 매수(추가)
⑤ 신주택 취득 후 3년 내 기주택 매도(추가)

예를 들어, 어떤 사람이 정비사업 투자를 위해 조합 설립 소식을 접하고 비조정지역 주택을 4억 원에 매수했다고 생각해보자. 만약 2년 정도 보유하던 중 사업시행인가가 되면서 시세가 6억 원으로 오르게 되었는데, 새롭게 상급지에서 눈여겨보던 정비사업이 있다면 어떨까? 기존 주택에서 2억 원의 시세 차익을 얻고 상급지 주택을 매수하려고 할 수 있을 것이다. 만약 이때 일시적 1세대 2주택 양도소득세 비과세 제도를 이용한다면, 시세 차익 2억 원과 함께 약 5,200만 원의 양도소득세를 아낄 수 있을 것이다.

3. 대체주택 양도소득세 비과세

만약 상급지 갈아타기를 할 목적으로 정비사업 지역에 있는 신주택을 매수하였는데, 공사가 3년 이내에 완료되지 않아 신주택으로 이사를 갈 수 없는 상황이라면 어떨까? 이런 상황을 보완하기 위해 마련된 것이 바로 대체주택 양도소득세 비과세 제도이다.

이 제도는 말 그대로 신주택 정비사업이 늦춰져 이사를 갈 곳이 없는 경우에 대체주택을 매수할 수 있게 한 것이고, 해당 대체주택 또한 비과세 혜택을 주는 것을 말한다. 따라서 이 제도를 활용할 경우 첫 주택에 대한 비과세는 물론, 대체주택에 대한 양도소득세도 비과세를 받을 수 있다.

앞서 일시적 1세대 2주택 비과세 제도를 설명하면서 총 다섯 가지 요건을 설명하였는데, 그 중 마지막 요건이 완화된 형태라고 생각하면 된다. 기주택을 3년 이내에 매도하는 게 아니라, 신주택 완공 후 3년 이내에 그 주택으로 세대 전원이 이사하여 1년 이상 거주하면 기주택의 양도소득세를 비과세 받을 수 있게 한 것이다. 특히 이 제도를 잘 기억하고 있으면, 갈아타기를 통한 자산 증식에 많은 도움을 받을 수 있다.

요건을 한번 살펴보자. 대체주택이란 국내에 1주택을 소유한 1세대가 그 주택에 대한 재개발 사업 등의 시행 기간 동안 거주하기 위해 취득한 주택을 말한다. 그리고 비과세 요건을 확인해보면, 기존 주택 정비사업의 사업시행인가일 이후 대체주택을 취득하고 해당 주택에 1년 이상 거주(단. 계속x)해야 하며, 정비사업 완료(준공) 후 3년 이내 준공된 주택에 세대 전원이 이사하여 1년 이상 계속 거주해야 한다.

또한 상기 요건을 모두 갖춘 후 대체주택을 매도해야 하며, 이 역시 정비사업 완료(준공) 후 3년 이내에 완료해야만 대체주택 매도 시 발생한 양도 소득의 비과세를 받을 수 있다는 것이다. 다만, 해당 조항 단서에 따라 1세대 1주택 양도소득세 비과세 요건 중 보유기간과 거주기간 요건은 완화되었다. 다음 그림을 보며 간단히 정리해보자.

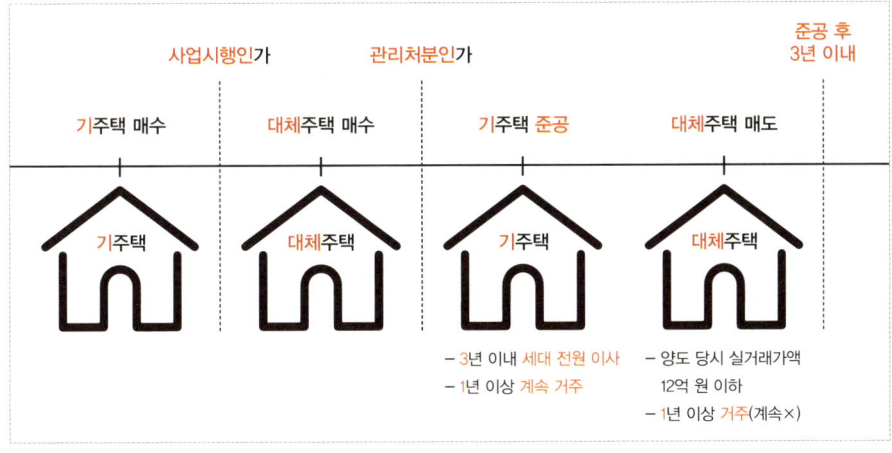

① 사업시행인가일 이후 대체주택 매수
② 대체주택 1년 이상 거주(계속X)
③ 기주택 준공 후 3년 이내에 세대 전원이 이사하여 1년 이상 계속 거주
④ 기주택 준공 후 3년 이내에 ①~③ 충족 후 대체주택 매도
⑤ 대체주택 양도 당시 실거래가액 12억 원 이하

아마 위 내용은 세금 부분에서 다룬 내용 중 가장 복잡한 내용일 것이다. 그러나 투자에 있어 요건이 복잡하다는 건, 그만큼 강력한 혜택이 주어진다는 것이다. 해당 제도를 활용하면 사업시행인가일부터 준공 후 3년까지, 오랜 기간 다주택을 소유하고도 사실상 두 주택 모두에 대해 양도소득세 비과세 혜택을 받을 수 있는 것이다.

어떤 사람은 짧은 기간에 2주택을 구입하는 것이므로, 부담스럽게 생각할 수도 있을 것이다. 그러나 부동산 상승기에 해당 제도를 잘 활용하면 막대한 시세 차익을 볼 수 있기 때문에, 적극적인 투자자라면 고려해볼 만하다. 따라서 다소 복잡하게 느껴지더라도, 지금까지 설명한 세 가지 양도소득세 비과세 혜택을 잘 정리해보자. 이해가 깊어질수록 투자에 대한 시선이 달라질 것이며, 앞으로 더 다양한 선택지를 자신 있게 판단할 수 있을 것이다.

부동산을 가장 싸게 사는 법

성공적인 투자 여부를 구분하는 핵심 요소 중 하나는 바로 투자금의 규모, 특히 실제 투입한 돈인 '실투자금'의 규모다. 이런 관점에서 볼 때, 부동산 투자는 임차인 보증금이나 담보대출 등 다양한 레버리지를 활용, 실투자금을 크게 줄일 수 있다는 점에서 성공 가능성이 높은 투자 분야이다.

특히 주택의 경우, 필수재인 '의식주' 중 하나임에 따라 정부에서도 무주택자에게 주택을 공급하기 위해 다양한 정책을 펴고 있다. 따라서 이러한 정부 정책을 잘 활용하면, 보다 적은 실투자금으로도 좋은 입지의 주택을 매수할 수 있다. 지금부터는 정부 제도와 시장의 기회를 활용해 부동산을 저렴하게 구입할 수 있는 몇 가지 방법을 소개하겠다.

부동산을 시세보다 저렴하게 사는 방법

1. 청약

청약 제도는 1963년, 국민의 주거 안정을 위해 시행되었다. 앞으로도 다양한 혜택이 주어질 것이고, 무엇보다 저출산 문제 해결을 위한 혜택도 많아질 것으로 보인다. 청약을 통해 주택을 분양받으면, 신축 주택을 시세보다 저렴하게 살 수 있다. 시세보다 저렴하게 샀으니 이후에 시세 차익을 누리기도 쉽다. 사회초년생이라면 청약 제도를 적극 활용해볼 만하다.

2. 재개발, 재건축

청약과 비슷하게 신축 주택을 저렴하게 살 수 있는 방법으로 재개발과 재건축이 있다. 이 둘은 모두 노후·불량 건축물이 밀집한 지역에서 주거 환경을 개선하기 위해 시행하는 사업이지만, 정비기반시설(도로나 주차장 등의 교통시설, 학교나 문화체육시설, 광장이나 공원 등의 녹지, 전기, 가스, 통신시설 등 지하매설물을 공동 수용할 수 있는 지하시설 등 생활 편의를 위한 시설) 상황에 따라 정비기반시설이 양호한 곳은 재건축으로, 정비기반시설이 열악한 곳은 재개발로 구분된다.

> **도시 및 주거환경정비법**
>
> 제2조(정의) 이 법에서 사용하는 용어의 뜻은 다음과 같다.
>
> 2. "정비사업"이란 이 법에서 정한 절차에 따라 도시기능을 회복하기 위하여 정비구역에서 정비기반시설을 정비하거나 주택 등 건축물을 개량 또는 건설하는 다음 각 목의 사업을 말한다.
>
>   나. 재개발사업: 정비기반시설이 열악하고 노후·불량건축물이 밀집한 지역에서 주거환경을 개선하거나 상업지역·공업지역 등에서 도시기능의 회복 및 상권활성화

> 등을 위하여 도시환경을 개선하기 위한 사업. 이 경우 다음 요건을 모두 갖추어 시행하는 재개발사업을 "공공재개발사업"이라 한다.
> 다. 재건축사업: 정비기반시설은 양호하나 노후·불량건축물에 해당하는 공동주택이 밀집한 지역에서 주거환경을 개선하기 위한 사업. 이 경우 다음 요건을 모두 갖추어 시행하는 재건축사업을 "공공재건축사업"이라 한다.

재개발, 재건축이 예정되어 있는 구축 아파트를 매수해 조합원이 되거나, 일반분양 시 분양권을 사는 방법으로 신축 아파트를 시세보다 저렴하게 얻을 수 있다. 그러나 본격적으로 사업이 추진되어 이주와 철거, 분양까지 완료되기까지는 길게는 10년 이상 걸릴 수도 있다는 단점이 있다. 또한 투자자와 실거주자, 조합, 시공사 간의 이해 관계가 복잡하게 얽히면서 갈등이 발생하기도 한다.

따라서 절차나 구조를 충분히 이해하지 못한 초보 투자자에게는 다소 어려운 투자 방식이 될 수 있다.

3. 급매

급매란, 말 그대로 급하게 내놓은 매물을 의미한다. 발품을 많이 팔아 매일같이 임장을 다니는 사람이라면, 이렇듯 운이 좋게 급매를 마주하게 되는 순간도 온다. 예를 들어, 개인 사정, 회사 파산 등 여러 사유로 시세보다 저렴하게 매물이 나오는 경우다. 이 경우 몇 천만 원 이상 저렴하게 물건이 나온다.

그러나 급매는 돈이 급하게 필요한 경우라 잔금일이 촉박한 경우가 많다.

그래서 목돈이 없다면 잡기 힘들 수 있다. 그래도 꾸준히 임장을 다닌 부지런한 투자자가 맞이할 수 있는 행운과도 같은 기회다.

급매를 잘 잡기 위해서는 평소 공인중개사와 친분을 유지해두는 것이 중요하다. 단순히 공인중개사 사무소를 방문해 번호만 남기고 좋은 물건이 있으면 연락을 달라고 해도 되지만, 이렇게 한다고 연락을 받을 수 있는 건 아니다. 오히려 평소 친분을 쌓아두거나 계약을 반드시 할 사람이란 인식을 심어주는 게(분명한 기준 제시 등) 좋다. 또한 급매는 자주 오는 기회가 아니기에 한 지역만 보는 것보다는 최대한 많은 지역을 보는 게 좋다.

4. 경매

경매에 대해 아직도 부정적인 시선을 갖고 있는 사람이 많다. 다른 사람의 소중한 집을 뺏는다는 인식 때문이다. 그러나 경매라고 해서 나쁜 게 아니며, 해당 집에 하자가 있는 것도 아니다.

예를 들어, 어떤 사람이 본인 소유의 부동산을 담보로 은행 대출을 받았는데 무리한 투자로 인해 대출금을 상환하지 못하는 상황이 발생했다고 가정해보자. 이 경우, 법원은 채권자의 권리를 보호하기 위해 해당 부동산을 경매에 부쳐 처분하고, 그 금액으로 채권자의 돈을 회수하게 한다. 이렇게 경매로 나오는 부동산은 대체로 시세보다 저렴하기 때문에, 경매를 통해 시세 차익을 노리는 투자자들도 많다.

5. 공매

부동산이 처음인 사람이라면, 경매와 공매를 혼동하기 쉽다. 경매는 앞서 설명했듯이 부동산 소유자가 돈을 빌렸는데 못 갚을 시 채권자가 법원에 요청해 이뤄진다. 반면, 공매는 부동산 소유자가 국세나 지방세를 체납할 경우 국가가 해당 부동산을 압류해 공개 매각하는 것이다. 경매는 법원에서 입찰하지만, 공매는 한국자산관리공사의 홈페이지인 온비드(onbid.co.kr)에서 입찰한다.

공매는 온라인으로 입찰할 수 있기 때문에, 입찰할 때마다 법원에 가야 하는 경매보다 시간적으로 여유가 있다. 그래서 직장인들에게 더 유용하다. 다만, 공매는 사설 경매 정보지에서 얻을 수 있는 정보가 상대적으로 부족하기 때문에 더 많은 사전 공부와 자료 분석이 필요하다. 하지만 이러한 진입 장벽 덕분에 경쟁률이 낮은 경우가 많아, 오히려 경매보다 더 큰 수익을 기대할 수 있기도 하다.

투자의 세계가 확장되는 무피, 플피 투자

부동산 투자에는 자본을 거의 들이지 않고도 수익을 얻을 수 있는 전략이 있다. 대표적인 방식이 바로 '무피 투자'와 '플피 투자'다. 무피 투자란 '비용이 없다'란 뜻으로 실투자금을 거의 들이지 않고 투자하는 것을 말한다. 예를 들어, 1억 원짜리 집을 산다고 가정해보자. 만약 대출을 7,000만 원 받고, 월세 보증금을 3,000만 원으로 세팅할 수 있다면, 해당 집을 매수하는 데 필요한 실투자금은 0원인 것이다.

또한 만약 이때 대출 이자보다 월세 수익이 더 크다면, 오히려 순수익이 발생하게 된다. 뿐만 아니라, 만약 월세 보증금 4,000만 원으로 증액할 수 있다면, 투자금이 오히려 증가(플러스)하는 상황이 되므로 플피 투자가 되는 것이다.

물론 이는 예외적인 상황에서만 가능하고 또 위험한 투자 방식이다. 그러나 대출이나 보증금 같은 레버리지를 적극 활용하면, 적은 실투자금으로도 부동산 투자를 통해 많은 수익을 거둘 수 있음을 극명히 보여준다.

0원으로 매수한 응봉대림1차아파트

나도 무피 투자를 통해 시세 차익을 경험했던 적이 있는데, 바로 서울 성동구에 위치한 응봉대림1차아파트에 투자한 경험이다. 해당 아파트는 준공 후 30년이 넘은 오래된 아파트이지만, 응봉역까지 도보 3분 이내인 역세권 위치와 응봉초, 광희중학교와 접했으며, 서울숲까지도 도보 10분 이내면 갈 수 있는 등 많은 장점을 갖춘 곳이었다.

구분	금액
매매 가격	5억 4,500만 원
(−) 주택담보대출	3억 8,000만 원
(−) 다른 아파트 잔여 담보대출	1억 6,500만 원
(=) 실투자금(현금)	0 + α(취득세 등)

따라서 나는 아파트의 미래 가치에 확신을 가질 수 있었고, 실투자금 0원, 즉 무피 투자로 해당 아파트를 매수했다. 다만, 일반적인 무피 투자 방식과 달리, 해당 아파트를 매수하고 실거주했다. 대신 이전에 매수한 아파트에 임차인(전세)을 구했고, 이때 받은 전세 보증금 중 일부와 구입할 아파트의 담보대출을 최대로 받아 매매가 5억 4,500만 원을 채울 수 있었다.

물론 이는 상당히 예외적인 상황에서만 활용할 수 있는 방식이다. 또 이런 투자 방식을 보며 너무 위험한 것 아니냐고 걱정스럽게 바라볼지도 모르겠다. 하지만 앞서 말했듯이 부동산 투자를 함에 있어서 레버리지란 자본주의 사회에서 평범한 사람도 활용할 수 있는 좋은 무기이다. 따라서 나는 레버리지를 적극 활용하여 해당 아파트를 매수했고, 그 결과 해당 아파트를 1년 후 매도하여 3억 4,000만 원이라는 시세 차익을 얻을 수 있었다. 따라서 다양한 레버리지 활용법을 알아놓도록 하자. 투자의 세계가 확장될 것이다.

투자 insight 직장인의 시간을 아껴줄 부동산 사이트 4

지금은 웬만한 정보를 인터넷에서 확인할 수 있는 시대이다. 굳이 부동산에 가거나 전문 자료를 찾아보지 않아도, 소비자를 위해 가공된 좋은 자료가 온라인상에 넘쳐난다. 따라서 스마트폰만 있으면 내가 관심 있는 부동산의 정보를 언제든지 확인할 수 있다. 여기서는 그중에서도 자주 사용하는 부동산 사이트 네 곳을 소개하려고 한다.

1. 네이버 부동산

부동산 관련 앱 중 가장 대표적인 것은 네이버 부동산이다. 네이버 포털에서 '네이버 부동산'을 검색하면 해당 사이트에 들어갈 수 있다. 스마트폰 앱도 있어 스마트폰만 있으면 활용할 수 있다. 전국 대부분의 부동산 가격을 확인할 수 있으며, 궁금한 부동산이 생기면 앱을 통해 현재 위치 근처의 부동산 정보를 바로 확인할 수 있다. 아파트·오피스텔, 빌라·주택, 원룸·투룸, 상가·공장·토지 등 부동산 유형별로 확인할 수 있고, 조건별로 검색이 가능해 거래 방식(매매, 전세, 월세 등), 가격대, 면적, 사용승인일, 세대수 등을 직접 선택해 자신에게 맞는 매물 검색이 가능하다.

2. 호갱노노

호갱노노는 말 그대로 부동산 투자자들이 호갱이 되는 걸 방지하기 위해 만들어진 사이트다. PC, 스마트폰 모두 사용 가능하며, 네이버 부동산처럼 기본 부동산 정보와 실거래가를 확인할 수 있다. 다만, 아파트 정보만 확인할 수 있다는 단점이 있다. 호갱노노의 특징은 실제 아파트에 거주한 사람들의 거주 후기를 확인할 수 있다는 점에 있다. 실제 거주자들의 거주 후기가 적나라하게 나와 있어 투자 시 참고 자료로 유용하다. 아파트마다 수백, 수천 개의 거주 후기가 올라오기 때문에, 광고성 후기가 일부 포함되어 있더라도 잘 선별해 참고하면 유용할 것이다.

3. 아파트실거래가(아실)

아실은 필요한 정보를 비교하고 분석하는 데 좋다는 장점이 있다. 지역별 최고가 아파트 순위도 확인할 수 있고, 가격 분석과 인구 변화 등 다양한 정보를 지역별로 비교할 수 있다. 그리고 해당 지역 초등학교, 중학교 학군 정보도 제공하고 있어, 초등학교의 경우 학생 수를 확인할 수 있고, 중학교의 경우 매해 졸업생과 과학고, 외고 진학 현황도 확인할 수 있다. 또한 지도상으로 경매, 공매 현황도 함께 볼 수 있고, 현재 발표되거나 진행 중인 교통망 또한 함께 확인할 수 있다.

4. 네이버 대출 계산기

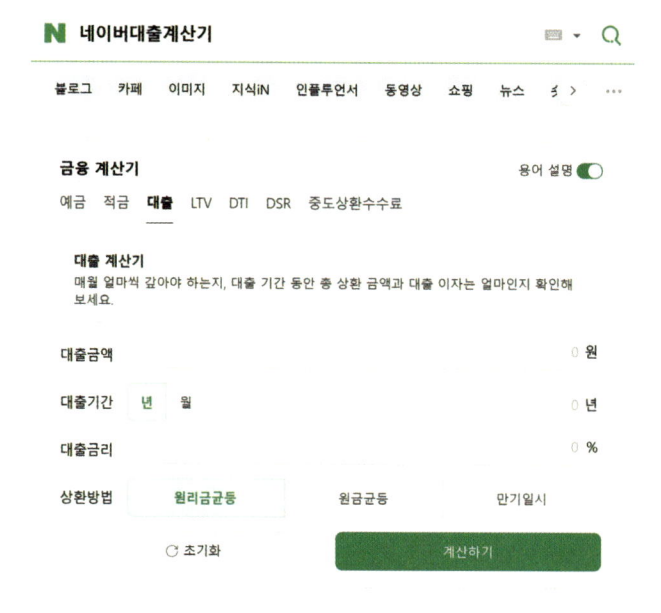

부동산 투자에서 가장 중요한 요소 중 하나는 대출 한도가 얼마나 나오는지 여부이다. 이때 네이버 포털 검색에서 '대출 계산기'를 검색하면 LTV, DSR, DTI와 상환 방법에 따른 이자도 계산할 수 있다.

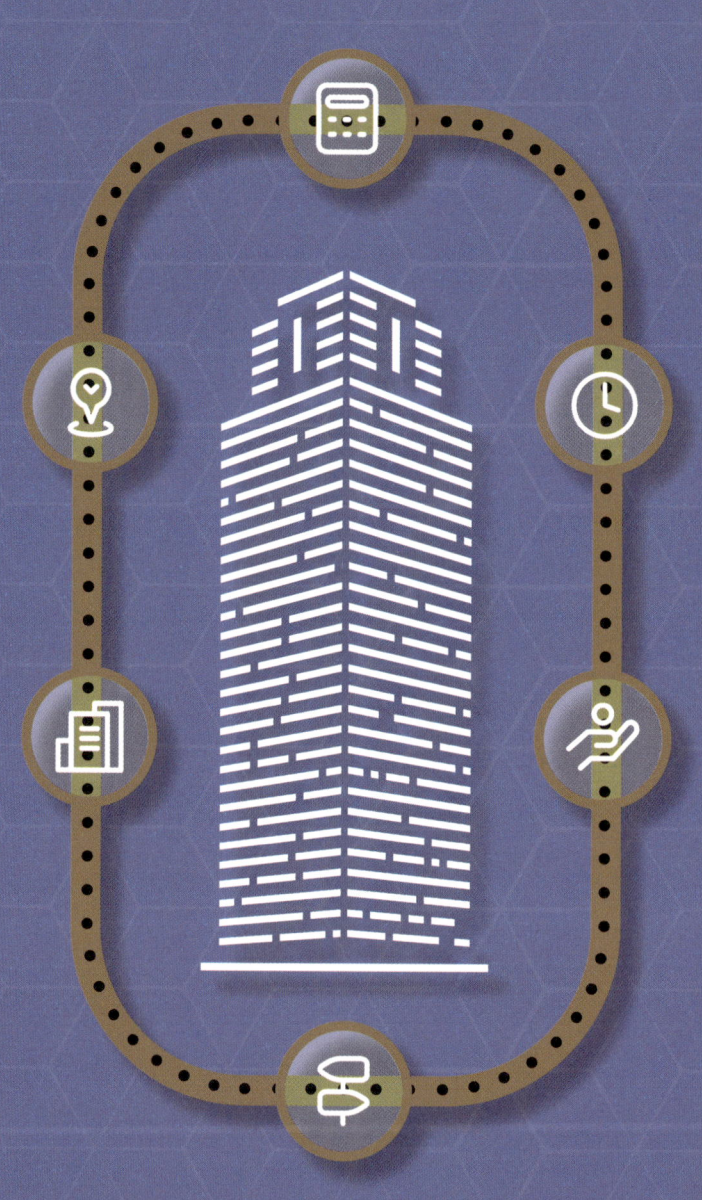

Part 4

생애 첫 투자로 만든 월세 수익 400만 원

생애 첫 투자,
서울 역세권에 건물을 사다

여러 가지 부동산 투자 방법이 있지만, 가장 대표적인 것은 첫째, 부동산 투자를 통해 시세 차익을 누리는 방법과, 둘째, 월세 수익을 창출하는 수익형 부동산에 투자하는 방법이다. 앞서 언급했듯이, 투자 시점에 따라 둘 중 어떤 방법이 더 유리할지는 달라질 수 있지만, 나는 이 두 가지 투자 방법을 적절히 병행할 것을 추천한다. 이는 두 투자 방법에 각각 장점과 단점이 존재하기 때문이다.

먼저 시세차익형 부동산의 경우, 투자 목적이 시세 차익이므로 큰 시세 차익을 누릴 가능성이 높다. 그러나 부동산 시장이 하락세에 접어들 경우, 오랜 기간 동안 어려움을 겪을 수 있다. 이때는 부동산 시장이 다시 상승세로 돌아설 때까지 버텨야 하므로 고통스러운 시간일 수 있다.

반면, 수익형 부동산은 안정적인 월세 수입을 보장하며, 상대적으로 부동산 경기에 영향을 덜 받는다. 다만, 그렇다 보니 일반적으로 수익형 부동산은 부동산에 비해 수익이 크지 않을 수 있다.

이 책은 평범한 월급쟁이가 적은 투자금으로도 강남 아파트를 매수할 수 있는 구체적인 전략을 다루는 책이다. 따라서 아마 처음부터 서울 아파트를 매수하고 시작했거나, 아니면 처음부터 적어도 수도권 아파트 정도는 매수했을 것이라고 예상했을 것이다. 그러나 내가 신혼생활을 시작했던 2013년 당시에는 자금이 절대적으로 부족했다. 앞서 밝혔듯이, 보증금 1,800만 원으로 시작했기 때문에, 초기엔 실투자금이 적게 드는 부동산에 관심을 갖게 되었다. 무엇보다도 2008년 미국발 금융위기 이후 부동산 시장이 지속적인 하락세를 보였기에, 당시에는 시세차익형 부동산에 그닥 관심이 없었다.

또한 신혼집을 구하는 과정에서 서울 아파트 가격이 지나치게 비싸다는 생각을 가지게 되었고, 하루빨리 서울 변두리의 신혼집에서 탈출하고 싶었다. 따라서 자연스럽게 적은 투자금으로 빠르게 서울 중심부로 이사할 수 있는 '빌라 투자'를 공부하기 시작했다.

당시 나는 현재 절판된 『마흔살, 행복한 부자 아빠』(아파테이아 제)를 감명 깊게 읽었는데, 주된 내용은 레버리지를 적극적으로 활용하면 적은 투자금으로 다세대 주택이나 상가 주택 등을 매수할 수 있고, 이를 지속하면 월세 수익만으로 경제적 자유를 빠르게 달성할 수 있다는 내용이었다. 내가 투자를 시작했던 10년 전에는 이런 투자가 충분히 가능했다. 2014년 당시 부동산 시장은 글로벌 금융위기 이후 장기간 침체기가 이어진 반면, 꾸준한 국민 소득 증가 등으로 전세 및 월세 가격은 상승하고 있었다. 따라서 당시 나는 수익형 부동산인 빌라 건물에 투자하기로 마음먹었다.

퇴근 후 직장인의 임장 챌린지

수익형 부동산 투자에 대한 확신을 얻은 후, 나는 평일 업무 시간을 제외한 거의 모든 시간을 활용하여 임장을 다녔다. 특히 서울시 내 직장인 수요가 많은 지하철 2호선과 7호선 인근의 공인중개사 사무소를 마치 도장 깨기 하듯 돌아다니며, 주로 다세대 주택 건물이나 상가 주택 건물을 살펴봤다.

그러나 갓 서른 살이 된 젊은 직장인이 공인중개사 사무소를 방문해 건물을 사고 싶다고 말하면, 문전박대를 당하는 경우가 많았다. 물론 돌이켜 생각해보면, 그분들 입장도 충분히 이해할 수 있다. 하루에 상대할 수 있는 손님의 수가 제한적이기 때문에, 그 귀한 시간을 돈이 별로 없을 것 같은 젊은이에게 할애하는 것은 아깝다고 생각했을 것이다. 그렇다 보니 대부분의 공인중개사는 그런 매물이 없다고 말하는 경우가 많았다.

그러나 처음엔 스트레스 받던 문전박대도, 자주 당하다 보니 어느새 익숙해졌다. 그렇게 포기하지 않고 꾸준히 임장을 이어나갔다. 그리고 이때 임장 방법은 지하철 2호선과 7호선의 각 역마다 내린 뒤 출구 인근에 위치한 공인중개사 사무소를 두 곳 정도 방문하는 것이었다.

이를 통해 부동산 투자에 대한 많은 것을 배울 수 있었지만, 사실 시간 소모가 지나치게 큰 방법이었다. 특히 체면을 지키기 위해 원하는 매물이 아닌데도, 브리핑을 끝까지 듣던 것이 원인이었다. 따라서 나중에는 핀잔을 좀 듣더라도 원하는 매물이 아니면, 즉시 양해를 구한 뒤 다음 장소로 이동했다. 이는 그전까지 지속한 임장 경험들이 쌓이면서 내가 원하는 매물에 대한 명확한 기준이 생겼기 때문에 가능한 일이었다.

월세 수익을 통한 목돈 마련 가속화

그렇게 매물을 보러 다닌 지 3개월 정도 지난 어느 날, 지하철 7호선 상도역 근처의 공인중개사 사무소에서 운명처럼 생애 첫 부동산을 만났다. 그날도 상도역 인근의 공인중개사 사무소 두 곳을 방문했는데, 한 곳은 매물이 없다며 문전박대를 했고, 다른 한 곳은 매물 리스트를 보여주긴 했지만 마음에 드는 매물이 없었다.

따라서 임장할 다음 역으로 가기 위해 걸어가는데, 이상하게도 공인중개사 사무소 한 곳이 눈에 확 들어왔다. 당시는 8월로 날이 무척 더웠지만, 딱 한 곳만 더 방문해보자는 생각에 그곳으로 향했다.

그렇게 들어선 공인중개사 사무소에는 매우 인자한 모습의 사장님 한 분이 앉아 계셨다. 내가 원하는 매물에 대해 설명을 드리자, 사장님은 잠시 말

당시 구입했던 빌라 건물

없이 나를 바라보다가 서랍에서 건물 브리핑 자료를 꺼내셨다. 브리핑을 받아보니 지금까지 본 어떤 매물보다도 원하는 조건에 부합하는 건물이었다.

특히 당시 사장님은 부동산 초보자인 내가 잘 이해할 수 있도록 천천히 설명해주셨고, 매도인의 상황, 매매 가격의 조정 가능 범위, 해당 매물을 매수했을 때의 예상 수익 등에 대해 친절하고 상세하게 설명해주셨다.

해당 건물은 지하철 7호선 상도역에서 도보로 3분 이내에 위치한 역세권 건물이었으며, 북쪽과 동쪽에 도로를 접한 코너 건물이라는 장점도 가지고 있었다.

또한 각 원룸 내부에 별도의 발코니 공간도 갖추고 있는 등 내부 구조도 잘 설계된 건물이었다. 무엇보다도 그 해에 갓 완공된 신축 건물이었기 때문에 인근 다른 건물에 비해 임차인들의 선호도가 높았다. 따라서 인근 다른 건물에 비해 보증금 및 월세를 높게 받을 수 있었고, 임차인들도 장기 거주하는 경우가 많아 임대차 관리도 용이한 건물이었다.

그런데 매도인은 왜 이 건물을 매도하려 했을까? 당시 부동산 시장은 하락세에 있었고, 장기간 하락장을 견뎌온 매도인들은 저렴한 가격에라도 빠르게 처분하려는 분위기였다. 이로 인해, 매매 가격은 신축과 구축 간 큰 차

구분	금액
매매가	13억 8,000만 원
(−) 건물 담보대출	6억 2,000만 원
(−) 전세/월세 보증금	5억 8,000만 원
(−) 개인 신용대출	6,000만 원
(=) 실투자금(현금)	1억 2,000만 원+ α(취득세 등)

빌라 건물 매입 시 사용한 레버리지

이가 없는 하향평준화 상황이었으며, 실투자금은 적은 반면 수익률은 상당히 높은 상황이었다.

해당 매물이 매우 마음에 들었고, 예상보다 실투자금이 많이 들지 않았기에 브리핑이 끝난 후 곧바로 매도인과 약속을 잡았다. 이후 총 세 차례의 미팅을 진행한 후 매매 가격과 매수 자금(계약금 등) 및 지급 일정 등을 조율하고 계약서를 작성했다.

나는 이 빌라 건물 투자 덕분에 매달 400만 원이라는 현금 흐름이 추가로 발생했고, 맞벌이를 통한 두 사람의 월급과 투철한 지출 관리 등에 힘입어, 매월 500만 원 이상을 저축할 수 있었다. 말로만 들었던 '부자 시스템' 만들기를 직접 경험하게 되었던 것이다. 월급을 제외하고도 매월 통장에 400만 원이 넘는 돈이 추가로 입금되는 모습은 마치 꿈만 같은 일이었다.

물론 이후에 더 이상 수익형 부동산 투자는 하지 않고 아파트, 즉 시세차익형 투자에만 집중했다. 그러나 해당 투자는 평범한 월급쟁이였던 내가 부동산 투자에 완전히 눈을 뜨게 된 계기가 되었다. 만약 내가 해당 건물에 투자하지 않았다면, 그저 열심히 월급만 모으면서 계속 신혼집에 머물러 있었을지 모른다. 무엇보다도 지금처럼 강남권에 거주하며 자산을 60억 원까지 불리지 못했을 것이다. 따라서 이처럼 레버리지를 적극적으로 활용한 부동산 투자는 월급쟁이가 부자가 될 수 있는 확실한 방법이다.

방법①
대출의 두려움에서 벗어나라

평범한 사람은 대출을 두려워한다. 왜냐하면 이미 학습되어 있는 두려움이 있기 때문이다. 대출을 받으면 이자가 나가고, 그 이자를 감당하지 못해 패가망신할 수도 있다는 것이 우리 안에 있는 잘못된 믿음이다. 물론 이런 경우도 실제로 있다. 이자를 감당하기 어려운 데도 무리한 수준까지 대출을 받거나 친구 보증을 서는 등의 경우이다. 그러나 한번 생각해봐야 할 점은 대출이 항상 나쁘기만 한지이다.

좋은 대출도 있다

대출은 좋은 대출과 나쁜 대출이 있다. 먼저, 나쁜 대출은 앞서 말한 비용만 발생시키는 대출이다. 가장 대표적인 예가 바로 신용카드 사용으로 인한 대출이다. 물론 당장 돈이 부족해도 꼭 필요한 물건을 살 수 있다는 점에서 분명 순기능이 존재한다. 그러나 신용카드는 물건은 바로 받고 돈은 나중에 지불하는 구조이다. 이로 인해 자연스럽게 필요 이상으로 소비하게 만든다.

따라서 신용카드를 무분별하게 사용하면, 생계 자체를 위협하는 문제가 될 수 있다. 월급이 들어오자마자 카드값으로 빠져나가고, 생활비는 또다시 할부나 현금 서비스에 의존하게 되는 악순환이 시작되는 것이다. 그리고 이런 일이 반복되면 빚은 눈덩이처럼 불어나고, 결국엔 고정비조차 감당 못하는 상황에 처하는 것이다.

그렇다면, 좋은 대출은 어떤 대출일까? 좋은 대출은 더 많은 이익을 창출하는 대출이다. 예를 들어, 3%대 이율로 대출을 받았는데 수익이 6%가 되었다면 이건 좋은 대출이다.

좋은 대출의 예: 은행, 기업

자본주의 사회에서 이렇듯 좋은 대출을 활용한 사례는 무수히 많다. 부자치고 대출을 활용하지 않은 사람은 없다. 대기업이라고 할 수 있는 삼성, 현대 모두 대출로 사업을 시작했다.

좋은 대출(빚)을 가장 잘 활용하는 예시는 은행이다. 은행은 사람들에게 일정 이율로 예금 상품을 제공한다. 사람들은 돈을 저금하며 일정 이율의 혜택을 받는다. 그런데 은행 입장에서 이 돈은 나중에 돌려줘야 하는 빚이나 마찬가지다. 잠시 고객에게서 대출받은 셈이란 말이다. 은행은 이 돈을 모아 또다시 기업이나 큰돈이 필요한 사람들에게 더 높은 이자율로 돈을 빌려준다. 결국 은행은 같은 돈을 활용해 이자의 차익으로 수익을 얻는 것이다. 은행은 이런 방식으로 연간 수조 원의 돈을 벌어들인다.

기업도 마찬가지다. 처음부터 자본금이 풍부해 사업을 시작하는 기업은 없다. 모두 대출을 받아 사업을 시작하고, 상품을 기획해 판매한다. 그리고 수익이 창출되면 그 돈으로 빚을 갚는다. 이렇게 기업은 대출이라는 레버리지를 활용해 점차 성장해간다.

자본주의 사회에서 자본을 가장 잘 활용하는 집단인 은행과 기업은 이렇게 레버리지를 적극적으로 활용해 자본금을 늘려나간다. 따라서 개인도 은행이나 기업처럼 레버리지를 활용하여 적극적으로 자본금을 늘려나가야 할 것이다.

학습된 두려움에서 벗어나라

사람들에게 있는 대출에 대한 두려움은 '학습된 두려움'이다. 누군가 강제로 학습시킨 것이 아니라, 과거부터 부모 세대를 거쳐 전해 내려온 두려움이다.

보통 자본주의 사용법을 잘 모르기 때문에, 처음 한두 번은 레버리지 사용에 익숙하지 못할 수도 있다. 그러나 사람들은 한두 번 실수에 좌절하고 대출은 '나쁜 것'이라는 인식을 갖게 된다. 그리고 이 두려움은 자녀와 손자에게 대대로 전해지는 것이다.

반면, 좋은 대출을 통해 자본금이 증가하는 경험을 한 사람은 자녀에게 레버리지의 장점을 적극적으로 가르칠 것이다. 나는 강남에 입성하기까지 총 다섯 번의 투자를 했다. 단 다섯 번 만에 보증금 1,800만 원에서 시작해 지금은 60억 원 자산가가 된 것이다.

그런데 그 과정에서 나도 그렇고, 아내도 그렇고 부모님께 도움을 받은 적이 없었다. 다섯 번의 투자 동안 사용한 실투자금을 정리하면 다음과 같다.

실투자금 사용 내역	
1차	1억 2,000만 원
2차	3,000만 원
3차	6,000만 원
4차	1억 1,500만 원
5차	0원

그렇다면, 다섯 번의 투자로 인해 나의 자산은 얼마나 증가했을까? 정리하면 다음과 같다.

회차별 자산 증가 내역	
1차	월세 수입 4억 8,000만 원(10년간) 시세 차익 14억 2,000만 원
2차	시세 차익 5,000만 원
3차	시세 차익 5,500만 원
4차	시세 차익 22억 원 예상(현재 거주 중)
5차	시세 차익 3억 5,000만 원

이렇게 레버리지 활용으로 나는 총 45억 원 이상의 시세 차익을 거둘 수 있었다. 뿐만 아니라, 지출을 철저히 관리해서 지난 10년간 맞벌이를 통해 각자의 회사로부터 받은 월급 수입도 상당 부분 저축했다.

놀랍지 않은가? 내 머리가 유달리 똑똑했다거나, 물려받은 재산이 많았기 때문에 가능했던 것이 아니다. 방법은 단순했다. 레버리지를 적극적으로 활용해서 부동산에 투자했을 뿐이다. 따라서 당신이 대출에 대한 막연한 두려움을 떨쳐내고 이를 적극적으로 활용한다면, 자본주의 사회에서 얼마든지 빠르게 자산을 증식할 수 있을 것이다.

방법②
대출 한도, 어떻게 계산할까?

　대출을 받는 것에 대한 막연한 두려움에서 벗어났다면, 다음으로 살펴봐야 할 것은 현재 받을 수 있는 대출 한도이다. 즉, 내가 최대로 받을 수 있는 대출 금액이 얼마인지 확인하는 것이 중요하다.

　대출이란 결국 타인으로부터 돈을 빌리는 것이다. 그래서 돈을 빌려주는 입장(은행)에서는 돈을 빌린 사람이 돈을 갚지 못할 경우도 대비해야 한다. 이 때문에, 돈을 빌린 사람에게 담보를 요구하며, 결국 대출 한도란 돈을 빌린 사람이 제공할 수 있는 담보 자산의 가치를 넘지 못하게 되는 것이다. 이때 그 한도로 적용하는 것이 LTV(담보인정비율)이다.

　다음으로, 아무리 확실한 담보를 제공받더라도 경매 등 방법을 통해 이것을 현금화하는 것은 많은 시간과 노력이 소요된다. 그래서 은행은 빌린 사람의 능력을 확인한 후 갚을 수 있는 범위 내에서만 돈을 빌려준다. 이때 그 한도로 적용하는 것이 바로 DTI(총부채상환비율)와 DSR(총부채원리금상환비율)이다.

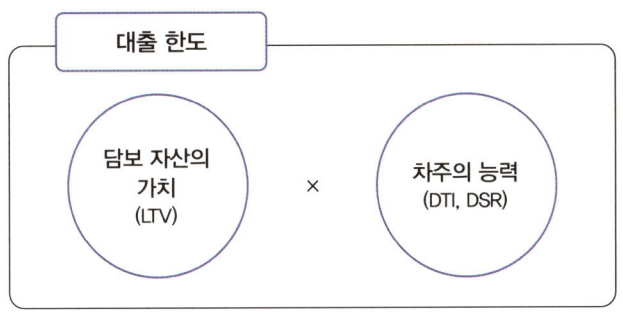

위 그림을 보면 좀 더 이해가 쉬울 것이다. 대출의 한도는 담보 자산의 가치(LTV)와 빌린 사람의 능력(DTI, DSR)으로 결정된다. 그렇다면, 이제 각 용어의 의미와 그에 따른 대출 한도 산출 방법 등에 대해 구체적으로 알아보자.

LTV란 무엇일까?

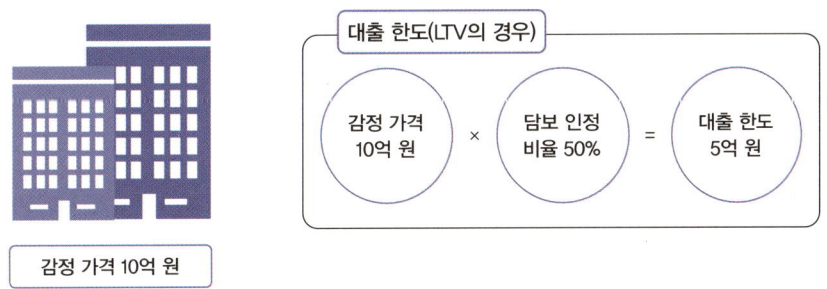

LTV는 앞서 말한 것처럼, 주택을 담보로 대출을 해주는 비율을 의미한다. 예를 들어, 위 그림처럼 매수하려는 아파트의 감정 가격이 10억 원이고, LTV를 50%로 적용받는다면 금융기관으로부터 5억 원의 주택담보대출을 받을 수 있다.

DTI란 무엇일까?

DTI란, 돈을 빌리는 사람의 원리금 상환 능력을 감안하기 위해 도입된 것이다. 예를 들어, 다른 대출이 없고 연소득이 5,000만 원인 사람이 DTI 50%를 적용받는다면, 해당 대출로 연간 갚아야 하는 상환액은 2,500만 원을 넘어서는 안 된다.

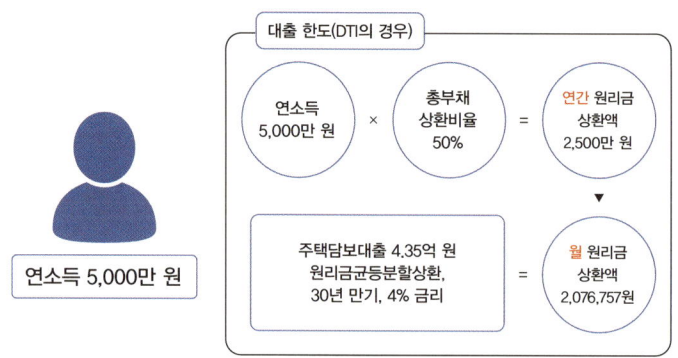

위 그림을 통해, 좀 더 구체적으로 살펴보자. 만약 원리금균등상환 방식으로 30년 만기 및 4% 금리로 4억 3,500만 원을 빌린다고 생각해보자. 매달 원리금 상환액이 200만 원 정도 된다. 그리고 1년 동안 갚아야 하는 원리금 상환액을 계산해보면, 2,490만 원 정도이다. 따라서 2,500만 원이 넘지 않기 때문에, DTI 기준으로 빌릴 수 있는 한도는 4억 3,500만 원 정도인 것이다.

참고로 LTV는 주택 가격만을 고려해 대출을 해주기 때문에, 이러한 한계를 보완하고자 DTI 규제가 도입된 것이다. 특히 과도한 가계 부채의 증가를 억제하기 위해 DTI를 특정 수준 이내로 제한하기도 한다.

DSR이란 무엇일까?

DTI가 주택담보대출의 원리금과 신용대출 등의 이자만 포함하는 반면, DSR은 모든 대출의 원리금 상환액을 고려해 계산한다. 여기에는 주택담보대출뿐만 아니라 신용대출, 전세대출, 할부, 카드론 등이 포함된다. 따라서 DTI는 일부 대출만 포함돼 비교적 느슨하고, DSR은 모든 대출을 포함하기에 훨씬 엄격하다고 생각하면 된다.

DSR은 LTV, DTI 규제에 이어 세 번째로 추가되었는데, 대출을 받는 사람의 상환 능력을 더욱 포괄적으로 판단하기 위해서이다.

방법③
무이자 대출도 적극 활용하자

부동산 투자를 할 때, 많은 사람이 간과하는 것이 '임차인의 보증금'은 '무이자 대출'과 같다는 것이다. 앞서 얘기했듯이, 첫 투자인 빌라 건물 매입 시 나는 매매가 13억 8,000만 원 중 절반에 가까운 5억 8,000만 원을 임차인의 보증금으로 충당했다. 그리고 6억 8,000만 원을 대출로 충당하여, 실투자금 1억 2,000만 원만으로 해당 건물을 매입하는 데 성공했다. 사실 이미 파트1에서 레버리지를 설명하며 보증금 또한 레버리지의 일종이라고 설명했다. 그런데 아마 아직도 보증금이 왜 레버리지인지 이해하지 못하는 사람들도 있을 것이다. 따라서 이에 대해 좀 더 자세히 설명하고자 한다.

전세는 대출보다 좋은 레버리지

먼저, 금액이 적은 월세 보증금은 논외로 하고, 전세 보증금을 중심으로 왜 임차인의 보증금이 대출보다 좋은 레버리지인지를 설명하겠다. 전세 제도는 전 세계에서 유일하게 대한민국에만 있는 제도로, 종종 존폐 논의가 다뤄지지만 가능성은 적다. 따라서 앞으로도 전세 보증금을 투자에 많이 활용하게 될 것이므로, 이번 기회에 전세 보증금의 강력한 효과를 이해한다면 향후 투자에 많은 도움이 될 것이다.

전세 보증금이 대출보다 좋은 레버리지인 대표적인 이유는 대출의 경우 대출 받은 금액에 비례하여 이자를 내야 하는데, 전세 보증금은 그렇지 않다는 점이다. 대출 이자는 대출액과 금리 등에 따라 차이가 있지만, 매월 정해진 날짜에 갚아야 하기 때문에 그만큼 생활비에 부담이 생긴다. 특히 원금도 함께 나눠 갚아야 하는 경우라면 그 부담은 훨씬 클 것이다.

따라서 대출 이자 또는 원리금을 스스로 감당할 수 있는 범위까지만 대출을 레버리지로 사용할 수 있다는 한계가 존재한다.

그러나 전세 보증금의 경우는 이자가 발생하지 않기에, 생활비 부담이나 한도를 고민하지 않아도 된다. 따라서 투자자 입장에서 전세 보증금은 아주 활용하기 좋은 레버리지다(물론 이 때문에 전세 사기와 같은 문제가 발생하기도 하지만, 여기서 자세히 다루진 않겠다).

내가 다섯 번의 투자에서 활용한 보증금 레버리지는 다음과 같다.

	보증금 활용 내역
1차	5억 8,000만 원
2차	5억 8,500만 원 (이 중 1억 원은 건물 1개 호실의 전세 전환으로 마련)
3차	6,000만 원
4차	7억 5,000만 원
5차	0원

이것을 다시 대출과 비교해보면, 1차 투자 시에는 전세 보증금과 비슷한 금액을 대출받았고, 2차 투자 시에는 4,500만 원을 대출받았으며, 3차 투자 시 3억 2,550만 원, 4차 투자에는 2억 원을 대출받았고, 마지막 5차 투자 시에는 5억 4,500만 원 전액을 대출로 충당했다.

이를 통해 보증금과 대출이라는 레버리지를 상황에 맞춰 적극적으로 활용했다는 것을 알 수 있을 것이다. 특히 2차 투자의 경우, 1차 투자로 매입한 건물의 1개 호실을 전세로 전환하여 보증금을 1억 원을 더 받아 레버리지로 활용했다는 점도 기억하면 좋을 것 같다.

방법 ④
공인중개사는 나의 조력자다

부동산에 관심이 없고 앞으로 부동산을 사고팔 계획이 없다면, 공인중개사와의 관계에 크게 신경 쓸 필요는 없다. 그러나 앞으로 내집마련을 할 것이고, 더 나아가 부동산 투자에 관심이 있다면 공인중개사는 나의 투자 동지라는 생각을 가져야 한다. 왜냐하면 공인중개사를 내 편으로 만들면 투자 성공 가능성이 높아지기 때문이다.

공인중개사들은 모두 각자의 특별 매물들을 갖고 있다. 모든 매물을 살펴보다가 그런 특별 매물들은 중요 고객을 위해 영업 무기로 사용한다. 그런데 이런 특별 매물을 아무 관계도 없는 사람에게 소개하진 않는다. 평소 관계가 있거나 노력이 가상한(?) 사람에게 꺼내 놓는다. 따라서 앞으로 부동산 투자를 할 예정이라면, 평소에 공인중개사와 좋은 관계를 맺도록 하자.

공인중개사가 돕는 사람

공인중개사들은 어떤 사람을 도와주려고 할까? 단순히 내가 물심양면으로 잘해준다고 나를 도와줄까? 그건 아닐 것이다. 공인중개사는 중개를 통해 수수료를 받는 사람들이다. 그들의 영업은 철저히 본인의 수익에 맞춰져 있다. 따라서 사무소에 와서 그냥 매물 리스트만 보고 지나갈 사람이라면 도와주지 않을 것이다. 자금의 여력이 있어 지금 당장 계약할 가능성이 있는 사람에게 도움을 주려고 한다는 것이다.

따라서 공인중개사에게 적극적인 도움을 받고자 한다면 내가 어느 정도 자금 여력이 있는지 은연중에 내비치자. 돈은 이미 준비되어 있으니 적당한 매물이 나오면 바로 살 수 있다는 믿음을 주는 것이다. 나 또한 빌라 건물을 살 당시 자금 여력이 얼마인지, 남은 금액은 어떻게 마련할지를 구체적으로 설명했다. 당시 나를 도와줬던 공인중개사는 분명 내가 해당 매물을 구입할 것이라 생각했기에 도와줬을 것이다.

매물이 많고 실력 있는 공인중개사를 찾자

공인중개사가 투자자의 협력자가 될 수밖에 없는 이유는, 투자자가 매매, 전세, 월세 등 부동산 거래를 많이 해야 자신에게 수수료가 많이 생기기 때문이다. 그러니 부동산을 많이 가진 사람일수록, 공인중개사는 그 사람을 VIP로 여기고 대우해준다. 따라서 내가 앞으로 부동산 투자를 많이 할 것이고, 이곳에서 여러 차례 거래를 할 수밖에 없을 거라는 걸 보여주면 공인중개사 또한 내게 많은 도움을 주려 할 것이다.

공인중개사 사무소를 찾을 때는 외진 곳보다는 주요 상가에 위치하거나 코너에 위치한 곳이 좋다. 왜냐하면 이런 지역은 임대료가 비싼데, 이런 곳에 위치한 사무소는 그정도의 임대료를 감당할 정도로 수입이 있다는 의미이기 때문이다. 공인중개사의 실력은 곧 중개를 얼마나 해서 수수료를 얼마나 받았느냐에 따라 결정된다. 만약 영업 능력이 뛰어난 곳이라고 판단된다면, 그곳은 적극적인 곳이라고 생각해도 좋고, 나 또한 적극적으로 도와줄 것이다.

수익형 부동산이라면 더욱 유리하다

만약 나처럼 수익형 부동산을 사게 된 경우라면 공인중개사와 협력 관계가 되기에 더욱 유리하다. 왜냐하면 부동산을 살 때만이 아니라, 이후 전세나 월세를 줄 때에도 해당 공인중개사와 할 수 있기 때문이다. 따라서 이런 경우 공인중개사에게 협상을 잘하면 가격을 낮출 수도 있다. 여러 차례 거래로 이어질 수 있음을 은연중에 비친다면, 가격도 낮출 수 있을 것이고 이후 임대나 매매 시 더 큰 수익을 얻을 수 있을 것이다.

방법⑤
임차인을 계속 구할 수 있었던 이유

내가 소유한 빌라 건물은 10년간 보유하면서 한 번도 공실이 발생한 적이 없었다. 그렇게 매달 400만 원 정도의 월세가 발생했으니 10년간 4억 8,000만 원을 번 셈이다. 공실이 없었던 이유는 해당 건물이 그해 완공된 신축 건물이었기 때문이고, 원룸 내부에 발코니 공간이 별도로 존재했기 때문이다. 발코니가 있으면, 방이 훨씬 넓고 쾌적하게 느껴진다. 또한 수납 공간을 추가로 확보할 수 있고, 세탁기나 건조기 등을 설치할 수 있으며, 빨래 건조도 가능해진다. 이런 이유 때문에 임차인들의 선호도가 상대적으로 높았다.

따라서 공실률을 줄이고, 임차인을 계속 구하기 위해 가장 중요한 것은 임차인에게 매력적인 부동산을 구입하는 것이다. 신축이면 좋고, 그게 아니더라도 강점이 있으면 좋다. 수익형 부동산이라면 처음에 부동산을 살 때부터 임차인을 받을 것을 고려하고 계약해야 한다. 만약 수익형 부동산으로 활용할 예정인데 상태가 너무 안 좋고, 위치도 좋지 않고, 임차인들에게 전혀 매력적이지 않다면 공실이 발생할 수밖에 없을 것이다.

공인중개사 사무소를 적극 활용하라

만약 이미 부동산 계약을 마쳤고, 이후 공실이 발생하고 있는 상태라면 먼저 공인중개사 사무소를 적극 활용하는 방법이 있다. 되도록 많은 공인중개사 사무소에 매물을 올리고, 적극적으로 홍보하는 것이다. 그렇게 한다면 임차인이 구해질 확률이 높아질 것이다. 더욱이 평소 공인중개사와 신뢰 관계를 맺었다면 내가 필요할 때 도움을 얻기 쉬울 것이다. 그럴 때 공인중개사는 다른 물건보다도 내 부동산을 먼저 소개할 가능성이 높다. 이때 만약 수수료를 더 지급해야 한다면 돈을 아까워하지 말자. 공실이 생기는 것보다 오히려 그 편이 더 낫다.

또한 매물을 올릴 때 옵션을 다양하게 하거나 가격을 다른 곳보다 저렴하게 낮추는 방법도 있다. 만약 옵션이 있다면 임차인에게 장점으로 다가올 수 있을 것이고, 정 임차인이 구해지지 않는다면 공실을 막기 위해 가격을 낮추는 방법도 있을 것이다.

임차인을 선별해서 받자

임대인은 공실이 날까 전전긍긍하며 새로운 임차인을 받으려고 노력하는데, 정작 곧 나가는 임차인은 별로 관심도 없고 비협조적일 수도 있다. 더구나 기존에 거주하면서 월세를 밀리고, 집도 깨끗하게 사용하지 않았다면 더욱 보기 좋지 않았을 것이다.

이런 일을 막기 위해서는 처음 임차인을 받을 때부터 선별해서 받는 것이 필요하다. 임대인이 아무리 노력하더라도 그 집에 살고 있는 것은 임차인이다. 어떤 임차인이 살고 있느냐에 따라 집을 보러 오는 사람에게 좋은 인상을 줄 수도, 나쁜 인상을 줄 수도 있다.

만약 기존에 살던 임차인이 집을 깔끔히 사용하고 인성도 좋아 집을 보러 올 때마다 잘 정리해둔다면 새 임차인을 구하는 데 도움이 될 것이다. 이렇게 자신이 원하는 임차인을 구하기 위해서는, 사전에 공인중개사에게 어떤 조건의 임차인을 원한다고 미리 전달해두는 것이 좋다. 예를 들어, 냄새가 밸 수 있으니 애완동물을 키우지 않았으면 좋겠다거나, 되도록 신혼부부가 들어왔으면 좋겠다는 등 구체적으로 말하는 게 좋다.

셀프 인테리어도 고려하자

만약 이미 부동산 계약을 마쳤는데, 집 상태가 좋지 않다면 어떻게 해야 할까? 이럴 땐 셀프 인테리어를 하는 것도 고려하도록 하자. 임차인이 들어오지 않는 것은 생각보다 사소한 부분 때문인 경우가 많다. 벽지가 조금 떨어져 있거나, 전등이 나갔거나, 문고리가 파손된 경우 등이다. 그런데 이 정도의 수리는 전문업체에 맡기지 않아도 직접 할 수가 있다.

임차인 입장에서는 이 정도의 수리도 되어 있지 않으면, 집주인이 내가 살 집에 관심이 없다고 판단할 수밖에 없다. 임차인 입장에서는 집주인이 내가 잘 살 수 있게 관리해주길 바라지, 아무 관심도 없길 바라지는 않는다. 따라서 간단한 수리는 직접 해서 공실을 막도록 하자.

이외에도 페인트칠이나 도배 정도는 몇 번 해보면 쉽게 할 수 있다. 그러나 정 어렵다면 전문업체에 맡기는 것을 추천한다. 다양한 업체에서 견적을 받아 합리적인 가격으로 진행한다면 공실도 줄이고 시간도 아낄 수 있을 것이다.

간혹 수익형 부동산을 운영하면서 관리하기 귀찮고 어렵다며 하소연을 하는 사람들이 있다. 그러나 이런 말을 하는 사람은 아직 수익형 부동산을 운영할 준비가 안 된 것이다. 단지 집에 문제가 있거나 세입자를 받을 때만 잘 관리하면 적어도 1년 이상 직장 외 고정 수입이 생기는 것이다. 그런데 단지 귀찮고, 어려워 보인다는 이유로 수익형 부동산을 마다할 이유가 있을까?

최고의 부자들에게는 두 가지 특징이 있다고 한다. 첫째, 회복탄력성, 둘째, 메타인지다. 이 중 메타인지는 최근 많이 활용되는 개념으로, 스스로 자기 생각에 대해 생각할 수 있는 능력을 일컫는다. 예를 들어, 자신이 뭐가 부족한지 생각했다면 그걸 보완하기 위해 어떤 걸 해야 하는지 판단할 수 있는 능력이다.

보통 사람들은 몸을 자주 움직이는 사람을 두고 부지런하다고 말한다. 그리고 몸을 잘 움직이지 않는 사람을 두고 게으르다고 말한다. 그러나 내가 생각하기에 그것보다 훨씬 중요한 건 사고가 게으르지 않은 것이다. 사람은 조금만 편해지고 반복 작업을 하면 사고가 게을러진다.

수익형 부동산의 경우도 마찬가지다. 내가 공실을 막을 수 있는 방법이 있다면 무슨 방법이든 하는 게 중요하다. 나의 경험상 이렇듯 메타인지가 뛰어난 사람들이 성공했다.

투자 insight   쉽게 셀프 인테리어 하는 법

충분한 시세 차익을 거둘 수 있음에도 불구하고 많은 부동산 투자자가 몸테크가 힘들다는 이유로 정비사업 투자를 외면한다. 물론 이외에도 저마다의 사정이 있을 것이다. 그러나 내가 생각하기엔 아마도 오래된 집에서 생활하고 싶지 않은 것이 가장 큰 이유이지 않을까 싶다.

그런데 이렇듯 많은 사람이 꺼려하는 몸테크를 약간의 돈과 노력만으로 충분히 살 만한 집으로 바꿀 수 있는 방법이 있으니, 바로 셀프 인테리어를 하는 것이다.

나는 정비사업 투자를 위해 2017년도에 응봉동에 위치한 한 아파트를 매수했었다. 해당 아파트는 당시에도 이미 연식이 30년을 넘긴 상황이었기에, 처음 내부를 확인했을 때는 당황하지 않을 수 없었다. 그러나 셀프 인테리어를 진행한 뒤 입주했고, 비록 노후화된 단지시설이나 복도 등 불편한 점도 많았지만 충분히 감내하며 살 수 있는 집이 되었다.

물론 나 역시 처음에는 여러 인테리어 업체로부터 견적을 받았었다. 그러나 셀프로 진행하니 견적가의 거의 50% 수준으로 진행할 수 있었다. 물론 어느 정도 시간과 노력이 필요했고, 신경 써야 할 부분도 적지 않았지만, 상당한 비용을 절감할 수 있었을 뿐만 아니라, 인테리어 결과도 충분히 만족스러웠다. 이렇듯 누구나 노력만 기울인다면 충분히 해낼 수 있는 일이기에 한 번쯤 도전해보길 권한다.

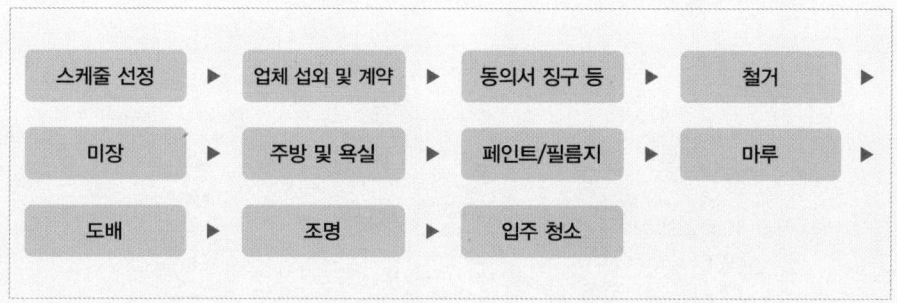

셀프 인테리어 순서

대략적인 셀프 인테리어 순서는 위와 같다. 이 중 가장 중요한 것은 바로 지나친 욕심을 버리는 것이다. 욕실 수전 가격 하나가 수백만 원을 호가하는 경우도 빈번하기 때문에 한 번 욕심을 부리기 시작하면 그 비용이 끝도 없이 높아지기 때문이다. 따라서 가장 먼저 할 일은 인테리어 비용의 한도를 확정하는 것이다.

다음으로 할 일은 진행할 각 공정의 순서와 기간을 정하는 것이다. 이때 주의해야 할 점은 각 공정마다 시간적 여유를 둬야 한다는 것이다. 특히 도배나 페인팅은 이후 건조 시간이 필요하므로 이를 고려해 일정을 정해야 한다. 그리고 업체를 섭외할 때는 공정별로 최소 두 개 이상 업체의 견적을 비교한 뒤 정할 것을 권한다. 그런 이후 위 순서대로 진행하면 되는데, 기왕 몸테크를 한 것이므로 항상 가성비를 최우선으로 고려하라는 것이다. 개인적으로 마루, 도배, 조명만 바꿔도 저렴한 예산으로 새 집 같은 인테리어를 만들 수 있기 때문이다.

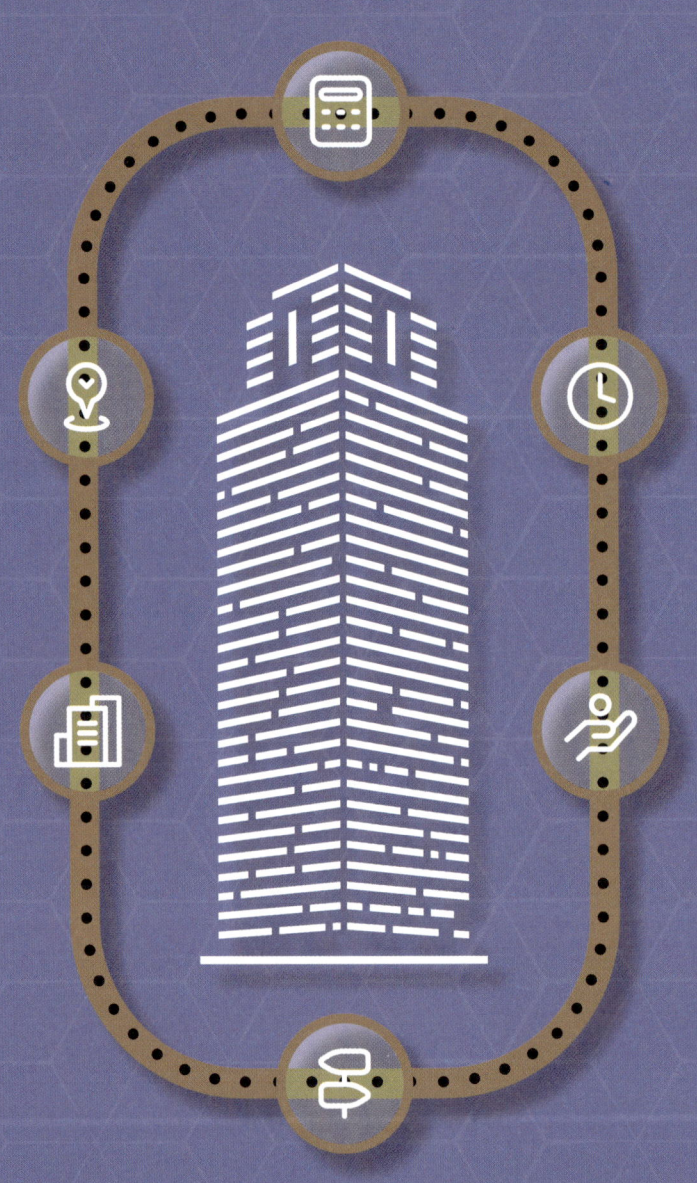

Part 5

어떤 부동산을 샀는지가
인생을 결정한다

빌라 건물 투자
vs 아파트 투자

　첫 투자로 빌라 건물을 산 이후, 매월 계좌에 들어오는 월세 덕분에 통장만 바라보고 있어도 행복했다. 기존에 받던 월급에 월세 수익까지 생기니 종잣돈 모으는 속도도 훨씬 빨라졌고, 이런 방식으로 빌라 건물을 늘리며 딱 10년만 고생하면 남은 평생을 월세 수익만으로 충분히 먹고살 수 있겠다는 생각이 들었다. 그렇게 다가올 행복한 미래를 꿈꾸며 두 번째 건물을 보러 다니기 시작했다.

　첫 투자로 만족스러운 수익을 보고 있었기에, 두 번째 투자도 비슷한 지역을 물색하고 있었는데, 아내 생각은 나와 달랐다. 아내는 실거주 목적의 아파트에 투자하길 원했고, 수차례 상의한 결과, 거주하던 서울 중심부 아파트로 거주지를 옮기는 것을 목표로 계획을 선회하게 되었다.

　당시 하루에도 몇 시간씩 부동산 앱을 통해 서울 내 부동산 가격 동향을 꾸준히 확인하고 있었기 때문에, 어떤 아파트를 사더라도 충분한 수익을 볼 수 있겠다는 확신을 갖고 있었다. 그러나 아직 아파트 투자에 대한 공부가 부족했고, 특히 첫 투자에서의 성공에 도취된 상태였기에 뼈아픈 실수를 저지르고 말았다.

두 번째로 투자했던 돈의문센트레빌아파트

그 실수란 바로 투자 대상 아파트를 고를 때, 너무 근시안적인 선택을 한 것이다. 구체적으로 얘기해보면, 먼저 실거주 목적이었기에 출퇴근이 편리한 지역 중에서만 아파트를 찾았다는 것이다.

다음으로, 아파트는 가장 대표적인 시세차익형 부동산이고 미래 가치가 중요한 요소임에도 단지 가격에만 맞춰서 선택했다는 것이다. 그렇게 선택한 아파트는 바로 서대문구 냉천동에 위치한 돈의문센트레빌아파트였다. 지하철 5호선 역세권(서대문역 2번 출구에서 도보로 5분 내외)에 위치하고, 또 부엌에서 바라보는 인왕산 절경이 마치 한 폭의 그림 같은 아파트였다. 때마침 국민평형(전용 84㎡) 중에서 가장 로얄인 201동 고층 매물이 나와 있었기에 바로 매수했다.

구분	금액	비고
매매 가격	6억 6,000만 원	5개월 뒤 7억 1,000만 원에 매도 계약 체결 (매매 차익 5,000만 원 달성)
(−) 전세 보증금	4억 8,500만 원	
(−) 건물 보증금 증액	1억 원(월세 → 전세)	
(−) 개인 신용대출(추가)	4,500만 원	
(=) 실투자금(현금)	3,000만 원 + α(취득세 등)	

사실 해당 아파트에 투자한 건 성급한 판단이었지만, 그 과정에서 아파트 투자에 대해 많은 공부를 할 수 있었다. 무엇보다 아파트 투자의 가장 큰 장점을 체감할 수 있었다.

그것은 바로 뛰어난 환금성이었는데, 이는 빠르게 현금화할 수 있다는 의미다. 앞서 얘기했듯이, 나는 근시안적인 투자를 했음을 깨닫고 매수를 중개한 공인중개사 사무소에 다시 찾아갔다. 그리고 해당 아파트의 매도를 의뢰했으며, 이로 인해 약 5개월 만에 매수부터 매도까지 완료하는 경험을 하게 되었다. 이는 아파트의 뛰어난 환금성 덕분에 가능했던 일이다. 만약 빌라 건물이었다면 적어도 매도에만 6개월 이상은 걸렸을 것이다.

환금성이 좋다는 것은 그만큼 구매를 희망하는 수요자가 많다는 의미이기도 하다. 반대로 환금성이 좋지 않다는 것은 살 사람이 없다는 것인데, 나홀로 아파트이거나 오피스텔 등이 여기에 해당한다.

나는 아파트 투자를 공부하면서 자연스럽게 청약, 재개발·재건축 사업에도 관심을 갖게 되었다. 특히 서울 아파트, 그중에서도 강남 아파트의 가격이 폭발적으로 오를 것이라는 확신이 들었다. 이후로도 부동산 앱을 통해 서울시 내 지역별 아파트 가격을 꾸준히 관찰하였는데, 시간이 갈수록 내가 매입한 돈의문센트레빌아파트의 가격은 정체되어 있으나, 강남 3구 등 핵심지의 아파트 가격은 계속 오르고 있음을 보게 되었다.

이를 통해 시세 차익을 주목적으로 하는 아파트 투자는 방향성, 즉 핵심지 아파트일수록 상승 흐름이 빠르게 반영되고 상승폭도 훨씬 크다는 것을 깨닫게 되었다. 물론 이를 깨달은 시점에는 강남 아파트를 매수할 수 없었다. 따라서 강남 대비 상대적으로 가격 상승이 더디지만, 업무지구 접근성이 뛰어나고 강력한 학군을 갖춘 목동 재건축 아파트로 눈길을 돌리게 되었다.

뒤늦은 깨달음, 놓친 기회

그런데 목동 재건축 아파트를 조사하며 놀라운 사실을 깨달았다. 약 두 달 전에 매수한 돈의문센트레빌(33평) 가격과 목동7단지(27평) 가격이 큰 차이가 없다는 사실이었다. 물론 6평 정도 차이가 있지만, 조금만 더 무리했다면 충분히 매수할 수 있는 상황이었다.

이 때문에 돈의문센트레빌아파트를 급매로 처분하고, 목동7단지로 갈아타야 한다고 아내를 설득하기 시작했다. 그러나 당시 돈의문센트레빌아파트는 커뮤니티 시설을 갖춘 15년 차 아파트였지만, 목동7단지는 30년 차 연식의 재건축 대상 아파트였기에 결국 반대에 부딪히게 되었다.

하지만 나는 확신이 있었기에 아내를 계속해서 설득했고, 간신히 아내의 마음을 돌리는 데 성공했다. 문제는 이미 강남복부인들이 저렴한 가격대의 매물을 모두 쓸어갔다는 사실이었다. 그 소식을 듣고 큰 충격에 빠질 수밖에 없었다. 알고 보니, 내가 공인중개사 사무소를 찾기 이틀 전에 강남복부인 다섯 명이 근처 공인중개사 사무소에 들러 각각 한 채씩 매수한 것이었다.

돈의문센트레빌 거래현황						목동신시가지7단지 거래현황					
계약	일	정보	가격 ↓	타입	거래동 층	계약	일	정보	가격 ↓	타입	거래동 층
16.06	27	매매	6억 5,700	84	207동 8층	16.04	30	매매	7억 5,500	66	712동 9층
	20	매매	6억	84	211동 4층		27	매매	7억 700	66	734동 3층
	02	매매	6억	84	210동 8층		13	매매	7억 5,300	66	721동 14층
16.05	29	매매	6억 4,000	84	207동 6층		12	매매	7억 8,000	66	713동 8층
	25	매매	6억	84	202동 2층		11	매매	7억	66	731동 14층
16.04	30	매매	6억 3,400	84	207동 9층		09	매매	6억 9,300	66	734동 4층
	30	매매	6억 6,000	84	201동 8층		08	매매	7억 500	66	731동 3층
	26	매매	6억	84	208동 8층		05	매매	7억 4,500	66	721동 12층
	13	매매	6억 3,800	84	207동 12층	16.03	31	매매	7억 4,700	66	713동 15층
	02	매매	6억	84	211동 4층		29	매매	7억 7,700	66	710동 7층
	01	매매	6억	84	202동 13층		28	매매	7억 6,000	66	711동 14층
16.03	19	매매	6억 4,000	84	210동 5층		18	매매	7억 3,800	66	713동 11층
16.02	26	매매	6억 4,000	84	208동 13층		17	매매	7억 7,000	66	710동 1층
16.01	30	매매	5억 9,500	84	207동 4층		02	매매	8억 5,000	74	707동 2층
	04	매매	6억 4,000	84	211동 5층	16.02	19	매매	7억 2,000	66	721동 7층
						16.01	23	매매	7억 6,000	66	713동 11층

가격 차이는 있었지만, 충분히 매수할 수 있는 상황이었다

그로 인해 목동 재건축 아파트의 전반적인 가격이 보름 사이에 최소 5,000만 원 이상 올라갔다. 결국 재정적 부담과 심리적 스트레스로 목동7단지아파트 매수를 포기하게 되었고, 이 경험을 통해 부동산 상승장에는 기회가 빠르게 사라질 수도 있다는 점과, 방향성이 그 무엇보다 중요하다는 것을 배울 수 있었다.

따라서 나는 돈의문센트레빌아파트를 매도하고(매매 차익 5,000만 원), 상승 여력이 높은 상급지 아파트를 매수하기 위해 매물을 찾기 시작했다.

Tip. 배우자(남편, 아내)가 부동산 투자를 반대할 땐 이렇게!

가끔 직장 동료들을 상담해주다 보면, 듣게 되는 이야기 중 하나가 바로 배우자(남편, 아내)의 반대로 좋은 기회를 놓쳤다는 이야기다. 부동산 투자의 특성상 거주지 이전이나 소득 증빙 등으로 인해 가족, 특히 배우자가 반대하는 상황에 부딪히면 사실상 그 투자는 불가능하다.

부동산 투자는 여타의 다른 분야와 달리, 투자 단위가 적게는 몇 천만 원 수준에서 많게는 수십억 원에 달한다. 따라서 평소 부동산 투자에 관심이 없던 배우자가 갑작스럽게 특정 부동산 매수에 대한 동의를 요구받는다면, 공포감 때문에라도 거부하는 것이 당연한 반응일 수 있다.

이 문제를 근본적으로 해결하기 위해서는 처음 부동산 투자에 대한 공부를 시작할 때부터 함께해서 서로의 인식과 눈높이를 꾸준히 맞춰가는 것이 필요하다. 예를 들어, 온·오프라인 강의를 들을 때는 가능하면 함께 듣고 임장도 같이 다녀야 한다. 다만, 그게 어렵다면 강의에서 배운 것을 토대로 꾸준히 배우자 및 가족의 부동산 투자에 대한 인식을 바꿔야만 한다.

사실 부동산 투자를 포함한 모든 투자는 결국 나와 내 가족의 행복한 삶을 위한 수단일 뿐이다. 이 과정에서 언쟁이나 다툼이 벌어지고, 또 이로 인해 가정의 평화가 깨지는 상황이 발생해서는 안 된다.

따라서 만약 배우자가 부동산 투자에 극구 반대하는 상황이라면, 투자하는 것을 잠시 미루고 "가랑비에 옷 젖는 줄 모른다"는 말처럼 조금 시간이 걸리더라도 상대방의 인식 개선을 위해 천천히 노력해야 한다.

차원이 다른 아파트의 시세 차익

　무조건 시세차익형 부동산 투자를 해야 한다고 말하는 사람들은 공통적으로 시세 차익이 수익형 부동산과 차원이 다르다는 점을 든다. 물론 객관적으로 비교하면 맞는 말이긴 하다. 수익형 부동산은 현금 흐름을 위한 부동산이므로, 시세 차익이 미미할 때가 많기 때문이다.

　그러나 내가 매수했던 빌라 건물의 경우 오랫동안 월세 흐름을 누리다가 두 배 이상 상승한 가격으로 매도했다. 따라서 시세차익형 부동산과 수익형 부동산 중 어느 것이 낫다는 절대적인 기준은 없으며, 개인이 어떻게 활용하느냐에 따라 성패가 달라질 것이라고 생각한다.

　내가 생각하는 아파트 투자의 방향성은 가능한 상승 여력이 높은 아파트를 무리해서라도 매수해야 한다는 것이다. 앞서 말한 목동7단지아파트 사건으로 인해 스트레스를 많이 받았지만, 아무런 성과가 없는 것은 아니었다. 해당 사건을 통해 우리 부부는 모두 부동산 매수 시 거주 만족도보다는 다소 무리를 해서라도 상승 여력이 높은 상급지 아파트를 매수해야 한다는 것을 깨닫게 되었기 때문이다.

따라서 돈의문센트레빌아파트를 두 달 후 매도하고, 모든 가용 자금을 최대로 동원하면 9억 원대까지 매수할 수 있다는 계산이 나왔다. 그리고 다행스럽게도 2016년 당시에는 강남3구 내 아파트 중 해당 가격으로 매수할 수 있는 아파트가 많이 남아 있었다.

강력한 호재, 잠실엘스를 매수하다

국제교류복합지구 조감도

그렇게 강남3구 내 지하철역 인근 공인중개사 사무소를 도장 깨기를 하듯 하나씩 방문하던 어느 날, 국제교류복합지구사업에 관한 기사를 읽게 되었다.

개인적으로 잠실은 롯데월드 등으로 인해 내가 어려서부터 선망하던 곳이었다. 서울에서는 좀처럼 구경하기 힘든 한강변과 평지, 그리고 3,000세대 이상의 대단지(잠실엘스 5,678세대, 리센츠 5,563세대, 잠실주공5단지 3,930세대)로 구성되어 있었다. 무엇보다도 대단지 아파트들로 구성되어 있다 보니 도로나 거리

등이 신도시 수준으로 잘 정비되어 있었다.

또 그중에서도 국제교류복합지구 사업 호재에 직접적인 영향을 받을 것으로 예상되는 잠실엘스에 특히 관심을 갖게 되었다.

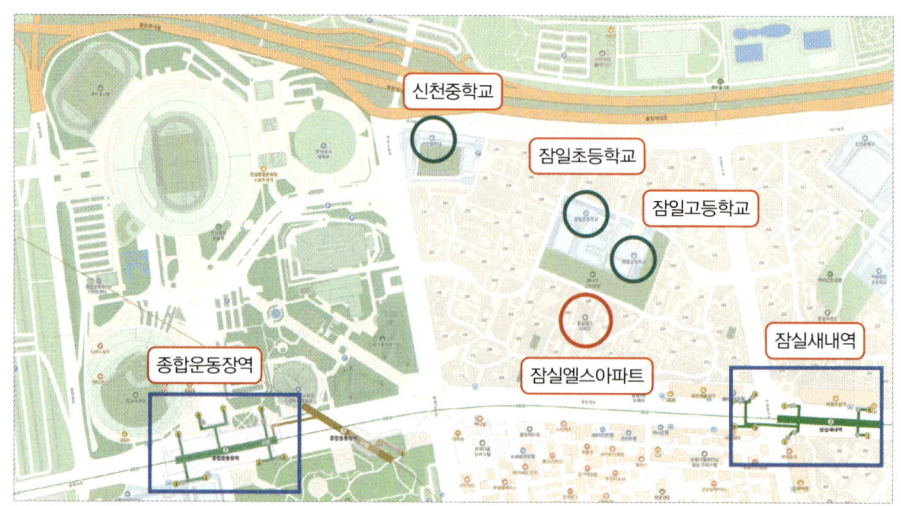

잠실엘스 입지 분석

해당 아파트는 지하철 2호선(종합운동장역, 잠실새내역)과 9호선(종합운동장역)에 접해 있어서 지하철을 이용한 업무지구 접근성이 뛰어났고, 단지 내 초·중·고를 모두 품고 있었다.

또한 건축법 시행령 개정에 따라 일시적(2000년 7월 1일~2005년 12월 2일)으로만 가능했던 '광폭 발코니'가 적용되어 내부 실사용 면적도 당시 지어진 신축 아파트의 동일 평형 대비 상당히 넓었다.

문제는 아무리 대출을 받아도 매매 가격이 이미 10억 원에 육박했고, 여기에 수천만 원에 달하는 취득세와 중개 수수료까지 더하면 가용 자금을 훨씬 초과한다는 점이었다. 그러나 매일 시세를 확인하면서 시간이 갈수록 가격이 오르고 있는 것을 확인하니 계속 손을 놓고 있을 수만은 없었다.

따라서 추가로 자금을 마련할 방법을 고민하다가 잔금일을 두 달 정도 더 늦추면 그 사이에 월급과 월세를 모아 1,000만 원 정도 더 모을 수 있다는 생각이 들었다. 또한 취·등록세는 분할 납부 및 신용카드 할부로 납부하면 가능하겠다는 생각이 들었다. 특히 중개 수수료까지 해당 공인중개사와 협의가 잘 이루어져 분할 지급이 가능했다.

구분	금액	비고
매매 가격	10억 6,500만 원	돈의문센트레빌 매도 자금으로 실투자금 마련
(−) 전세 보증금	7억 5,000만 원	
(−) 건물 보증금 증액	2억 원	
(−) 개인 신용대출(추가)	1억 1,500만 원 + α(취득세 등)	
(=) 실투자금(현금)	3,000만 원 + α(취득세 등)	

* 2021년 10월 18일, 실거래가 최고 27억 원 기록

현재 잠실엘스아파트는 내가 거주하고 있으며, 2025년 5월 기준으로 최대 34억 원의 호가가 나오고 있다. 이는 내가 매수한 가격의 3배가 넘는 시세인 것이며, 이처럼 상승 여력이 높은 아파트를 저평가된 시점에 매수한다면 상당한 수익을 누릴 수 있을 것이다.

그렇다면, 어떤 아파트에 투자해야 할까? 지금부터 그 기준이 될 세 가지 원칙에 대해 설명하겠다.

원칙① 부자가 좋아하며 희소성이 높은 아파트에 투자하라

주택은 사람이 살아가는 데 필요한 세 가지 요소인 의식주 중 '주(住)'에 해당한다. 따라서 정부는 무주택자에게 주택 구입 시 저금리 대출 제공, 주택양도소득세 비과세 등의 다양한 혜택을 제공한다. 반면, 다주택자에게는 대출 한도 제한이나 양도소득세 중과 같은 규제를 가하는데, 이 역시 주거 안정이라는 기본 목적에서 비롯된 조치다.

그렇다면, 사람들은 왜 아파트에 열광할까? 국토교통부 주거실태조사(2018~2022년, 서울)에 따르면, 다양한 주거 형태 중 아파트의 선호도가 가장 높은 것을 볼 수 있다. 그 이유는 아파트가 다른 주거 형태에 비해 거주 환경이 쾌적하기 때문이다.

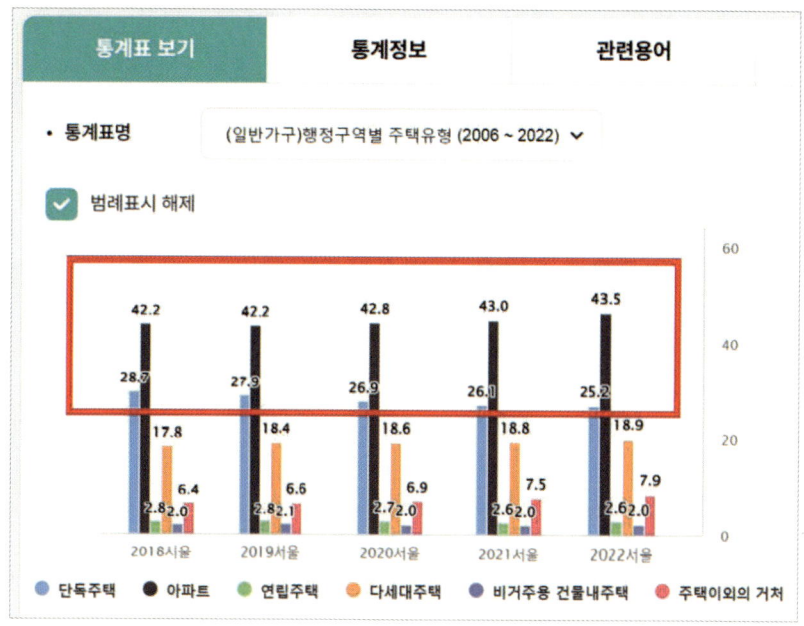

아파트는 다른 곳에 비해 선호도가 높다

그렇다면, 아파트는 어떤 점에서 거주 환경이 쾌적한 것일까? 그 차이를 좀 더 구체적으로 살펴보기 위해, 단독·다가구 주택과 비교하여 설명하고자 한다.

첫째, 아파트는 상대적으로 많은 세대수와 넓은 부지 면적으로 인해 단지 형태로 건설된다. 따라서 거의 대부분이 지하에는 주차장을, 지상에는 공원을 조성하기 때문에 차량 및 도보 이동 시 훨씬 쾌적한 환경이 제공된다.

둘째, 아파트는 상대적으로 고층으로 지어짐에 따라 동 사이 거리가 확대되고, 이로 인해 일조량 및 사생활 보호 등에서도 유리한 점이 많다. 뿐만 아니라, 많은 세대가 관리비를 부담함에 따라 관리 인력(경비 및 청소 등)을 유지할 수 있기 때문에 안전하면서도 쾌적한 환경을 조성할 수 있는 등 많은 장점을 갖고 있다.

따라서 앞에서 살펴본 주거실태조사 결과를 보면, 아파트는 갈수록 매년 꾸준한 증가세(2018년 42.2%에서 2022년 43.5%)를 보이고 있는 것이다.

그러나 여전히 서울 인구의 절반도 되지 않는 사람들만이 아파트에 거주하고 있다. 이는 정부가 뉴타운 사업 등 다양한 주거 정책을 통해 아파트 공급을 지속하고 있음에도 불구하고, 여전히 수요에 비해 공급이 부족하다는 뜻이며, 아파트가 '희소성'을 지닌 자산임을 보여주는 것이다.

주요 소비층이 '부자'인 상품에 투자하라

이번에는 과거 우리나라의 국민 소득과 국내 주요 재화 및 서비스의 가격 변화를 비교할 때, 아파트, 특히 서울 아파트 가격에 어떤 변화가 있었는지 확인해보겠다.

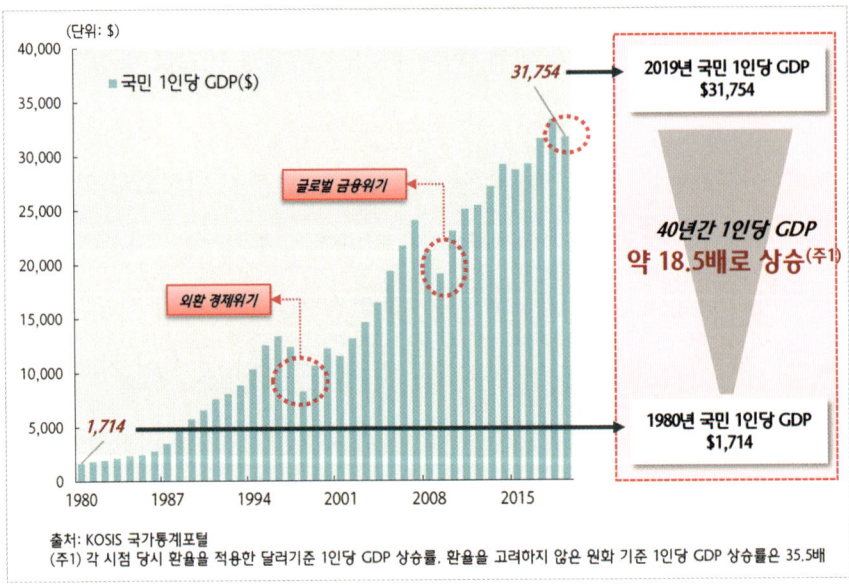

국민 1인당 GDP 변화(1980~2019년)

앞의 자료[3]는 2020년 3월 하나금융경영연구소에서 발행한 연구보고서로, 해당 자료를 통해 지난 40년간 우리나라의 국민 소득과 국내 주요 재화 및 서비스의 가격 변화를 알 수 있다.

우선 지난 40년간 우리나라 국민 1인당 GDP는 1,714달러(1980년)에서 31,754달러(2019년)로 약 18.5배(1,853%) 상승했다는 것을 확인할 수 있고, 이 과정에서 두 차례 국민 1인당 GDP가 큰 폭으로 하락하는 위기(IMF 구제금융기와 글로벌 금융위기)가 발생했었다는 것을 알 수 있다.

GDP 상승률 비교 지수(예)

또한 예시를 통해 국민 1인당 GDP 성장률과 국내 주요 재화 중 커피(1잔)

---

3) 국내 주요 재화 및 서비스의 가격 추세 분석: 1980~2020, 하나금융경영연구소

와 담배(1갑)의 가격 상승률과 비교하면 실제 소비자가 체감하는 해당 재화의 가격 상승률을 산출할 수 있다는 것도 알 수 있다.

다음으로 오른쪽 자료를 통해 같은 기간에 발생한 주요 재화의 가격 상승률을 확인해보면, 국민 1인당 GDP 상승률(달러: 18.5배)보다 높은 상승률을 보인 경우는 서울 강남 아파트 전세가(101배), 서울 강남 아파트 매매가(83.5배) 및 사립초교 등록금(44.5배)으로 모두 주거비와 교육비에 해당함을 알 수 있다.

그리고 해당 재화 및 서비스는 오른쪽 자료의 아래에 나와 있듯 상대적으로 비싼 가격(은마아파트 기준 ①매매가: 평당 약 6,467만 원, ②전세가: 평당 약 1,629만 원, ③사립초등학교 1년 수업료: 약 652만 원)으로 인해서 소위 부자들이 주로 구매하는 것들이라는 점과, 공급이 특정 지역에만 제한된 희소성이 높은 것들이라는 점도 알 수 있다.

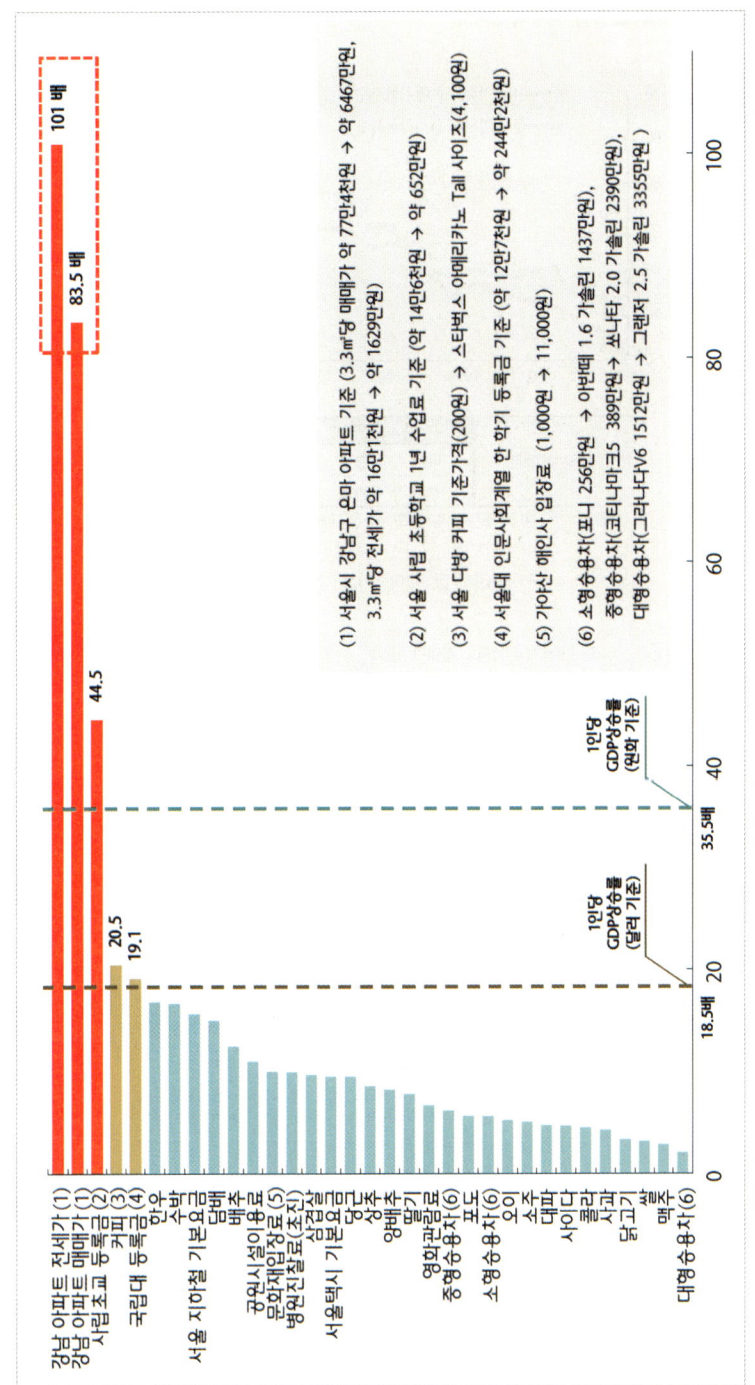

Part 5. 어떤 부동산을 샀는지가 인생을 결정한다

서울 강남 아파트에 투자하라

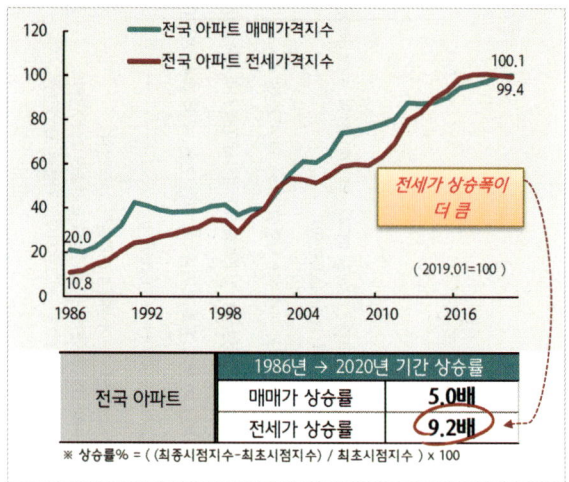

전국 아파트 매매/전세가 변동

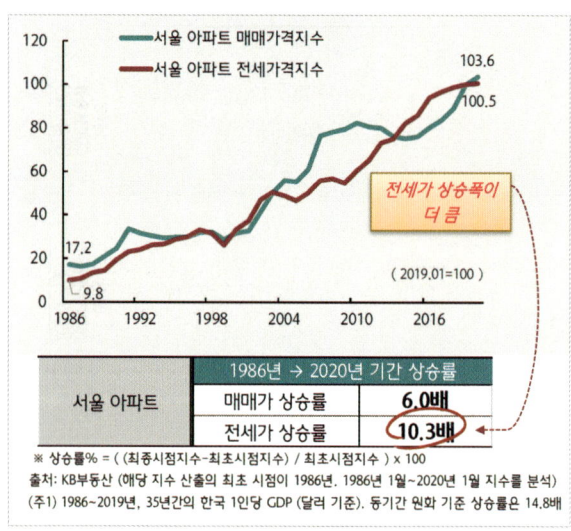

서울 아파트 매매/전세가 변동

그렇다면, 같은 기간 동안 전국 평균 또는 서울 평균 아파트 가격은 강남 아파트의 매매가 및 전세가 상승률과 비교해 어느 정도 상승했는지 확인해보자. 위의 자료를 통해 전국 아파트 평균과 서울 아파트 평균 매매가 및 전세가 상승률을 각각 확인해보면, 1986년 1월부터 2020년 1월까지(총 35년) 전국 아파트 평균 매매가는 5배, 전세가는 9.2배 상승했고, 서울 아파트 매매가는 6배, 전세가는 10.3배 상승했음을 알 수 있다.

구분	가격 상승률		GDP 대비 가격상승지수	
	매매가	전세가	매매가	전세가
전국	5.0배	9.2배	0.45	0.84
서울	6.0배	10.3배	0.55	0.94
강남	83.5배	101배	4.51	5.46

GDP 대비 가격상승지수

그런데 앞에서 말했듯 인플레이션은 단순히 재화 및 서비스에만 영향을 미치는 것이 아니다. 우리가 받은 월급, 즉 임금에도 영향을 미친다. 따라서 전국 및 서울 아파트 평균 가격도 단순 가격 상승률만 보면 최소 5배 이상 상승했으니, 투자 수익이 나쁘지 않다고 생각할 수 있다. 그러나 임금 인상률, 즉 같은 기간에 국민 1인당 GDP(달러 기준) 상승률(약 11배)과 비교해보면 강남 아파트의 경우와 다르게 해당 수치가 1.0 미만으로 산출된 것을 확인할 수 있다.

지금까지 살펴본 내용을 통해 얻을 수 있는 투자 인사이트는, 투자를 위해 특정 재화 및 서비스를 선택할 경우 주요 소비층이 부자이면서 희소성이 높은 상품에 투자해야 한다는 점과, 특히 부동산 투자를 한다면 서울 강남 아파트에 투자해야 한다는 점이다.

강남 아파트 가격의 변화

다음으로, 지난 40년간 가장 높은 가격 상승률을 보였던 서울 강남 아파트의 매매가 및 전세가는 각각 그 기간 중 어떤 가격 변화를 보였는지 확인해보겠다. 그리고 이를 통해 얻을 수 있는 또 다른 인사이트는 무엇인지 알아보도록 하겠다.

단지 정보			서울시 건축물 대장 정보 >
세대수	4424세대(총28개동)	저/최고층	14층/14층
사용승인일	1979년 08월 30일	총주차수	3021대(세대당 0.68대)
용적률	204%	건폐율	20%
건설사	한보주택		
난방	지역난방, 열병합		
관리사무소	02-567-7608		
주소	서울시 강남구 대치동 316 도로명 서울시 강남구 삼성로 212		
면적	101㎡, 115㎡		

은마아파트 단지 정보

그 전에 한 가지 짚고 넘어가야 할 점은, 해당 자료에 사용된 서울 강남 아파트 매매가 및 전세가의 기준은 강남구 평균이 아닌 강남구 대치동에 위치한 은마아파트의 실거래가 자료라는 점이다.

은마아파트는 1980년대 초부터 40년간 실거래가가 존재하는 강남구 내 몇 안 되는 아파트일 뿐만 아니라, 4,424세대가 모두 국평(30평형)으로만 구성된 대단지 아파트이기 때문에 해당 기간에 참고할 자료로서 가장 적합한 아파트였기 때문이다.

서울 강남 아파트 전세가 변동

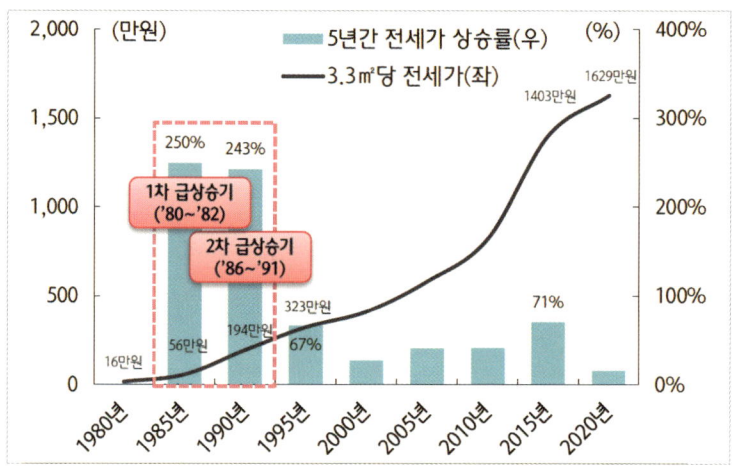

서울 강남 아파트 전세가 변동

먼저 서울 강남 아파트의 전세가 변동을 확인해보면, 동기간에 뚜렷한 하락 없이 지속적인 가격 상승을 기록했다는 것을 알 수 있다. 그리고 총 2차례(1차: 1980~1982년, 2차: 1986~1991년)의 급상승기를 겪으면서 평당(3.3㎡) 16만 원이었던 전세 가격이 1991년에는 평당(3.3㎡) 194만 원으로, 11년 만에 약 12.1배 상승했다. 뿐만 아니라, 그 뒤로 전세가는 계속 상승하여 2020년 1월 평당(3.3㎡) 1,629만 원을 기록함에 따라 40년간 101배의 가격 상승을 보였다.

또한 해당 아파트의 2020년 1월 이후 현재까지의 거래 내역을 확인해보면, 34평형 기준으로 2024년 2월에 최고 9.5억 원의 실거래가 발생했다. 따라서 해당 가격을 기준으로 상승률을 계산해보면 평당(3.3㎡) 2,794만 원으로 약 174.6배 상승한 상황이다.

서울 강남 아파트 매매가 변동

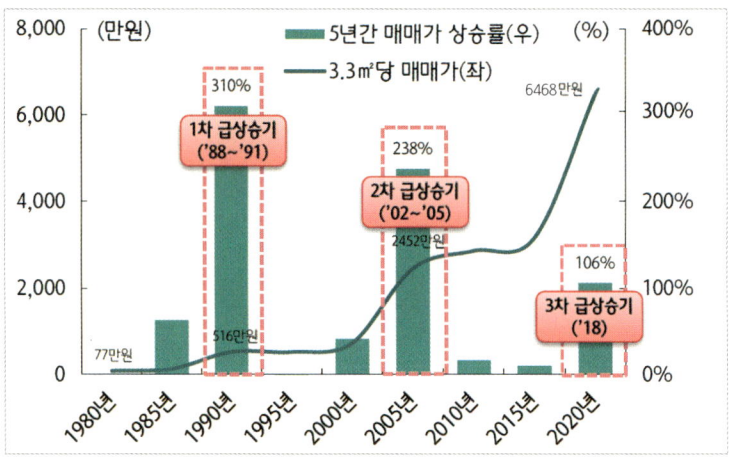

서울 강남 아파트 매매가 변동

마지막으로, 두 번째 높은 가격 상승률(83.5배)을 기록한 서울 강남 아파트 매매가 변동을 확인해보자. 전형적인 계단식 상승 곡선을 보이고 있는 것을 볼 수 있다.

특히 총 3차례(1차: 1988년~1991년, 2차: 2002년~2005년, 3차: 2018년~2020년)의 급상승기를 경험하면서 평당(3.3㎡) 77만 원이었던 전세 가격이 2020년 1월에는 평당(3.3㎡) 6,468만 원으로, 40년 간 약 83.5배 상승했다.

또한 해당 아파트의 2020년 1월 이후 현재까지의 거래 내역을 확인해보면, 34평형 기준으로 2023년 11월 27.8억 원의 실거래가 발생했다. 따라서 해당 가격을 기준으로 상승률을 계산해보면, 평당(3.3㎡) 8,176만 원으로 약 106.2배 상승을 기록한 것을 알 수 있다.

다만, 뚜렷한 정체기 없이 꾸준한 상승 곡선을 그리는 전세가와 달리, 매매가는 약 15년 주기로 총 세 번의 급상승기가 발생했고, 급상승기 직후 일정 기간 가격 상승이 멈추는 정체기가 존재한다는 것도 알 수 있다.

또한 국민 1인당 GDP가 큰 폭으로 하락했던 두 차례의 위기 상황(외환 경제위기와 글로벌 금융위기)에는 강남 아파트의 가격도 일정 기간 하락하는 상황이 발생했다는 것도 확인할 수 있다.

지금까지 살펴본 자료를 통해 우리가 알 수 있는 것은 특별한 위기 상황이 발생하지 않는 한, 강남 아파트의 불패는 계속될 것이라는 점이다. 그리고 이때 강남 아파트의 전세가 및 매매가 상승률은 전국, 서울 아파트 평균가보다 훨씬 높은 상승률을 보일 것이다. 따라서 부동산 투자를 하며 남들보다 높은 수익률을 맛보고 싶다면 강남 아파트에 투자해야 한다.

원칙② 부동산 가격을 상승시키는 가장 강력한 호재

앞서 언급했듯, 지난 40년간 총 세 차례의 급상승기가 있었고, 그때마다 전반적으로 부동산 가격이 크게 올랐다. 그러나 2021년을 끝으로 세 번째 상승기는 마무리되었으며, 다음 급상승기까지는 상당한 시간이 필요할 것으로 보인다. 따라서 현재 전반적인 부동산 가격 상승에 기대어 투자하는 방식으로는 높은 투자 수익을 거두기 힘들어 보인다. 따라서 지금 해야 할 일은 다음 급상승기까지 국지적, 개별적 호재를 분석한 후 옥석을 가려내 투자하는 것이다.

그렇다면, 지금과 같은 상황에 어떤 부동산에 투자해야 가장 높은 수익을 거둘 수 있을까? 아마도 GTX 및 지하철 등 교통 호재를 예상하는 사람들이 많을 것이다. 그러나 사실 가장 강력하게 가격을 상승시키는 것은 해당 부동산 자체의 변화, 즉 정비사업(재건축 또는 재개발 등) 진행으로 해당 부동산이 신축 아파트로 변하는 경우이다.

또한 이때 중요한 건 "소문난 잔치에는 먹을 것이 별로 없다"는 말처럼,

해당 사업이 투자자들로부터 별로 관심을 받지 못하는 '소외된 정비사업'이어야 한다는 점이다.

이와 정반대의 사례로는, 최근 설계업체 공모를 진행하며 세간의 화제가 된 압구정 아파트지구와 2003년 재건축추진위원회 설립 이후 20년 만인 2023년 9월 26일 조합설립 인가를 받은 대치동 은마아파트를 들 수 있다.

이런 곳의 경우, 수많은 투자자로부터 뜨거운 관심을 받기에 미래에 발생할 기대 수익의 상당 부분까지도 현재의 매매 가격에 반영된다. 따라서 정비사업이 잘 진행된다고 해도 높은 수익률을 기대하기란 어렵다.

이런 이유로, 정비사업의 규모나 지역적 조건 등으로 인해 투자자들로부터 관심을 받지 못하는 소외된 정비사업에 투자해야만 한다. 그래야 미래에 기대되는 수익이 현재의 매매 가격에 선반영되지 않는다. 이후 해당 정비사업이 순조롭게 진행되어 마침내 신축 아파트가 완공되면, 그로 인해 발생하는 모든 수익을 고스란히 얻을 수 있게 되는 것이다.

그렇다면, 구체적으로 어떤 경우가 소외된 정비사업 투자에 해당하는지, 또 이런 정비사업에 투자할 경우 얼마나 높은 수익을 거둘 수 있는지 구체적 사례를 통해 확인해보자.

단지 정보

세대수	921세대(총8개동)	저/최고층	18층/29층
사용승인일	2020년 04월 22일	총주차대수	1113대(세대당 1.2대)
용적률	249%	건폐율	16%
건설사	DL건설(주)		
난방	개별난방, 도시가스		
관리사무소	032-351-9808		
주소	경기도 부천시 소사구 괴안동 268 도로명 경기도 부천시 소사구 경인로 605		
면적	82A㎡, 83B㎡, 111A㎡, 112B㎡		

e편한세상온수역아파트 단지 정보

앞의 아파트는 부천시 소사구 괴안동에 위치한 e편한세상온수역아파트로, 과거 동신아파트가 정비사업을 진행하여 준공된 아파트이다. 지도를 통해 확인할 수 있듯 지하철 1호선과 7호선 환승역인 온수역까지 도보로 5분 이내에 위치해 있는 역세권 아파트이다.

온수역 역세권이지만, 소재지는 부천시다

다만, 위 지도를 통해 확인할 수 있듯이 온수역 역세권 아파트임에도 소재지는 서울시가 아닌 경기도 부천시 소사구 괴안동이다.

이 지역은 서울이 아닐 뿐만 아니라, 인접한 서울 지역인 구로구조차 당시에는 투자자들로부터 큰 관심을 받지 못했다. 이러한 이유로, 총 921세대 규모의 정비사업임에도 불구하고(일반분양 모집 공고: 2018년 1월 26일), 일반분양 시점까지 뚜렷한 시세 상승은 나타나지 않았다.

(구)동신아파트 실거래가

이는 위 국토부 실거래가를 통해 확인할 수 있으며, 이주 완료(2017년 3월 12일) 및 조합원 동호수 추첨 완료(2017년 5월 15일) 후에도 전용면적 43.6㎡의 경우 1.91억 원(2017년 6월 15일), 1.85억 원(2017년 7월 5일), 2억 원(2017년 7월 31일) 및 1.92억 원(2017년 8월 9일)으로 1억 원 후반대에 거래된 것을 확인할 수 있다.

아마도 이는 일반분양가(59㎡: 3억 원 중반, 84㎡: 4억 원 중반)와 추가 분담금 1.7억 원(전용면적 43.6㎡ 기준)을 고려했을 때, 가격이 수요자가 수용 가능한 한계 수준에 도달해 더 이상 상승 여력이 없다고 판단했기 때문일 것이다.

그러나 2014년 초부터 3년 넘게 꾸준히 상승하고 있던 시장 분위기와 전용면적 59㎡의 주변 시세(개봉아이파크[2006년] 매매 4.6억 원, 부천소사역푸르지오[2012년] 매매 3.8억 원) 및 신축 프리미엄 등을 제대로 고려하지 않은 것으로, 투자자들로부터 소외된 지역이나 소규모 정비사업에서 자주 발생하는 현상이다.

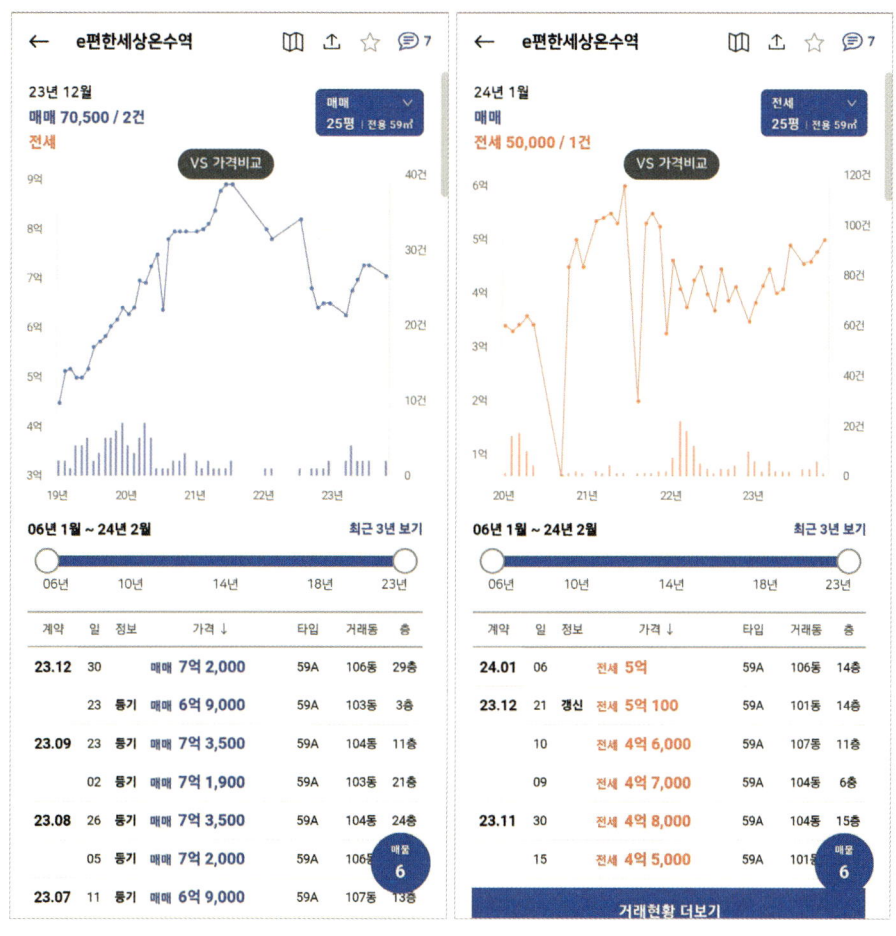

e편한세상온수역아파트 실거래가

그렇다면, 해당 아파트는 지금 어떻게 되었을까? 최근 실거래가(매매, 전세)를 확인해보면, 전용면적 59㎡의 경우 매매 가격은 7.05억 원, 전세 가격은 4.075억 원 수준인 것을 확인할 수 있다. 따라서 평소 서울 역세권 인근의 소외된 정비사업을 주시하고 있었다면, 해당 아파트를 이주가 완료되고 조합원 추첨까지 완료된 안전한 상황에서 1.9억 원(전용면적 43.6㎡)에 매수할 수

> ### 2. 이주비 안내
>
> 이주비 대출금의 지급은 조합원께서 신탁등기 및 이주비 대출금 신청 후 관리사무소에 공과금을 완납하고 영수증 사본과 출입문 열쇠를 조합에 제출하시면, 조합 직원이 아파트를 방문하여 인수 가능 상태(폐기물 반출 상태, 가스 차단 여부 등)를 확인한 후, 확인증을 발부받아 해당 은행에 제출하면 해당 은행의 본인 통장으로 이주비 대출금이 입금됩니다.
>
> ① 이주비 대출 한도
> : 각 조합원별 이주비 대출금 한도는 다음과 같습니다.
>
> | 구분 | | 세대당 이주비 | | 비고 |
> |---|---|---|---|---|
> | | | 기본 이주비 | 추가 이주비 (유이자) | |
> | 아파트 | 17평형 | 76,000,000원 | 종전 감정 평가 금액의 70% 한도 내 (기본 이주비 포함) | 추가 이주비의 이자는 조합원 개인이 부담 |
> | | 18평형 | 82,000,000원 | | |
> | | 21평형 | 94,000,000원 | | |
> | | 25평형 | 115,000,000원 | | |
> | | 31평형 | 141,000,000원 | | |
> | 상가 및 단독 | | 총 21.6억 원 한도 | | |

이주비 안내 공고문

있었을 것이다.

특히 이주비 대출을 활용했다면 실투자금은 1억 원 미만이 필요했을 것이며, 당시 인근 전세 가격(개봉아이파크[2006년] 전세 3.6억 원, 부천소사역푸르지오[2012년] 전세 2.9억 원)을 고려할 때 입주가 시작되면 투자금도 대부분 회수할 수 있었던 상황이다.

결국, 2017년 6월 이후 실투자금 1억 원 정도로 해당 아파트를 매수했다면, 2020년 4월 전세 보증금으로 투자금을 모두 회수할 수 있었을 것이다. 또한 현재 가격으로 매도할 경우 실투자금 대비 약 6배(7.05억 원-1억 원 = 6.05억 원) 정도의 수익이 발생했을 것이며, 실거주 요건을 만족하고 매도한다면 양도 차익(약 6억 원)에 대해서도 비과세를 받을 수 있었을 것이다.

정리하면, 지금처럼 전반적인 부동산 가격 상승을 기대하기 어려운 상황에서는 가장 강력한 가격 상승 요인인 해당 부동산 자체의 변화, 즉 정비사업(재건축 또는 재개발 등)을 통해 신축 아파트로 탈바꿈할 가능성이 있는 부동산에 투자해야 한다. 무엇보다 중요한 것은 바로 해당 부동산이 투자자들로부터 최대한 소외된 상황이어야 한다는 것이다.

원칙③ 투자해야 할 시점이 따로 있다

지금까지 강남 아파트에 왜 투자해야 하는지 구체적으로 살펴봤다. 그렇다면, 강남 아파트는 어떤 상황에 매수해도 항상 높은 투자 수익을 얻을 수 있는 걸까? 정답부터 말하자면 그렇다. 사실 장기적으로 보면 답은 이미 정해져 있다.

다만 부동산 시장의 상황에 따라 매수 시점에 필요한 자금 규모에 큰 차이가 발생하며, 이는 충분한 투자 수익을 얻기까지 소요되는 기간에 막대한 영향을 미친다.

매일경제 · A24면 TOP · 2023.06.26. · 네이버뉴스

'베르사유 궁전'처럼 … 압구정 고급화 경쟁
DA건축은 "압구정2구역 디자인 테마를 베르사유 궁전에서 차용했다"고 밝혔다. 단지 중앙에 한강과 연결되는 대형 공원을 배치한 게 특징이다. 공원을 축구장 16개를 합친 약 3만6000평 규모로 설계했다. 아파트 6개…

> **머니투데이** · 2023.07.05. · 네이버뉴스
>
> **70층·인피니티풀·스카이라운지... 압구정3구역 300억 설계 대전**
> 서울 전통 부촌으로 꼽히는 압구정 재건축 밑그림이 속속 공개되는 가운데, 압구정3구역 설계공모에 최고 **70층**·인피니티풀·스카이라운지 등이 도입된... 커뮤니티센터도 중앙집중형으로 배치해 어느 동에서든 접근이 ...

위의 기사는 2023년 설계업체를 공모한 것만으로도 세간의 화제가 된 압구정 아파트지구 관련 기사로, 현재 설계안처럼 지어지기만 한다면 엄청난 시세 차익은 불 보듯 뻔하다.

특히 압구정2구역의 경우, 프랑스 베르사유 궁전을 테마로 한 대형 공원 조성 계획으로 큰 주목을 받았다. 압구정3구역은 '압구정 대장 단지'라는 상징성과 더불어, 설계비만 약 300억 원에 달해 국내외 유명 설계업체들이 컨소시엄을 구성해 공모에 참여했다. 당시 경쟁은 그야말로 전쟁터를 방불케 할 정도였다.

따라서 같은 아파트에 투자하는 경우에도 투자 당시 부동산 시장 상황에 따라 얼마나 큰 차이가 발생하는지 압구정2구역 신현대(현대 9, 11, 12차) 투자를 예로 들어 설명해보겠다.

적절한 시점을 판단해 투자하라

먼저, 신현대(현대 9, 11, 12차)는 2006년 이후 다음과 같은 실거래가 기록을 보였다. 그리고 특히 설계업체 공모 시 발표된 조감도 등이 시장의 기대를 뛰어넘는 수준으로 나옴에 따라 투자자들에게 막대한 시세 차익에 대한 기대감을 조성했다.

압구정 신현대 실거래가 추이

그 후 압구정 아파트지구의 전반적인 가격이 크게 상승했고, 압구정2구역 (신현대) 36평형의 경우 2023년 9월에 44억 원으로 실거래 최고가를 기록하기도 했다. 따라서 만약 A라는 사람이 해당 아파트를 2012년 6월에 최저가인 10억 원에 매수했다면, 2023년 9월까지 꾸준한 상승을 누리면서 대략 10년 만에 34억 원(= 44억 원-10억 원)의 자산 증가를 경험하게 되고, 이는 매년 3.4억 원의 수익이 발생한 것과 별반 다르지 않다.

그런데 B라는 사람이 해당 아파트를 2008년 3월, 15억 원에 매수했다면, 앞의 A와 어떤 차이가 발생할까? B도 해당 아파트를 매수하고 2023년 9월까지 버틸 수만 있다면, 14.5년 만에 29억 원(= 44억 원-15억 원)의 자산 증가를 경험하게 될 것이다. 이는 매년 2억 원의 수익이 발생하는 것으로, 충분히 높은 투자 수익을 얻게 되는 것이다.

2008년 3월 이후 실거래가는 등락을 계속했다

그러나 B가 2023년 9월까지 해당 아파트를 계속 보유한다는 것은 뚜렷한 확신 없이는 결코 쉽지 않은 일이다. 그 이유는 해당 아파트 실거래가가 2008년 3월 최고가(15억 원)를 기록한 후 급격한 하락을 시작했기 때문이다. 또한 2016년 6월 이후 뚜렷한 상승을 보이기 전까지 8년 3개월 동안 상당한 마음고생을 했을 것이고, 대부분의 투자자는 이런 상황을 버티지 못한다.

만약 B가 2012년 6월, 다시 찾아온 하락장을 견디지 못하고 해당 아파트를 10억 원에 급매로 처분했다면, 5억 원 이상의 손실과 함께 그동안의 심리적 부담만을 떠안게 되었을 것이다. 그리고 바로 이런 상황이, 앞서 언급한 A에게 같은 아파트를 10억 원에 매수할 수 있는 기회를 제공한 셈이다.

결국 강남 아파트를 매수하는 것이 정답처럼 보일지라도, 먼저 상황을 면밀히 살핀 뒤 투자 여부를 결정해야 한다. 이러한 판단은 뉴스 기사나 주변 사람들의 말에 휘둘려서는 안 되며, 객관적인 데이터를 기반으로 한 최소한의 분석 능력을 바탕으로, 상황에 대한 냉정한 판단에 따라 이루어져야 한다.

강남 신축 아파트를 저렴하게 사는 법

대한민국에서 강남은 누구나 한 번쯤 살아보고 싶어 하는 대표적인 선망의 지역이다. 그런데 만약 이곳의 신축 아파트를 상대적으로 저렴하게 살 수 있는 방법이 있다면 믿을 수 있을까? 의심이 갈지 모르겠지만, 분명 존재하는 방법이고, 많은 사람이 활용하고 있는 방법이다. 다음에서 설명하는 두 방법은 부동산을 처음 접하는 사람이라면 생소할 수도 있을 것이다. 그러나 평범한 직장인이 강남에 입성할 수 있는 유일한 경로라 해도 과언이 아니니, 반드시 기억해두길 바란다.

1. 청약 당첨

청약은 사실 정부가 적극적으로 권장하는 부동산계의 로또라고 생각하면 된다. 당첨되면 엄청난 시세 차익이 발생하며, 그야말로 인근 시세보다 훨씬 저렴한 가격으로 강남 신축 아파트를 매수할 수 있는 것이다.

최근 국민평형인 전용면적 84㎡가 60억 원에 거래되면서 세간의 주목을 받은 래미안원베일리의 경우, 청약 당시 전용면적 59㎡가 13억 원대에 일반분양되었다. 그러나 해당 평형은 2024년 7월, 36억 원에 실거래 최고가를 기록하고 있다. 결국 청약에 당첨되기만 해도, 약 23억 원에 달하는 자산 증가를 실현할 수 있었던 셈이다.

한국경제 PiCK · 2024.10.16. · 네이버뉴스
'하늘의 별 따기'된 강남 청약…올해 경쟁률 282.8대 1
서울 강남권 청약 경쟁이 '하늘의 별 따기' 수준으로 어려워지고 있다. 청약 경쟁률과 당첨 커트라인이 동반 상승하면서 강남 입성을 꿈꾸는 수요자 발등에도 불이 떨어진 모습이다. 16일 한국부동산원 청약홈 자료를 ...

그러나 위의 기사처럼, 청약의 경우 그만큼 많은 사람이 신청하기 때문에 추첨제의 경우 엄청난 경쟁률을 뚫어야만 당첨의 기쁨을 누릴 수 있다. 또한 가점제의 경우 최근 강남권 청약 결과(디에이치방배 및 청담르엘)를 보면, 적어도 69점 이상을 보유한 경우에만 당첨이 가능한 상황이다.

이는 다른 지역과 비교할 수 없을 정도로 높은 청약 가점이 필요한 것이다. 특히 과거에는 '주택공급에 관한 규칙'에 따라 전용면적 85㎡ 이하 주택의 경우 100% 가점제로 청약이 진행되었기 때문에, 고가점자만을 위한 청약 잔치라는 비판 여론이 거셌다. 이에 따라 국토교통부는 해당 규칙을 개정하여, 전용면적 기준에 따라 가점제와 추첨제 비율을 구분하여 적용하고 있다.

그렇다면, 청약제도의 가점 항목과 항목별 점수는 어떻게 산정될까? 이는 다음 표를 보면 간단히 확인할 수 있는데, 크게 세 가지(①무주택 기간[최고 32점], ②부양가족 수[최고 35점], ③입주자 저축 가입 기간[최고 17점])로 구분된다.

가점 항목	가점 구분	점수	가점 구분	점수
무주택 기간 (가점 상한: 32점)	1년 미만	2	8년 이상~9년 미만	18
	1년 이상~2년 미만	4	9년 이상~10년 미만	20
	2년 이상~3년 미만	6	10년 이상~11년 미만	22
	3년 이상~4년 미만	8	11년 이상~12년 미만	24
	4년 이상~5년 미만	10	12년 이상~13년 미만	26
	5년 이상~6년 미만	12	13년 이상~14년 미만	28
	6년 이상~7년 미만	14	14년 이상~15년 미만	30
	7년 이상~8년 미만	16	15년 이상	32
부양가족 수 (가점 상한: 35점)	0명	5	4명	25
	1명	10	5명	30
	2명	15	7명 이상	35
	3명	20	-	
입주자 저축 가입 기간 (가점 상한: 17점)	청약자	6월 미만	1	8년 이상~9년 미만	10
		6월 이상~1년 미만	2	9년 이상~10년 미만	11
		1년 이상~2년 미만	3	10년 이상~11년 미만	12
		2년 이상~3년 미만	4	11년 이상~12년 미만	13
		3년 이상~4년 미만	5	12년 이상~13년 미만	14
		4년 이상~5년 미만	6	13년 이상~14년 미만	15
		5년 이상~6년 미만	7	14년 이상~15년 미만	16
		6년 이상~7년 미만	8	15년 이상	17
		7년 이상~8년 미만	9	-	
	배우자	배우자 없거나 배우자 통장 미가입	0	1년 이상~2년 미만	2
		1년 미만	1	2년 이상	3

청약 가점 항목과 점수

먼저, ①무주택 기간 항목의 경우 무주택 기간이 1년 늘어날 때마다 2점이 가산되는 형태이며, 그 기간을 15년 이상 유지하면 최고점인 32점을 받게 된다. 또한 무주택자 여부는 세대에 속한 자 전원이 무주택자일 경우 인정되며, 무주택 기간은 청약 신청자 및 그 배우자의 무주택 기간으로 산정되고, 주택을 소유한 세대(분양권 등 포함)와 만 30세 미만인 미혼자의 경우 0점을 받게 된다.

부양가족	상세 설명
배우자	포함(배우자 분리세대의 경우에도 포함)
직계존속 (부모/조부모) ※배우자의 직계존속 포함	청약 신청자가 세대주여야 하며 3년 이상 동일 주민등록표등본에 등재된 직계존속(배우자 분리세대인 경우, 배우자가 세대주여야 하며, 3년 이상 동일 주민등록표등본에 등재된 직계존속) 단, 직계존속 및 그 배우자 중 한 명이라도 주택을 소유(분양권 등 포함)하고 있는 경우 부양가족으로 보지 않으나 공급규칙 제53조에 해당하는 주택을 가지고 있는 경우 아래와 같이 판단 ※ '주택공급에 관한 규칙' 제53조(주택 소유 여부 판정 기준) 적용 사례 - 직계 존속 또는 그 배우자가 소유하는 주택이 소형·저가주택 등(제9호) 및 제53조 각 호(제6호는 제외)에 해당하는 경우 → 부양가족 인정 O - 60세 이상의 직계존속이 주택을 소유한 경우(제6호) → (원칙) 2019.11.1. '주택공급에 관한 규칙' 개정·시행에 따라 부양가족 인정 X → (예외) 제53조 나머지 호 중 어느 하나에 해당하는 경우는 부양가족 인정 O 또한 아래에 해당하는 직계존속도 부양가족으로 인정하지 않음. - 외국인 직계존속 - 내국인 직계존속이라도 요양시설('주민등록법' 제12조에 따라 주민등록을 하는 노인요양시설을 말함) 및 해외에 체류 중(입주자 모집 공고일 기준 최근 3년 이내 계속하여 90일을 초과하여 해외에 체류한 경우)인 경우
직계비속	자녀(부모가 모두 사망한 손자녀 포함)는 미혼으로 한정합니다. - 주택공급신청자의 만 30세 이상인 직계비속은 입주자 모집 공고일을 기준으로 최근 1년 이상 계속하여 주택공급신청자 또는 그 배우자와 같은 세대별 주민등록표에 등재된 경우에 부양가족으로 인정 - 재혼 배우자의 자녀는 주택공급신청자와 같은 세대별 주민등록표에 등재된 경우에 부양가족으로 인정 - 혼인 중이거나 혼인한 적이 있는 자녀는 부양가족으로 보지 않음 ※ 국토교통부 주택기금과 '주택청약 자격 체크리스트('19.12)'에 따라 외국인 직계비속은 부양가족으로 인정되지 않으며, 내국인 직계비속이라도 해외에 체류 중*인 경우에는 부양가족에서 제외 * 30세 미만: 입주자 모집 공고일 기준 현재 계속하여 90일을 초과하여 해외에 체류 중인 경우 * 30세 이상: 입주자 모집 공고일 기준 최근 1년 이내 계속하여 90일을 초과하여 해외에 체류한 경우

부양가족 상세 설명

다음으로, ②부양가족 수의 경우 본인 단독, 즉 부양하는 가족이 없는 경우 5점을 받고, 부양하는 가족이 1명 늘어날 때마다 5점이 가산되는 형태이며, 6명 이상일 경우 최고점인 35점을 받게 된다. 그리고 이때 부양가족이란 본인을 제외한 배우자, 직계존속과 직계비속만을 이야기하며 세부적으로 앞의 요건에 부합해야만 부양가족으로 인정되어 점수를 받을 수 있다.

배우자의 통장 가입 기간	배우자의 통장 가입 기간(50% 적용)	점수
1년 미만	6개월 미만	1점
1년 이상~2년 미만	6개월 이상~1년 미만	2점
2년 이상	1년 이상	3점

입주자 저축 가입 기간

마지막으로, ③입주자 저축 가입 기간의 경우 가입 기간이 6개월 미만이면 1점, 6개월 이상 1년 미만이면 2점을 받고, 그 외에는 가입 기간이 1년 늘어날 때마다 1점이 가산되는 형태이다.

또한 가입 기간이 15년 이상일 경우 최고점인 17점을 받게 되는데, 만약 청약자의 입주자 저축 가입 기간이 15년 미만인 경우 위와 같이 배우자의 입주자 저축 가입 기간에 따라 최고점인 17점 이내에서 추가 점수를 받을 수 있다.

2. 정비사업(재개발/재건축 등) 투자

C씨는 30대 중반의 평범한 직장인이다. 월급으로는 도저히 강남 아파트는 꿈도 꿀 수 없다고 느낀 그는, 어느 날 친구에게 '정비사업'에 대해 처음 듣게 된다. 오래된 아파트가 몇 년 뒤 신축으로 바뀌면서 가격이 크게 오른다는 이야기였다. 처음엔 반신반의했지만, 실제로 은마아파트 사례를 보며

관심이 생겼다.

청약 당첨은 가점이 부족해 어려웠던 C씨는, 결국 '될 만한 정비사업 단지를 미리 사두는 것'이 강남 입성의 유일한 길임을 깨달았다. 물론 정비사업은 시간이 오래 걸리고 복잡한 절차가 얽혀 있었지만, 그만큼 진입장벽이 높아 경쟁도 적었다. 그는 스스로 공부를 시작했고, 단계별로 어떤 일이 일어나는지 하나씩 정리했다.

1단계: 기본계획 수립

정비사업에 관심을 가지던 C씨는 강남의 한 노후 아파트 단지가 정비예정구역으로 지정되었다는 기사를 보게 되었다. 그는 이게 정비사업의 시작이라는 사실조차 몰랐지만, 일단 관심을 갖기 시작했다.

정비사업은 '기본계획 수립'에서 시작된다. 이는 구청 등 지자체가 해당 지역을 정비 대상으로 지정하는 것으로, 사실상 사업의 0단계이다. 이 단계는 아직 가격의 변화는 거의 없지만, 빠르게 정보를 수집하고 C씨처럼 관심을 갖기 시작해야 할 시점이다.

2단계: 안전진단(재건축의 경우)

관심을 계속 가지던 C씨는 이 단지가 재건축 대상인지, 재개발 대상인지 궁금했다. 그 차이를 검색하다가 '안전진단'이라는 단어를 처음 접한다. 그런데 '안전진단'이란 무엇일까?

재건축은 노후 공동주택을 대상으로 하며, 안전진단 통과가 필수이다. 반면, 재개발은 기반시설이 부족한 지역을 대상으로 하여 안전진단은 필요 없다. 만약 눈여겨보던 정비사업이 안전진단을 통과했다는 소식을 듣는다면,

재건축 사업이 가속화될 가능성이 높다. 바로 관심을 가져야 할 신호이다.

3~5단계: 추진위원회 승인→조합설립인가→시공자 선정

정비구역에 지정된 이후 '추진위원회'가 구성됐다는 소식을 접한 C씨는 이제 임장을 나가보기로 했다. 임장지에서 부동산에 방문한 C씨는 중개사로부터 '조합 설립'까지 가면 거의 7부 능선은 넘은 것이라는 말을 들었다. 이제 C씨는 이곳이 '조합 설립'이 될지에 관심을 가지기 시작했다.

'추진위원회 승인→조합 설립→시공자 선정'은 사업의 구조를 확립하는 단계이다. 특히 '조합설립인가' 이후는 사업의 가시성이 매우 높아져서 적극적인 관심을 가져야 할 단계이다. 이 시점부터 가격이 조금씩 반응하기 시작하지만, 여전히 수익률이 높은 구간이다. 투자자들이 본격적으로 진입하는 구간이기도 하다.

6~9단계: 사업시행인가→감정평가→조합원 분양 신청

"사업시행인가가 떨어졌다는 소식이 떴습니다."

C씨는 어느 날 부동산 카페에서 관심지 소식을 접했다. 몇 개월 전, 이 단지는 시공사까지 선정된 상태였고, 조합 설립도 완료된 곳이었다. 그러나 C씨는 여전히 '진짜 될까?'라는 마음에 망설이고 있었다.

그런데 이번에는 달랐다. 사업시행인가 이후, 조합은 조합원들에게 예상 분담금 내역과 조합원 분양 신청 안내문을 공식적으로 발송한 것이다. C씨도 발품을 팔아 단지 인근 중개업소에서 관련 자료를 구했다. 이제 숫자가 보이기 시작했고, 계산기를 두드릴 수 있는 시점이었다.

사업시행인가를 받았다는 것은 행정기관의 공식 승인을 받은 것이기에,

이제는 사업이 계획이 아닌 현실화 단계로 접어들었다는 뜻이었다. 특히 조합원 분양 신청 전에 진입하면, 더 많은 선택권과 프리미엄 확보가 가능하다. 다만, 조합원 지위 승계 조건과 법적 제약은 반드시 확인이 필요하다. 착공까지는 시간이 남았지만, 이 시점부터는 기다림이 돈이 되는 시간이다.

앞서 세금 관련 내용을 다루면서 대체주택 비과세에 대해 다뤘었다. 대체주택 비과세를 적용 받기 위한 요건 중 하나가 바로 최초 사업시행계획인가일 이후에 대체주택을 매수해야 하는 것이다. 그러니 대체주택 비과세를 받는다면, 반드시 신경 써야 하는 단계이다.

10~13단계: 관리처분인가→이주/철거→일반분양→준공

"이제 진짜 철거가 시작되는구나."

C씨가 매수한 조합원 물건은 어느덧 '관리처분계획인가' 단계에 접어들었다. 조합원 분양 신청이 마무리되고, 전체 분양 세대수와 예상 분담금이 최종 확정되면서 관리처분계획이 수립되었고, 마침내 인가까지 받은 것이다.

"여기까지 오면 이제 거의 다 왔다고 보면 돼요."

부동산 중개인은 이렇게 말했다.

"근데 왜 조합원들끼리 싸운다는 거지?"

C씨는 궁금해졌다. 분양이 코앞인데, 부동산 카페에서 조합원 간의 갈등 이야기가 올라온 것이다. 이유는 간단했다. 바로 분담금과 평형 배정 문제 때문이었다. 조합원 간의 이해 관계가 얽히면서 의견 차이가 생기는 시점이 바로 이 관리처분 단계이다.

그러나 C씨는 외부 투자자였고, 이미 어느 정도의 분담금과 평형을 감수하고 들어온 입장이었다. 그리고 이미 부동산 카페를 통해, 사업 자체가 착실히 굴러가는지가 중요하다는 것을 알고 있었다.

관리처분계획인가 후, 조합은 이주 기간(6개월~1년)을 정하고, 조합원들에게 순차적으로 이주를 안내한다. C씨가 매수한 물건도 드디어 이주 안내를 받았다. 철거일이 다가오자, 조합원 대부분은 짐을 빼기 시작했다. 이제 이주→철거→착공으로 이어지는 실질적인 공사 단계가 눈앞에 온 것이다.

"일반분양 공고가 나면 게임 끝이야!"

C씨는 뉴스 기사에서 '강남 OO단지, 분양가 OO억 원 확정'이라는 제목을 확인한 후 안도의 한숨을 내쉬었다. 다행히 C씨가 투자한 단지는 조합원 분양가보다 훨씬 높은 수준에서 일반분양가가 책정되었고, 이 차액은 고스란히 C씨의 투자 수익이 되었다.

이후 C씨는 이 경험을 주위에 알리고자 부동산 카페에 경험담을 남겼다.

"처음에는 용어도 모르고 너무 어려웠어요. 그런데 하나씩 배우면서 따라가다 보니, 기회가 진짜 보이더라고요."

이제 그는 정비사업 전도사가 되었다.

지금까지 정비사업 절차를 평범한 회사원 C씨의 입장에서 하나씩 살펴봤다. 정비사업이 처음이라면, 다소 어렵게 느껴질 것이다. 그러나 서울, 특히 강남 아파트를 이보다 저렴하게 살 수 있는 방법은 사실상 존재하지 않는다. 따라서 기회를 놓치지 않기 위해 포기하지 말고 꾸준히 관심을 가지길 바란다. 그러면 이후에 기회가 왔을 때, 확신을 갖고 그 기회를 움켜쥘 수 있을 것이다.

투자 insight 도미노 효과를 믿어라

2025년 3월 3일, 반포동에 위치한 아파트의 실거래가가 대한민국을 떠들썩하게 만들었다. 그 주인공은 바로 래미안원베일리, 대한민국 역사상 최초로 국민평형(전용 84㎡) 아파트 실거래가가 70억 원을 돌파한 곳이다.

어쩌면 해당 소식을 접한 수많은 사람이 너무도 비현실적인 거래 가격에 상대적 박탈감을 느꼈을지도 모른다. 특히 국민평형이 70억 원을 돌파한 것은 대한민국 역사상 처음 있는 일이고, 무엇보다도 '국민평형'이라는 이름처럼 현재 아파트에 거주하는 대다수 사람이 살고 있는 30평대 아파트의 실거래가라는 점에서 이는 매우 충격적이었다.

그런데 현재 래미안원베일리를 소유한 모든 사람이 과연 처음부터 부자였을까? 분명 그렇지 않았던 사람도 있을 것이다. 왜냐하면 여타의 강남권 신축 아파트처럼 해당 아파트 역시 재건축사업 끝에 탄생한 신축 아파트이기 때문이다. 특히 해당 아파트의 전신인 (구)반포경남아파트의 과거 실거래가를 확인해보면 이를 분명하게 확인할 수 있다.

먼저, 일반적으로 재건축사업의 7부 능선을 넘었다고 평가하는 사업시행인가(2017년 9월 13일 고시) 직후 해당 아파트의 전용 73.5㎡ 거래 가격은 14억 원대를 기록했다. 그리고 이보다 조금 이른 시점인 조합설립인가(2015년 4월

23일) 직후까지는 8억 원대에 다수의 거래가 발생했던 것도 확인할 수 있기 때문이다.

결과적으로, 조합설립인가 직후 8억 원대에 해당 아파트를 매수한 사람들은 국민평형(전용 84㎡)을 배정받기 위해 5억 원대의 추가 분담금을 납부했더라도, 총 약 13억 원으로 현재 최고가 70억 원에 달하는 아파트를 소유하게 된 셈이다.

뿐만 아니라, 만약 주택담보대출(LTV 70%)까지 활용했다면, 당시 2억 원대의 실투자금만으로도 이처럼 막대한 자산 증가를 이룰 수 있었을 것이다.

도미노 효과를 믿어라

평범한 직장인이 월급만으로 70억 원대 아파트를 소유한다는 것은 현실적으로 불가능한 일이 맞다. 그러나 위의 그림처럼 인플레이션과 레버리지 그리고 정비사업 투자라는 단계별 도미노를 하나씩 꾸준히 쓰러뜨릴 수만 있다면, 이는 평범한 월급쟁이도 충분히 할 수 있는 일이다.

도미노 하나가 쓰러지면서 내는 힘은 자신 뒤에 위치한 1.5배가 큰 도미노를 넘어뜨릴 수 있다고 한다. 따라서 이를 활용하여, 중간에 몇 개의 도미노만 세울 수 있다면 마지막에 엄청난 크기의 도미노가 서 있더라도 이를 충분히 넘어뜨릴 수 있을 것이다.

따라서 당장은 20~30억 원대의 강남 아파트만 떠올려도 막막하게 느껴질 수 있다. 하지만 나 역시 부동산 투자를 시작할 당시, 전 재산이 보증금 1,800만 원에 불과했다. 누구나 묵묵히 중간에 놓인 도미노를 하나씩 쓰러뜨리기만 한다면, 60억, 100억 원대 자산가도 충분히 될 수 있다는 점을 반드시 기억하길 바란다.

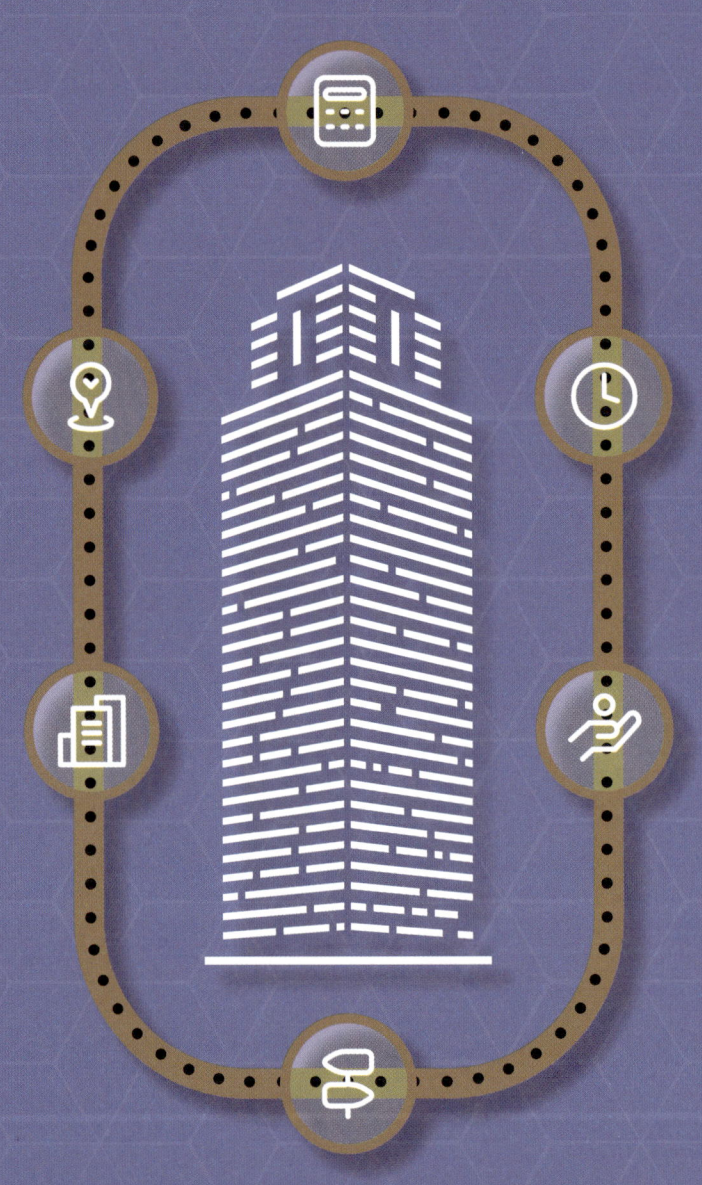

Part 6

내 인생을 바꾼 강남입성 전략

강남2구? 3구? 4구?
도대체 강남은 어디일까?

강남은 이제 대한민국 부촌의 대명사로 자리 잡았다. 그리고 이곳은 줄곧 내가 반드시 투자해야 한다고 강조해온 핵심 지역이기도 하다. 그러나 여기서 한 가지 짚고 넘어가야 할 것이 있다. 그렇다면, 앞에서부터 계속 언급해온 '강남'이란, 정확히 어디를 가리키는 말일까?

대표적인 네이버 부동산 카페인 '행복재테크'를 살펴보면, '강남'의 범위에 대해 사람마다 생각이 다르다는 것을 알 수 있다. 강남구 북부인 테북(테헤란로 북쪽: 압구정동, 청담동, 삼성동)만을 강남으로 보는 경우도 있고, 강남2구(강남구와 서초구), 여기에 잠실동을 포함한 범위 또는 강남3구(강남2구와 송파구)까지 포함하는 등 다양한 의견이 존재한다.

그렇다면, 내가 생각하는 강남은 어디일까? 바로 서울 한강 이남 주거지 중 아파트 가격이 가장 비싼 곳으로, 특히 국민평형(전용면적 85㎡) 실거래가가 가장 높은 곳이다. 또한 KB금융에서 나온 '2024 한국 부자 보고서'에 보면 2024년 기준으로 46.1만 명 정도가 부자의 기준(금융소득 10억 원 이상)에 부합하

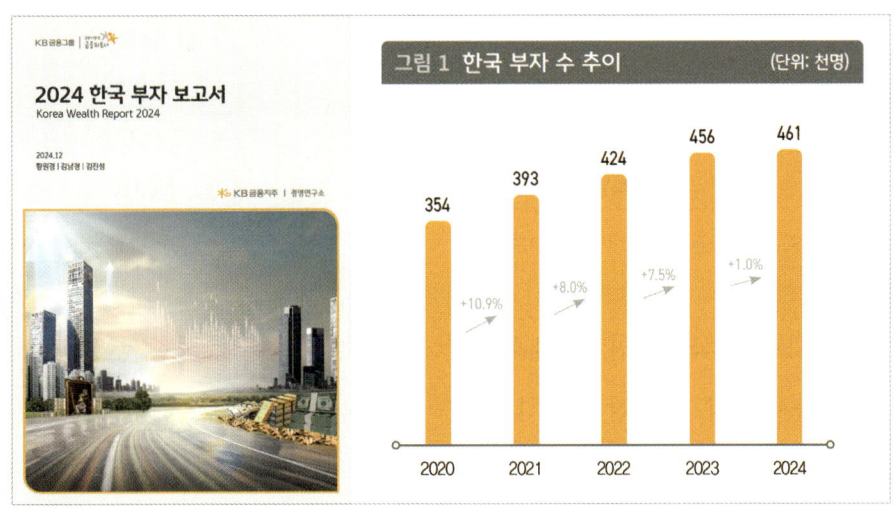

2024 한국 부자 보고서

는 것으로 확인되었다. 이 수치는 전 국민을 5,000만 명으로 볼 때 상위 1% 정도에 해당하는 수치이다.

이처럼 부촌의 대명사인 '강남' 타이틀에 부합하기 위해서는 실거래가가 적어도 상위 1% 이내인 곳이어야 할 것이나. 다만, 개별 아파트 기준은 다양한 변수가 존재하므로, 대부분의 인프라(교통, 학군 등)를 공유하는 읍, 면, 동 단위로 평가하는 것이 적절하다.

(단위 : 만 원)

순위	행정구역(읍·면·동)	실거래가주)
1	서울특별시 강남구 압구정동	363,500
2	서울특별시 서초구 반포동	300,073
3	서울특별시 강남구 개포동	256,144
4	서울특별시 강남구 대치동	250,978
5	서울특별시 서초구 잠원동	231,673
6	서울특별시 강남구 삼성동	230,925
7	서울특별시 송파구 잠실동	220,757

순위	행정구역(읍·면·동)	실거래가^{주)}
8	서울특별시 강남구 역삼동	220,074
9	서울특별시 강남구 도곡동	219,379
10	서울특별시 강남구 청담동	213,170

주) 2023년도 한 해 평균 실거래가(국민평형 기준) (출처 : 국토교통부)

그렇다면, 전국 읍, 면, 동 개수는 총 몇 개일까? 2023년 기준 총 3,614개다. 따라서 위의 표와 같이 상위 0.28%(= 10/3,614)에 속하는 지역이라면 충분히 부촌으로서 강남이라 할 수 있을 것이다.

결론적으로, 내가 생각하는 강남 타이틀에 부합하는 지역이란 위의 자료에 해당하는 지역으로, 2024년 말 기준으로 국민평형 아파트의 평균 실거래가가 21.3억 원 이상인 곳들이다.

아파트 입지 결정의 3가지 핵심 지표

그렇다면 '강남'이라는 타이틀을 거머쥔 지역은 다른 지역들과 비교했을 때, 입지 측면에서 어떤 차별점을 지니기에 이토록 높은 실거래가를 기록할 수 있는 것일까? 이 점을 살펴보기 위해, 먼저 해당 지역들의 위치를 지도에 표시해보면 다음과 같다.

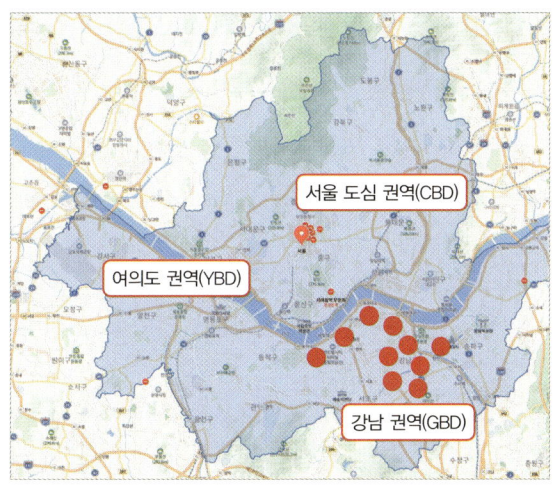

서울 주요 업무지구

먼저 앞의 지도를 살펴보면, 붉은색 원으로 표시된 각 지역이 모두 GBD(강남 업무지구) 주변에 밀집해 있다는 점을 한눈에 확인할 수 있다.

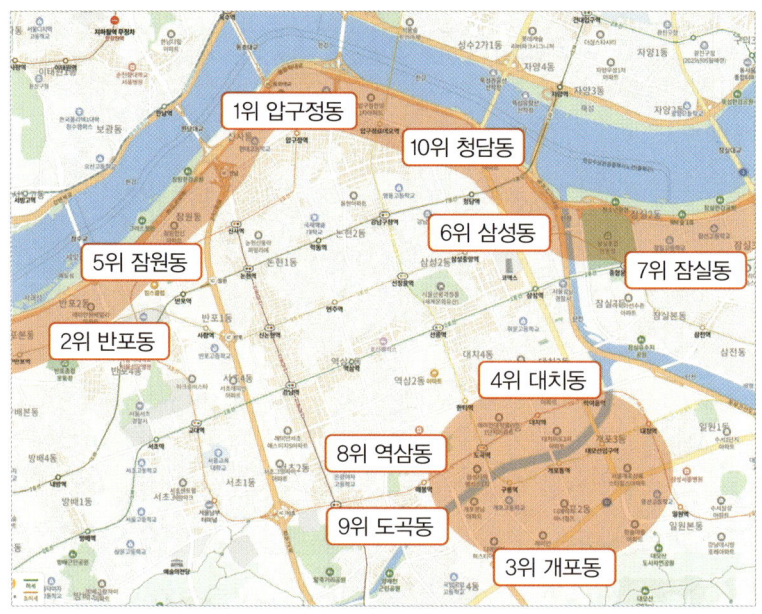

강남 입지 분석

다음으로 위의 지도를 통해 GBD 주변을 좀 더 자세히 살펴보면, 삼성동(6위)을 제외한 나머지 지역들이 대부분 한강변이거나 대치동 학원가 인근에 밀집해 있다는 점을 확인할 수 있다.

즉, 이 두 지도를 살펴보는 것만으로도 2024년 기준으로 강남 타이틀을 거머쥔 지역들이 왜 다른 지역에 비해 훨씬 높은 실거래가를 기록했는지, 다시 말해 더 높은 가격을 지불하면서까지 해당 지역에 거주하고 싶게 만드는 입지적 요인을 어느 정도 유추해볼 수 있다.

이러한 분석을 바탕으로, 입지를 평가할 때 가장 크게 영향을 미치는 핵심 요소들을 정리해보면 다음의 세 가지로 요약할 수 있다.

입지 평가의 3가지 핵심 요소

1. 직주근접　　2. 학군　　3. 환경

사실 이는 어찌 보면 당연한 결과이다. 앞서 여러 차례 언급했듯이, 아파트란 결국 나와 내 가족이 함께 살아가는 보금자리의 한 형태이기 때문이다. 따라서 첫 번째 핵심 요소인 '직주근접'은 가족 구성원 중 직장에 다니는 사람의 출퇴근 시간 단축 등 편리한 일상생활을 가능하게 하는 요소가 잘 갖춰져 있는지를 기준으로 입지를 평가하는 것이다.

두 번째 핵심 요소인 '학군'은 가족 구성원 중 학교(특히 고등학교 이전)에 다니는 자녀가 높은 학업 성취를 이루기 위한, 다시 말해 좋은 대학교에 진학하기 위한 환경이 갖춰져 있는지를 기준으로 입지를 판단한다.

마지막 세 번째로, '환경'은 가족 구성원이 직장이나 학교 등 외부 활동을 마친 후, 해당 지역에서 생활하며 느끼는 전반적인 만족도와 쾌적함이 충분한지를 기준으로 입지를 평가한다. 이제 하나씩 구체적으로 살펴보자.

1. 직주근접

직주근접이란, 거주지의 위치가 직장과 얼마나 가까운지를 기준으로 입지를 평가하는 요소이다. 이때 '가깝다'는 판단은 단순한 지도상의 직선 거리가 아니라, 실제 출퇴근 시에 소요되는 시간을 기준으로 이루어진다.

물론 일반적으로 업무지구와 거주지 간 거리가 지도상으로 가깝다면, 실제 이동에 걸리는 시간도 짧은 경우가 많다. 그러나 서울처럼 산지가 많은 수도권 지역에서는, 우리나라의 지형적 특성상 평지가 드물기 때문에 거리와 시간 사이의 관계가 항상 일치하지는 않는다. 따라서 직주근접은 지도상의 거리보다 실제 출퇴근 소요 시간을 기준으로 평가하는 것이 보다 정확하다.

또한 여기서 말하는 직장은 특정 개인의 근무지를 의미하는 것이 아니라, 양질의 일자리가 밀집된 주요 업무지구를 기준으로 삼는다. 거주지가 해당 지역과 얼마나 가까운지를 평가해야 한다.

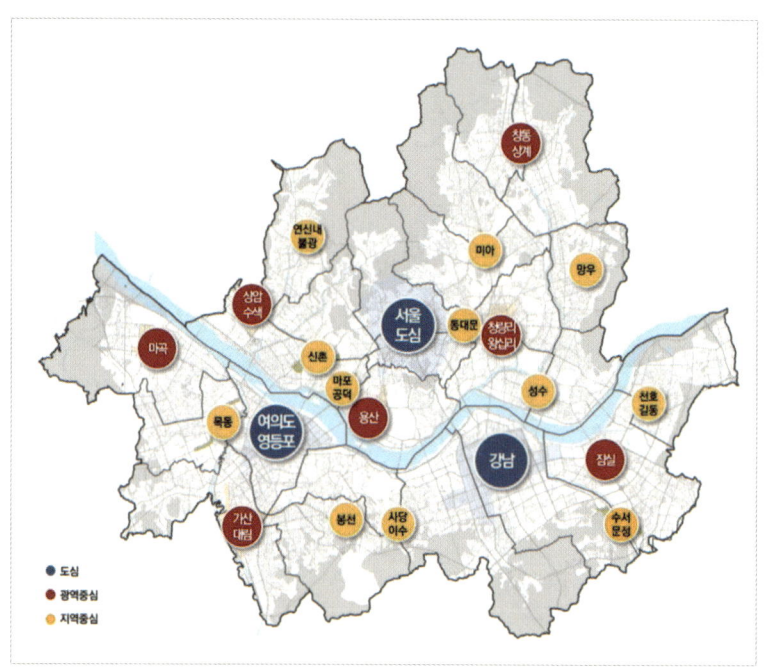

서울 주요 업무지구

그렇다면, 서울시 내에는 어떤 업무지구들이 있을까? 위 자료는 '2040 서울 도시기본계획' 자료 중 서울시 중심지 체계에 대한 자료를 발췌한 것이다. 이 자료에서 파란색 원으로 표시된 '도심지'가 바로 양질의 일자리가 밀집된 서울의 3대 주요 업무지구를 의미한다. 보다 구체적으로 살펴보면, 서울의 3대 업무지구는 다음과 같다.

① **CBD**(Central Business District): 광화문, 시청, 종로 등으로 구성된 서울 도심 권역을 의미한다.
② **GBD**(Gangnam Business District): 테헤란로, 서초동 등을 중심으로 한 강남 권역을 가리킨다.
③ **YBD**(Yeouido Business District): 여의도동과 영등포동 일대를 포함하는 여의도 권역이다.

구분		기업체 수(단위: 개)			해당 기업 종사자 수 (단위: 명)
순위	자치구	종사자 500~999명	종사자 1,000명 이상	계	
1	강남구	71	44	115	139,123
2	영등포	55	40	95	107,114
3	서초구	42	33	75	96,283
4	중구	44	31	75	89,014
5	송파구	35	20	55	85,019
6	종로구	22	26	48	77,382
⋮	⋮	⋮	⋮	⋮	⋮
계		439	310	749	945,646

500인 이상 기업체와 종사자 수

그렇다면, 구체적으로 서울의 어떤 지역에 얼마나 많은 직장인이 분포하고 있는지 자료를 통해 확인해보자. 위 자료는 국가통계포털(KOSIS)에서 제공한 자료로, 2021년 기준 서울 자치구별 500인 이상 기업체 수와 해당 기업의 종사자 수를 보여준다.

이를 보면, 송파구(5위)를 제외한 상위 1~6위까지의 자치구가 모두 서울 3대 업무지구에 포함되어 있음을 알 수 있다. 이들 지역에는 총 408개의 500인 이상 기업체와 약 50만 명의 종사자가 밀집해 있다. 또한 서울 전체 500인 이상 기업 종사자 수(945,646명) 중 53.8%에 해당하는 508,916명이 이들 지역에서 근무하고 있다는 점도 확인할 수 있다.

구분		기업체 수(단위: 개)			해당 기업 종사자 수 (단위: 명)
중심업무지구	자치구	종사자 500~999명	종사자 1,000명 이상	계	
GBD	강남구	71	44	115	139,123
	서초구	42	33	75	96,283
	소계	113	77	190	235,406
YBD	영등포	55	40	95	107,114
	소계	55	40	95	107,114
CBD	중구	44	31	75	89,014
	종로구	22	26	48	77,382
	소계	66	57	123	166,396
총계		234	174	408	508,916

서울 3대 업무지구에 양질의 일자리가 많다

다음으로 데이터를 서울 3대 업무지구 기준으로 재정리하면, 위와 같은 결과가 도출된다. 특히 주목할 점은, 서울 내 500인 이상 기업 종사자 중 46.2%(235,406명/508,916명)가 GBD(강남구, 서초구)에서 근무하고 있다는 사실이다.

결국, 세 가지 핵심지표 중 '직주근접' 측면에서 높은 평가를 받기 위해서는 서울 3대 업무지구에 인접하여야 하며, 그중에서도 GBD에 가까운 지역

일수록 더욱 우수한 입지로 평가받을 수 있다.

다만 앞서 말했듯이, '가깝다'는 판단은 단순한 지도상의 거리가 아니라 실제 직장까지 소요되는 시간을 기준으로 해야 한다. 그 이유는 대부분의 직장인이 도보가 아닌 차량이나 대중교통을 이용해 출퇴근하기 때문이다. 임대차 계약을 하거나 부동산에 투자할 때, 해당 단지가 역세권에 위치해 있는지 꼼꼼히 따지게 되는 이유 역시 이와 같은 이유에서이다.

물론 대부분의 경우, ①직주근접 지표와 ②교통 지표의 결과가 유사하게 나타나기 때문에, 이 둘을 굳이 별개의 지표로 나눌 필요가 있는지 궁금할 수도 있다. 그러나 실제 사례를 살펴보면, 왜 두 개의 지표를 나눠야 하는지 확인할 수 있을 것이다.

자곡동 vs 문정2동

앞의 사진과 같이 ①직주근접 지표를 기준으로 두 지역을 비교해보자. 왼쪽의 자곡동은 서울 3대 업무지구 중 하나인 GBD(코엑스)로부터 직선 거리 4.8km 떨어져 있고, 오른쪽의 문정2동은 6.5km가 떨어져 있다. 따라서 단순히 직선 거리로만 입지를 평가한다면, 자곡동이 문정2동보다 훨씬 더 우수한 입지로 판단될 수 있을 것이다.

그러나 ②교통 지표를 추가하여 두 지역의 입지를 평가해보면 그 결과는 확연히 달라진다.

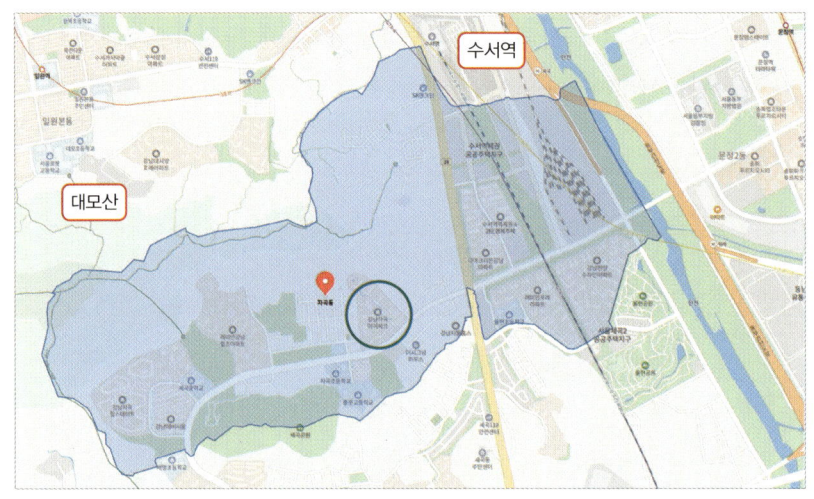

자곡동 입지 분석

자곡동의 경우, 위 지도에서 확인할 수 있듯이 인근에 지하철역이 없다. 가장 가까운 지하철역인 수서역까지도 버스 등 다른 교통수단을 이용해야만 접근할 수 있을 정도로 거리감이 있다.

또한 자곡동 북쪽에는 대모산이 위치하고 있어, 버스나 자동차를 이용하더라도 산을 우회해야 한다. 그러니 직선 거리보다 훨씬 긴 경로를 따라 이동해야 GBD(코엑스)에 도달할 수 있는 것이다.

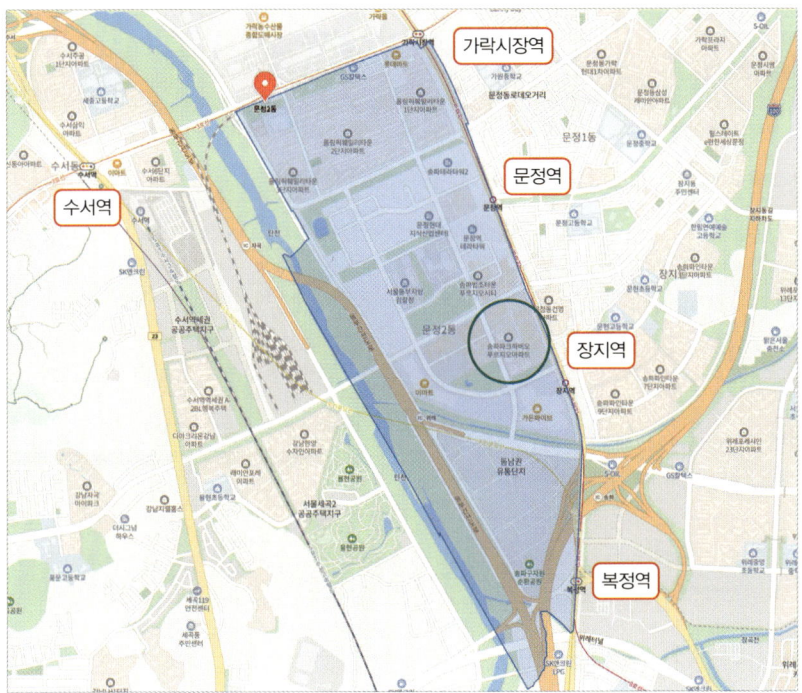

문정2동 입지 분석

반면, 문정2동은 세로로 긴 지형임에도 불구하고, 동 전체를 따라 총 4개의 지하철역(가락시장역, 문정역, 장지역, 복정역)이 위치해 있다. 이로 인해, 해당 지역의 거주자는 지하철을 이용해 서울 3대 업무지구로 빠르게 이동할 수 있다.

또한 버스나 자동차를 이용하더라도, 동부간선도로 등 주요 도로망이 사통팔달로 연결되어 있기 때문에 GBD(코엑스)까지 직선에 가까운 경로로 이동할 수 있다.

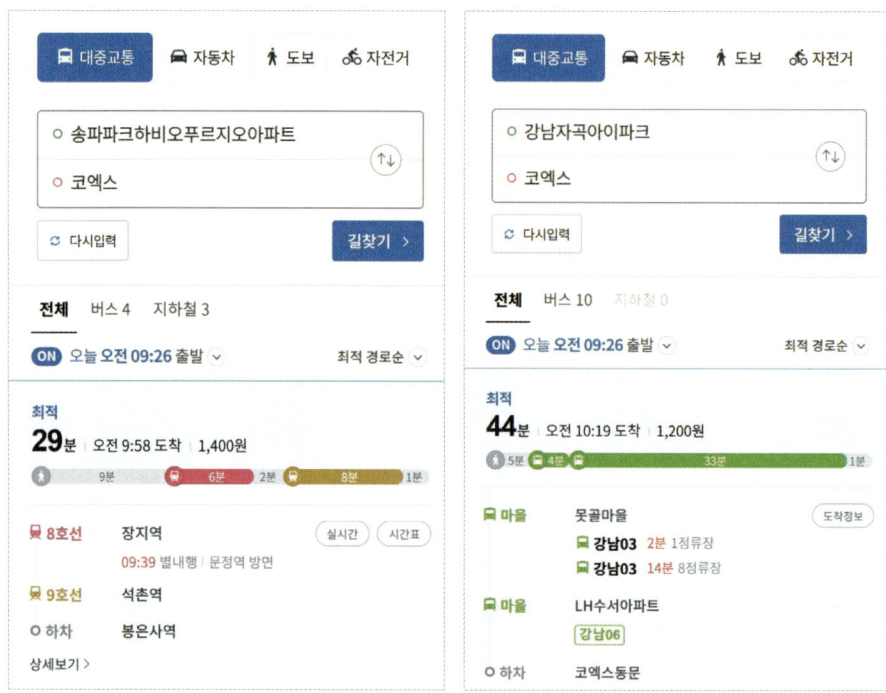

대중교통 기준 비교

　더 명확한 비교를 위해, 강남자곡힐스테이트(자곡동)와 송파파크하비오푸르지오(문정2동)를 각각 출발지로, 코엑스까지의 거리를 한번 비교해보자. 먼저 대중교통 기준으로는 평가해보면 장지동에 인접한 송파파크하비오푸르지오(문정2동)의 소요 시간이 29분으로 강남자곡아이파크(자곡동) 대비 상대적으로 적은 시간이 걸린다는 것을 알 수 있다.

　다음으로 자동차 기준으로는 직주근접 평가와 유사하게 코엑스로부터 직선 거리가 가까웠던 강남자곡아이파크(4.8km)의 소요 시간이 17분으로 송파파크하비오푸르지오(6.5km)의 20분 대비 상대적으로 적은 시간이 걸린다는 것을 확인할 수 있다.

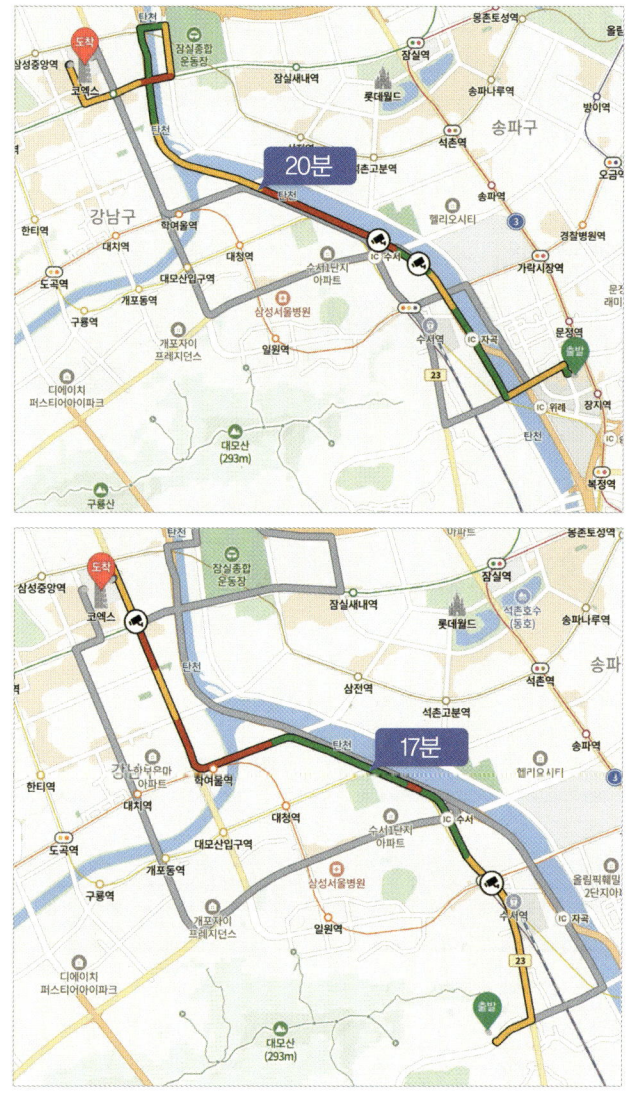

자동차 기준 비교

따라서 직주근접 기준으로 보면, 강남자곡아이파크의 입지가 송파파크하비오푸르지오보다 더 우수하다고 판단할 수 있다. 그런데 교통 기준으로 보면, 후자가 전자보다 더 뛰어나다고 볼 수 있다.

결론적으로, 직주근접과 교통이라는 두 가지 기준으로 판단할 때, 두 아파트는 상호보완적인 요소를 갖춘 입지 측면에서 상당히 유사한 수준의 단지로 평가할 수 있다.

그렇다면, 실제 두 아파트의 실거래가는 어떨까?

두 아파트의 실거래가 비교

위와 같이 국민평형(전용 84㎡) 기준으로 실거래가를 비교해보면, 강남자곡아이파크는 15.1억 원에 거래되었으며, 송파파크하비오푸르지오는 15.18억 원에 실거래가 이루어졌다. 이 결과를 통해 알 수 있듯이, 첫 번째 지표인 직주근접으로 입지를 평가할 때는 지도상의 직선 거리를 기준으로 판단해서는 안 되며, 반드시 실제 소요되는 시간을 기준으로 평가해야 함을 반드시 기억하자.

2. 학군

두 번째 지표인 학군은 거주지 인근에 얼마나 우수한 교육 환경이 갖춰져 있는지 평가하는 것이다.

강남 지역 실거래가 순위

이는 앞서 살펴본 지도상의 10개 지역 중 4개 지역(삼성동 포함 시 5개)이 대치동 학원가 인근에 밀집해 있다는 점에서, 학군의 중요성을 명확히 확인할 수 있다.

물론 최근 저출산 문제가 심각해지고 있어, 학군이 여전히 아파트 입지를 평가하는 핵심 지표 중 하나로서 유효한 기준인지 의문을 갖는 사람들도 있다.

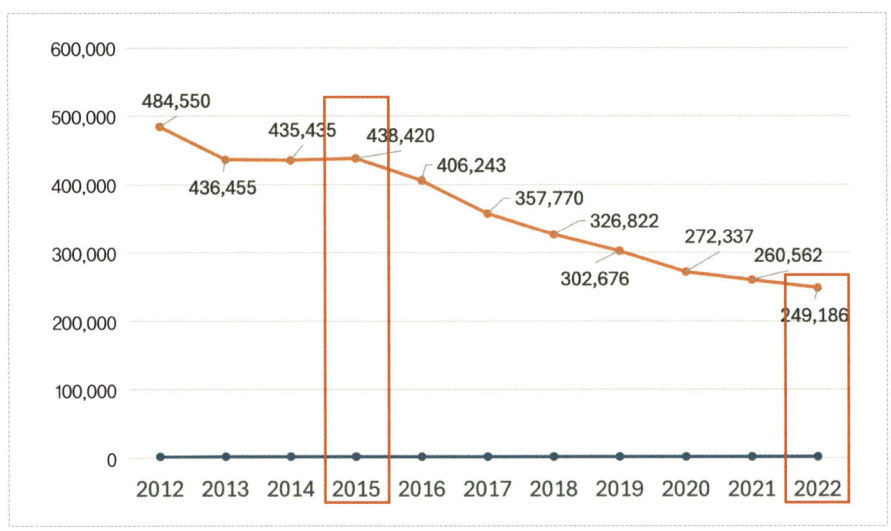

직전 10년 출생아 수 추이

위 자료만 보더라도, 출생아 수는 2015년 약 43만 명에서 2022년에는 절반 수준인 약 24만 명으로 급격히 감소했다. 이로 인해, 최근 학령 인구 또한 빠르게 줄어들고 있는 상황이다. 이런 흐름 속에서, 다양한 부동산 커뮤니티에서 학군지의 유효성에 대한 의문을 제기하는 목소리가 점점 늘고 있다.

그러나 부동산 투자를 본격적으로 공부하기 시작했다면, 뉴스 기사나 대중 여론에 쉽게 흔들리는 일반적인 시각과는 차별화된 관점으로 시장을 분석할 수 있어야 한다. 왜냐하면 그러한 시각의 차이가 곧 투자 판단의 차이로 이어지고, 이는 결국 막대한 수익의 차이를 만들어내기 때문이다.

일반적으로 고소득 가구일수록 자녀 양육에 더 많은 자원, 즉 더 나은 교육 환경을 제공하려는 경향이 강하다. 이 점을 고려할 때, 출산율 하락으로 학령 인구가 줄어들고 있다는 이유만으로 강남 아파트의 가격이 하락할 것이라 생각하는 것은 지나치게 단편적인 시각일 수 있다.

또한 이것은 단순히 출산율 문제 때문만은 아니다. 매스컴 등을 통해 형성된 사회적 오해 역시 학군지에 대한 부정적인 인식에 기여하고 있는 것이다. 많은 사람이 학군지라고 하면, 수많은 학원이 밀집된 학원가를 먼저 떠올리고, 이로 인해 과도한 사교육, 자녀의 학업 스트레스 등 부정적인 측면만을 기억하는 경향이 있다.

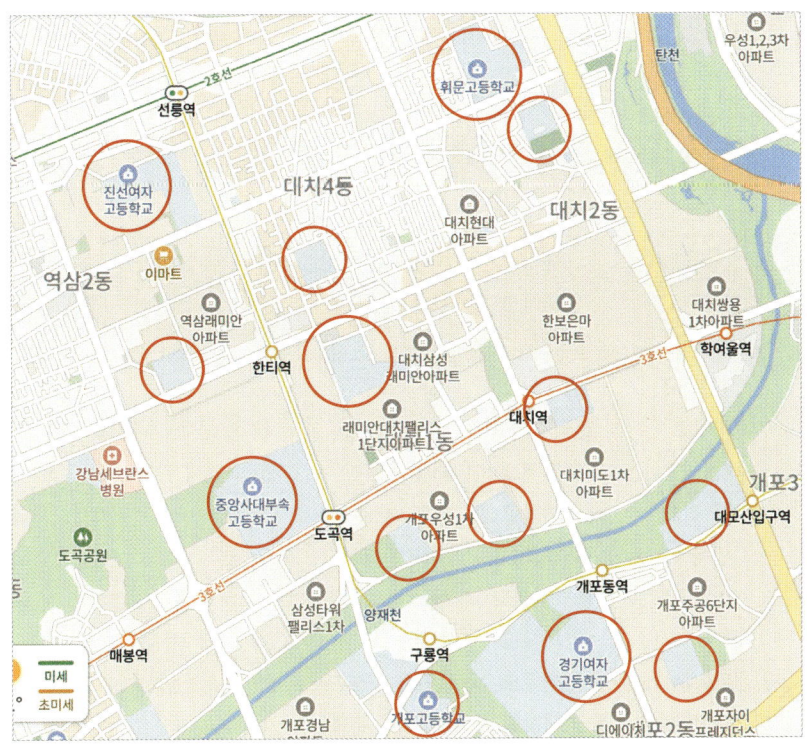

강남구 대치동 학교 현황

그러나 실제 지도를 통해 대한민국 대표 학군지인 강남구 대치동을 직접 확인해본다면, 이러한 오해가 상당 부분 해소될 수 있을 것이다. 앞의 지도에서 붉은색 원으로 표시된 곳들은 초등학교, 중학교, 고등학교이며, 이를 통해 알 수 있듯이 강남구 대치동에는 수많은 학교가 밀집해 있다. 이처럼 학교가 밀집되어 있으니, 학원가가 자연스럽게 발달했고 교육의 중심지가 된 것이다.

더불어 학교가 많다는 것은 교육환경 보호구역의 범위가 넓다는 의미이기도 하다. 학교 주변은 교육환경 보호구역으로 지정되며, 이 구역 내에는 유해시설이나 금지행위시설이 들어올 수 없다. 따라서 이로 인해 안전한 주거환경이 조성되어 학부모들의 선호도가 높아지는 것이다.

사실 자녀를 잘 키우고 싶은 마음은 모든 부모가 가지는 자연스러운 욕구이다. 누구나 자신의 아이가 안전하고 쾌적한 환경에서 좋은 친구들과 함께 공부하며 좋은 결실을 거두길 바란다.

순위	학교	유형	지역	시군구	수시	정시	계	비율
1	서울과고	영재학교	서울	종로	55	22	77	7.7
2	용인외대부고	전국자사고	경기	용인	24	36	60	6.0
3	경기과고	영재학교	경기	수원	46	11	57	5.7
3	하나고	전국자사고	서울	은평	42	15	57	5.7
5	대원외고	외국어고	서울	광진	28	25	53	5.3
6	대구과고	영재학교	대구	수성	37	6	43	4.3
6	세화고	광역자사고	서울	서초	3	40	43	4.3
6	휘문고	광역자사고	서울	강남	3	40	43	4.3
9	광주과고	영재학교	광주	북구	38	0	38	3.8
10	인천과학예술고	영재학교	인천	연수	32	1	33	3.3
11	세종과학예술고	영재학교	세종	세종	31	1	32	3.2
12	상산고	전국자사고	전북	전주	4	24	28	2.8

순위	학교	유형	지역	시군구	수시	정시	계	비율
12	중동고	광역자사고	서울	강남	2	26	28	2.8
12	한국과학고	영재학교	부산	진구	25	3	28	2.8
15	대전과고	영재학교	대전	유성	26	1	27	2.7
15	민사고	전국자사고	강원	횡성	21	6	27	2.7
17	한영외고	외국어고	서울	강동	19	7	26	2.6
18	대일외고	외국어고	서울	성북	25	0	25	2.5
19	낙생고	일반고	경기	분당	1	23	24	2.4
20	선덕고	광역자사고	서울	도봉	7	16	23	2.3
20	숙명여고	일반고	서울	강남	6	17	23	2.3
22	단대부고	일반고	서울	강남	7	15	22	2.2
23	포항제철고	전국자사고	경북	포항	13	9	22	2.2
24	보인고	광역자사고	서울	송파	4	17	21	2.1
25	경기고	일반고	서울	강남	3	17	20	2.0
26	북일고	전국자사고	충남	천안	12	8	20	2.0
27	배재고	광역자사고	서울	강동	5	13	18	1.8
28	세마고	일반고	경기	오산	1	17	18	1.8
29	공주사대부고	국립고	충남	공주	15	2	17	1.7
30	명덕외고	외국어고	서울	강서	14	3	17	1.7
31	상문고	일반고	서울	서초	5	12	17	1.7
32	한성과고	영재학교	서울	서대문	13	4	17	1.7
33	영동고	일반고	서울	강남	8	8	16	1.6
34	세화여고	광역자사고	서울	서초	5	10	15	1.5
34	신성고	일반고	경기	안양	1	14	15	1.5
34	안산동산고	광역자사고	경기	안산	8	7	15	1.5
34	화성고	일반고	경기	화성	1	14	15	1.5
38	고양국제고	국제고	경기	고양	14	0	14	1.4
38	안양외고	외국어고	경기	안양	14	0	14	1.4
38	운정고	일반고	경기	파주	4	10	14	1.4
38	은광여고	일반고	서울	강남	7	7	14	1.4
38	현대고	광역자사고	서울	강남	4	10	14	1.4
43	대건고	광역자사고	대구	달서	5	8	13	1.3

순위	학교	유형	지역	시군구	수시	정시	계	비율
43	대전외고	외국어고	대전	서구	8	5	13	1.3
45	분당중앙고	일반고	경기	성남	1	12	13	1.3
46	세종과고	영재학교	서울	구로	11	2	13	1.3
47	중산고	일반고	서울	강남	2	11	13	1.3

서울대 합격자 고등학교 순위(2023)[4]

위 자료를 통해 확인할 수 있듯이, 대치동 인근 고등학교들은 서울대 합격자 수에서도 압도적인 1위를 기록하고 있다.

지역	학교수	지역	학교수	지역	학교수	지역	학교수
서울	30	**경기**	16	**경북**	2	**울산**	1
강남	10	성남	2	김천	1	동구	1
서초	4	안양	2	포항	1	**인천**	2
강동	2	파주	2	**광주**	1	연수	2
강서	2	화성	2	북구	1	**전북**	1
송파	2	고양	1	**대구**	2	전주	1
양천	2	과천	1	달서	1	**충남**	4
광진	1	분당	1	수성	1	공주	2
구로	1	수원	1	**대전**	2	아산	1
도봉	1	안산	1	서구	1	천안	1
서대문	1	양평	1	유성	1	총계	64
성북	1	오산	1	**부산**	1		
용산	1	용인	1	진구	1		
은평	1	**강원**	1	**세종**	1		
종로	1	횡성	1	세종	1		

자치구 단위로 살펴보면, 강남구 10개, 서초구 4개, 송파구 2개 고등학교가 서울대 합격자를 다수 배출한 것으로 나타난다. 이는 곧 강남3구 전체가 우수한 학군 인프라를 기반으로 교육 성과에서도 높은 경쟁력을 보이고 있

---

4) 서울대는 2023년을 끝으로, 합격자 출신 고등학교를 공개하지 않기로 했다. 이는 고교 서열화를 조장하는 분위기 등 부작용 때문이라고 밝혔다.

다는 증거이다.

정리하면, 출산율 하락이나 학군지에 대한 사회적 오해로 인해 부정적인 인식이 퍼져 있다 하더라도 그런 말들에 쉽게 휘둘려서는 안 된다. 무엇보다 기억해야 할 것은, 언제나 '강남을 향해 나아가야 한다'는 방향성이다. 이 방향성만 흔들리지 않는다면, 시간 차는 있을지언정 결국 누구나 막대한 투자 수익을 거둘 수 있을 것이다.

3. 환경

마지막으로, 세 번째 지표인 '환경'은 아파트 인근에 주거 만족도를 높이는 요소들이 얼마나 잘 갖춰져 있는지를 평가하는 기준이다. 이는 앞서 살펴본 '강남 지역 실거래가 순위' 중 절반에 해당하는 5개 지역이 한강변에 집중되어 있다는 사실만으로도, 환경이라는 요소가 입지 평가에 있어 얼마나 중요한지를 충분히 실감할 수 있을 것이다.

그렇다면, 구체적으로 어떤 요소들을 고려해야 할까? 이를 확인하기 위해 주목해야 할 지역은, 강남 타이틀을 거머쥔 10개 지역 중 유일하게 송파구에 속한 '잠실동'이다. 앞서 2023년도 서울대 합격자 수 기준으로 볼 때, 송파구는 분명 강남이나 서초구에 비해 학군 측면에서 상대적으로 열위에 있는 지역이다. 그러나 잠실동이 강남구와 서초구의 다른 동보다 높은 실거래가를 기록할 수 있었던 것은 바로 '환경' 지표가 다른 곳보다 훨씬 우수했기 때문이다.

잠실동은 한강을 가장 가까이 접하고 있는 대표적인 수변 주거지 중 하나이다. 따라서 대부분의 단지에서 한강 조망이 가능하며, 도보로 한강공원 접근성도 뛰어나다. 이는 강남구나 서초구 내 다수 지역이 한강에서 상대적으로 떨어져 있는 것과 분명한 차이를 보인다.

또한 잠실동을 중심으로 좌우로 코엑스와 롯데월드타워 등과도 접해 있음에 따라 대한민국에서 최고로 상업시설 이용이 편리한 곳이다. 마지막으로 석촌호수와 올림픽공원과 같은 대규모 녹지지역과 인접해 있어, 도심 속에서도 쾌적하고 여유 있는 주거 환경을 누릴 수 있다. 이런 환경이 조망권, 공원 접근성, 자연친화성 등에서 강남구와 서초구 일부 지역보다 우위를 점하는 요소로 작용한 것이다.

강남입성, 구체적으로 어떻게 해야 할까?

이제 본격적으로 앞에서부터 설명한 강남 아파트에 어떻게 들어가면 좋을지 구체적인 전략을 설명하고자 한다. 하지만 그에 앞서 반드시 기억해야 할 것이 있다. 앞으로 설명할 전략은 누구나 적용 가능하지만, 누구나 시도할 수 있는 방법은 아니라는 것이다.

단군신화에 보면, 곰과 호랑이 이야기가 나온다. 100일 동안 어두운 동굴에서 마늘과 쑥만 먹으며 버티는 시험을 통과하면 사람이 될 수 있었지만, 결국 곰만이 이를 해냈다. 부동산 투자도 마찬가지이다. 인플레이션과 함께 자산 가치가 장기적으로 성장하기 때문에, 오랫동안 버티기만 하면 누구나 안정적이고 높은 수익을 얻을 수 있다.

하지만 부동산은 다른 투자에 비해 훨씬 긴 시간과 더 큰 자본이 필요한 분야이다. 따라서 본격적인 투자에 나서기 전에 이 점을 반드시 명심하고, 중간에 흔들리거나 포기하는 일이 없도록 자신의 투자 철학과 인내심을 지속적으로 점검하길 바란다.

한 번에 못 가면 여러 번 시도해서 가면 된다

세단뛰기 순서도

올림픽 육상 종목 중 세단뛰기라는 종목이 있다. 이 종목은 멀리뛰기와 함께 필드 경기에 속하며, 독특한 방식으로 진행된다.

선수는 40m 이상의 도움닫기 구간을 달린 후, 구름판에서 첫 번째 도약(Hop)을 한다. 이때 도약한 발로 착지하고, 이어서 두 번째 도약(Step)을 하여 반대쪽 발로 착지한다. 마지막으로, 세 번째 도약(Jump)을 하여 모래판에 착지한다. 최종 기록은 구름판에서 시작해 세 번째 도약 후 착지한 지점까지의 거리로 측정되며, 이 거리가 가장 먼 선수가 승리하게 된다.

갑자기 세단뛰기를 소개한 이유는, 현재 강남에 진입하기에 가장 현실적이고 효과적인 방법이 바로 '세단뛰기 전략'이기 때문이다. 세단뛰기의 경기 방식처럼, 작은 두 번의 도약(투자)을 통해 추진력을 얻고, 마지막 세 번째 점프에서 꿈에 그리던 강남 입성에 성공하는 전략이 현재로서는 가장 현실적인 방법이다. 초기에는 비교적 진입장벽이 낮은 지역에서 실거주 또는 소형 투자로 시세 차익을 실현하고, 그 수익을 바탕으로 점점 더 상위 입지로 이동해 최종적으로 강남에 도달하는 것이다.

2024년 말 기준으로, 강남권 아파트의 시세는 국민평형(전용 84㎡) 기준으로 대부분 최소 25억 원 이상을 기록하고 있다. 이 중 절반인 12억 5,000만 원을 대출(30년 만기, 연 5.0% 이자, 원리금균등상환)을 받아 매수할 경우, 매월 상환금은 약 671만 원에 달한다. 이는 최소한의 생활비를 고려했을 때, 매월 1,000만 원 이상의 소득이 있어야 겨우 감당 가능한 수준이며, 그마저도 나머지 절반에 해당하는 12억 5,000만 원 이상의 실투자금을 이미 보유한 사람만이 가능한 이야기다.

따라서 현재 강남 아파트 가격을 자력으로 감당할 수 없다면, 세단뛰기 전략처럼 비강남권에서 시세 차익을 실현한 후, 급상승기가 오기 전에 강남권에 진입하는 것이 가장 현실적인 방법일 것이다.

물론 예외는 있다. 만약 청약 가점이 높은 무주택자라면, 일반분양 기회를 통해 강남 아파트에 한 번에 입성할 수도 있다. 그러나 이 역시 청약 가점이 충분히 높은 일부에게만 해당되는 이야기다.

강남입성 전략①
두 번의 징검다리, 이렇게 건너라

내가 제시하는 방법은 비강남 지역의 정비사업 투자 기회를 최소 두 번 활용한 후, 그 과정에서 얻은 시세 차익과 경제적 체질 개선을 통해 축적한 자금을 바탕으로 가장 빠르게 강남에 진입하는 것이다.

다만, 이때 반드시 기억해야 할 점이 있다. 지금은 과거처럼 강한 상승장이 아니기 때문에, 옥석을 가려 투자해야 한다는 것이다. 동시에 투자 과정에서 발생할 수 있는 세금을 최소화하는 전략도 함께 고려해야 한다.

이제부터는 소규모 정비사업(모아타운 등)과 소득세법(앞에서 설명한 대체주택 양도소득세 비과세)에 대해 알아보고, 이를 어떻게 활용할지 구체적으로 살펴보겠다.

정비사업 아파트 옥석 가리기

부동산 가격이 가장 크게 상승하는 시점은, 소외되어 있던 정비사업 구역이 신축 아파트로 탈바꿈했을 때다. 그러나 재개발이나 재건축처럼 규모가 큰 정비사업의 경우, 기회가 쉽게 오지 않는다. 특히 경제위기나 장기적인 하락장이 아닌 이상, 일반 투자자가 진입할 수 있는 가격대가 형성되기 어렵다. 따라서 이런 상황에서는 사업 면적이 비교적 작고 진입장벽이 낮은 소규모 정비사업에 주목할 필요가 있다.

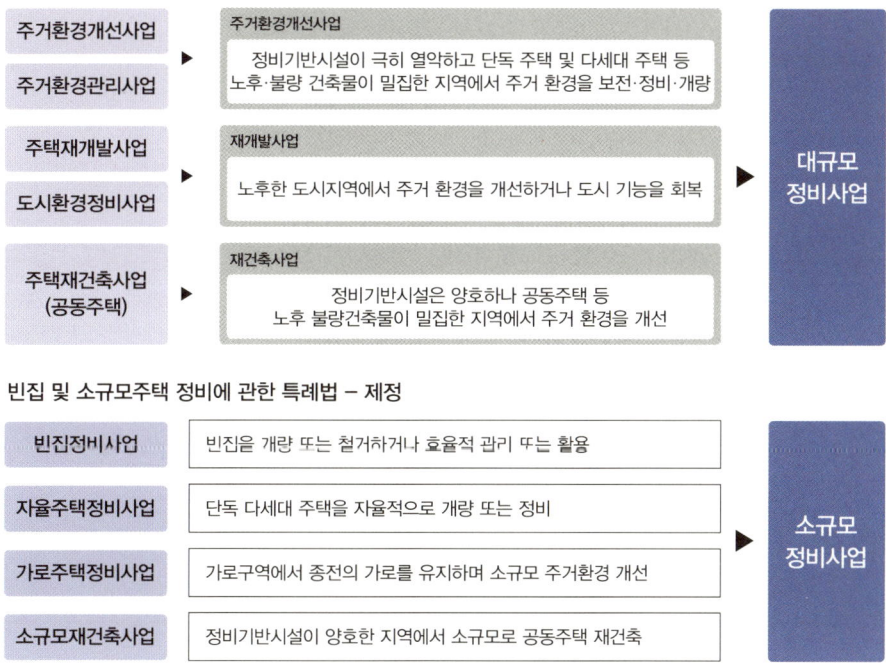

대규모 정비사업과 소규모 정비사업

소규모 정비사업은 위의 자료를 통해 알 수 있듯이, 2018년 이후 관련 법령이 정비되면서 꾸준히 활성화되고 있는 정비사업 방식이다. 다음 페이지에 나오는 자료와 같이 ①자율주택정비사업, ②가로주택정비사업, ③소규모재건축사업, ④소규모재개발사업으로 구성된다.

소규모 정비사업은 대규모 정비사업(재건축·재개발)과 비교했을 때 그 규모가 훨씬 작다. 바로 이 점 때문에, 장기간 하락장이 아니면 좀처럼 기회가 생기지 않는 재건축이나 재개발과 달리, 소규모 정비사업은 꾸준히 관심을 기울이면 비교적 자주 투자 기회를 포착할 수 있는 장점이 있다.

이는 비록 공개적으로 법에서 정한 절차를 충실히 따라 신축 아파트로 공급되는 사업임에도 불구하고, 그 규모가 작아 시장에 널리 알려지지 않고 주목받기 어렵기 때문이다.

구분	자율주택 정비사업	가로주택 정비사업	소규모 재건축사업	소규모 재개발사업('21.9)
개념	• 평균 600㎡ 내외 • 기존 20세대 내외 단독, 다세대, 연립주택을 스스로 개량 또는 건설	• 1만㎡ 미만 • 기존 20세대 이상 종전의 가로를 유지하면서 소규모로 주거 환경 개선	• 1만㎡ 미만 • 200세대 미만 정비기간시설이 양호한 지역에서 소규모로 공동주택을 재건축	• 5,000㎡ 미만 역세권, 준공업지역에서 소규모로 주거 환경 또는 도시 환경 개선
대상지	• [단독] 18호 미만 • [다세대, 연립] 36세대 미만 • [단독 호수/다세대/연립 합산] 36채 미만	• [단독] 10호 이상 • [공동주택] 20세대 이상 • [단독/공동세대수 합산] 20채 이상	• [단독] 대상 아님 • [공동주택] 200세대 미만	• [단독] 주택수 제한 없음 • [공동주택] 주택수 제한 없음
사업면적	제한 없음	1만㎡ 미만 ※ 관리지역 내 민간 시행 2만㎡ 미만, 공공 참여 시행 4만㎡ 미만	1만㎡ 미만	5,000㎡ 미만
동의요건	• 주민협의체: 100% 동의 • 관리 지역: 토지등소유자 8/10 이상 및 토지 면적 2/3 이상 ※ 미동의자 매도 청구	• 토지등소유자의 8/10 이상 및 토지면적 2/3 이상 ① 공동주택: 동별 과반 이상(5세대 미만 제외) ② 단독주택 및 토지: 토지 면적의 1/2 이상(주민합의체토지등소유자 100%) ※ 미동의자 매도 청구	• 전체 구분소유자 3/4 이상 및 토지면적 3/4 이상(주민합의체 토지등소유자 100%) ※ 미동의자 매도 청구	• 토지등소유자의 8/10 이상 및 토지면적 2/3 이상 ※ 미동의자 수용

소규모 정비사업의 종류

또한 내가 소규모 정비사업 투자를 권하는 또 다른 이유는 빠른 사업 진행 속도 때문이다. 재건축이나 재개발처럼 대규모로 진행되는 정비사업은 "사공이 많으면 배가 산으로 간다"는 말처럼, 수백 명에 달하는 조합원으로 인해 비상대책위원회 난립, 내부 갈등 등으로 사업이 순탄하게 진행되기 어렵다.

뿐만 아니라, 정비사업의 각 단계를 검토하는 정부기관 입장에서도, 규모가 클수록 눈치를 봐야 할 이해관계자가 많고, 사업이 지역에 미치는 영향도 커서 조율이 쉽지 않다. 이러한 이유들로 인해 재건축, 재개발은 보통 8~10년 이상의 오랜 시간이 소요되곤 한다. 반면, 소규모 정비사업은 규모가 작기 때문에 사업이 비교적 순조롭게 진행된다. 그 결과, 일반적으로 2~4년 이내에 사업이 마무리되고 신축 아파트로 재탄생할 수 있다.

따라서 강남 입성을 위한 두 번의 징검다리 투자는 대규모 정비사업이 아닌, 소규모 정비사업을 중심으로 구성해야 한다. 그중에서도 사업 면적이 비교적 넓고, 이미 제도적으로 충분히 활성화된 '가로주택정비사업'과 '소규모재건축사업'에 대한 투자를 권하고 싶다.

소규모 정비사업의 진행 단계는 서울시청 홈페이지에 접속한 후 '분야별정보 → 주택공급 → 가로주택정비사업 → 가로주택정비사업 추진현황'을 클

추진 현황 파일을 다운받을 수 있다

릭하면 된다.

다만, 세단뛰기 전략의 핵심은 대체주택 양도소득세 비과세 제도를 활용해 세금을 절감하는 데 있다. 이 제도를 활용하기 위해서는 정비사업의 진행 단계가 관리처분인가 이전이어야 한다. 왜냐하면 관리처분인가가 내려졌다는 것은 조합원 이주 및 철거가 본격적으로 시작된다는 의미이기 때문이다.

이 단계 이후에는 실질적으로 주택의 사용 가치가 사라졌다고 간주되므로, 대체주택 비과세 혜택을 적용받기 어렵다. 따라서 비과세 요건을 충족하기 위해서는 반드시 관리처분인가 전 단계에서 투자해야 한다는 점을 반드시 기억하자.

실전! 첫 번째 투자 대상 찾기

그렇다면, 현재 위 조건을 만족하는 투자 대상은 어디에 있을까? 이것을 확인하기 위해서는 두 가지 앱이 필요하다. 바로 아실(아파트실거래가)과 네이버 부동산이다.

먼저 아실 앱에 접속하여 '지도로 찾기'를 클릭하여 지도로 넘어간 후 오른쪽 하단에 '재재'를 클릭하자. 그러면 구역지도가 나오는데, 여기서 '사업방식'을 눌러 '모아타운, 가로주택, 소규모 재건축'을 선택하자. 그런 후 우측 상단에 '조건변경'을 클릭하고 '매매실거래가'를 선택하여 실거래가 조건을 '4억 원 이하'로 지정하자. 그러면 지도상에 조건에 맞는 아파트가 표시될 것이다.

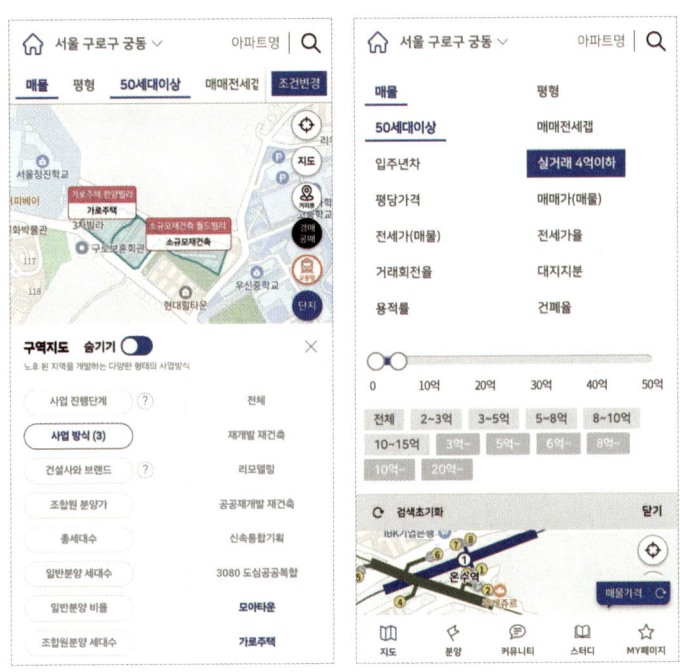

첫 번째 투자 대상 찾기-1

그다음 서울시 내 지하철역 인근 아파트를 확인하면서, 인근에 4억 원 이하 실거래가 많이 발생한 지역을 찾는다. e편한세상온수역아파트 인근이 해당 조건에 부합하는 것을 확인할 수 있을 것이다.

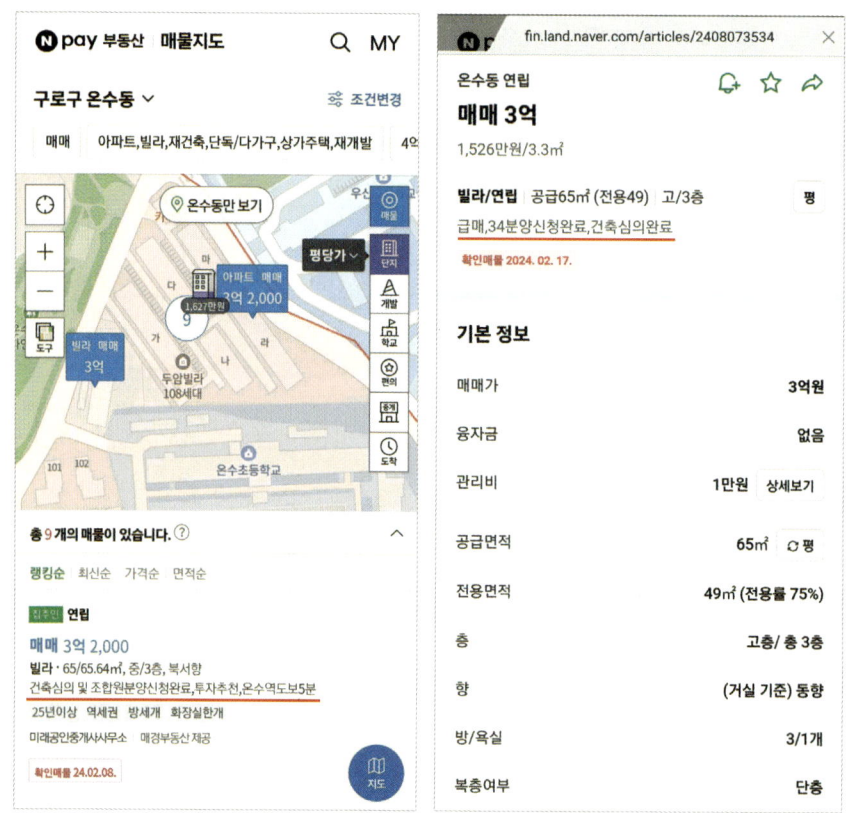

첫 번째 투자 대상 찾기-2

그다음 네이버 부동산 앱을 열어 소규모주택정비사업이 진행되고 있는 곳에 현재 등재된 매물이 존재하는지 확인해본다. 확인해본 결과, 현재 소규모 재건축 방식으로 정비사업이 진행되고 있다는 점과 최근 등재된 내용을 통해 해당 매물의 가격, 기본 정보 및 해당 매물에 대한 공인중개사의 기재 내용 등을 확인할 수 있다.

특히 기재된 내용을 통해 해당 정비사업의 진행 상황을 알 수 있는데, 현재 건축심의 및 조합원 분양 신청까지 완료된 상황이어서 곧 사업시행 계획과 함께 관리처분인가를 받을 가능성이 높다는 것을 알 수 있다. 따라서 해당 아파트를 매수하여 주택 양도소득 비과세 제도를 활용하려면 가능한 빠르게 매수해야 하는 상황임을 알 수 있다.

내가 직접 해당 매물을 등록한 공인중개사와 통화해봤는데 당시 34평형으로 분양 신청이 완료되었으며, 조합원 분양 가격은 4.1억 원, 권리 가격은 3.1억 원으로 매매 가격보다 2,000만 원 저렴한 급매로 확인되었다. 또한 최근 거래 시 일반 주택담보대출이 1.7억 원(무주택자) 정도 나왔다는 답변을 통해 실투자금은 1.2억 원 정도로 예상한다.

또한 추후 신축이 될 경우 인근에 위치한 e편한세상온수역아파트와 비교해 규모는 작으나, 온수초등학교, 우신중·고등학교 및 세종과학고등학교와 인접한 아파트라는 점과 신축 프리미엄 등으로 충분히 비슷한 실거래가를 기록할 것으로 예상된다.

따라서 해당 아파트를 실투자금 1.2억 원으로 매수할 경우 분담금 1억 원을 포함하더라도 2.2억 원을 투자하여 8.3억 원에 해당하는 서울 역세권 신축 아파트를 소유하게 되는 것이다.

구분		금액	비고
1	매매 가격	2.9억 원	2024년 2월 말에 사업시행계획 인가를 신청 예정이며, 2024년 말에 이주 및 착공이 예정된 상황
2	대출 금액	1.7억 원	
3	**실투자금**	**1.2억 원**	
4	권리 가격	3.1억 원	
5	조합원 분양가	4.1억 원	
6	**총 투자금**	**2.2억 원**	
7	신축 가격(예상)	8.35억 원	
8	**투자 수익**(예상)	**6.15억 원**	

실전! 두 번째 투자 대상 찾기

앞서 첫 번째 투자에서 어떤 아파트를 선택해야 하는지 구체적으로 살펴봤다. 사실 두 번째 투자 대상도 기본적으로는 첫 번째 투자와 동일하다. 여전히 기존 소규모 주택정비사업 중에서 사업 면적이 비교적 넓고, 이미 활성화된 가로주택정비사업 또는 소규모 재건축사업이 유력한 투자처가 된다.

다만, 두 번째 투자는 첫 번째 투자와 달리 반드시 주의해야 할 세 가지 핵심 사항이 있다.

첫째, 대체주택 양도소득세 비과세 요건을 충족하기 위해 첫 투자 대상이 '사업시행인가'를 받은 이후 다음 투자 대상을 매수해야 한다. 앞서 세금 관련 내용에서 설명했듯이, 소득세법에서는 일정 요건을 만족할 경우 종전주택과 대체주택 양쪽의 양도소득에 대해 모두 비과세 혜택을 부여한다. 이는 종전주택에서 거주하던 사람이 정비사업 진행으로 인해 주택을 상실하게 되어 어쩔 수 없이 이사를 가야 하는 상황을 고려한 조치이다. 여기서 어쩔 수 없이 이사를 가야 하는 시점의 기준이 바로 '사업시행인가'이다.

둘째, 두 번째 투자 대상의 정비사업 진행 단계가 '관리처분인가' 전이어야 한다. 왜냐하면 종전주택을 더 이상 사용할 수 없게 된 사람이 선택한 대체주택이 이미 멸실 예정인 상태라면, 이는 실거주를 위한 이전이 아니라 투자 목적의 매수로 간주되기 때문이다. 이 경우 제도의 취지에 부합하지 않는다.

다만 앞서 말한 것처럼, 소규모 정비사업은 진행 속도가 매우 빠르다. 특히 사업시행인가와 관리처분인가를 동시에 추진하는 경우도 많기 때문에, 형식상으로는 관리처분인가 전이어야 하지만, 실질적으로는 사업시행인가 전에 매수해야 한다는 점을 반드시 유의하도록 하자.

셋째, 소규모 정비사업의 가장 큰 장점인 빠른 사업 진행이 오히려 자금이 부족한 투자자들에게 단점으로 작용할 수도 있다. 예상보다 빠르게 이주가 시작될 경우, 첫 투자에서 자금을 무리하게 끌어 모아(영끌) 투자한 사람은 두 번째 투자에 필요한 자금을 마련하지 못해 기회를 놓치거나 투자가 지연되는 상황에 직면할 수 있다.

따라서 이를 방지하기 위해 첫 투자 이후에는 반드시 경제적 체질 개선을 통해 종잣돈 마련에 집중해야 한다. 첫 투자가 성공적으로 마무리되었다고 해서 모든 과정이 끝난 것이 아니다. 첫 투자 시 가용 자금을 전부 투입하는 영끌 투자는 지양해야 하며, 다음 단계를 대비할 수 있는 여유 자금을 남겨두는 전략적 접근이 필요하다.

더 구체적으로 말하면, ①첫 투자에서의 시세 차익 실현 시기를 조절해야 하며, ②첫 투자 이후 대출 등 부채 구조를 재조정할 필요가 있고, ③생활 구조의 최소화를 통해 종잣돈을 모아야 한다.

강남입성 전략②
강남을 향해 온 힘을 다해 뛰어라

부동산은 기본적으로 주식이나 코인 등 다른 자산에 비해 거래 금액 자체가 매우 크며, 거래 시 발생하는 취득세와 중개 수수료율 또한 상대적으로 높다. 게다가 거래 금액이 커질수록 적용되는 세율까지 점점 높아지는 구조이기 때문에, 전입과 이탈 모두에 상당한 비용이 수반되는 자산이다.

부동산 취득세 계산기

부동산 중개보수 계산기

따라서 고가 주택의 경우, 취득세만 해도 1억 3,200만 원이고 중개 수수료는 최대 2,800만 원에 달해 평범한 직장인 소득으로는 감당하기 어려운 수준이다. 이처럼 많은 비용이 들기 때문에, 부동산 업계에서는 "첫 집을 어디에 마련했는지가 평생을 좌우한다"는 말이 회자될 정도이다.

만약 이전 단계 투자로 인해 자산이 어느 정도 불어났다면, 이제는 본인 자산을 판단하여 진입할 수 있는 강남 지역을 확인해야 한다. 다음 페이지의 표는 연간 실거래가 순위를 정리한 것이다. 만약 여기서 10위를 기록한 청담동에 위치한 국민평형 아파트를 매수한다고 해도, 평균 21억 3,170만 원 정도가 필요하다.

따라서 이전 단계에서 투자한 소외된 정비사업을 모두 정리하여 무주택자가 된다고 해도 대출 한도 및 취·등록세 등 제반 비용을 고려하면 적어도 50%에 해당하는 10억 6,585만 원 이상의 자산을 가지고 있어야 진입을 고려해볼 수 있을 것이다.

행정구역	순위					
	2019년	2020년	2021년	2022년	2023년	평균
압구정	1위	2위	2위	1위	1위	1.4위
반포동	2위	1위	1위	2위	2위	1.6위
개포동	3위	3위	3위	5위	3위	3.4위
대치동	4위	4위	4위	4위	4위	4.0위
잠원동	5위	5위	5위	3위	5위	4.6위
삼성동	6위	16위	10위	9위	6위	9.4위
잠실동	7위	6위	6위	11위	7위	7.4위
역삼동	9위	8위	12위	7위	8위	8.8위
도곡동	10위	7위	7위	6위	9위	7.8위
청담동	8위	11위	11위	8위	10위	9.6위

연간 실거래가 순위

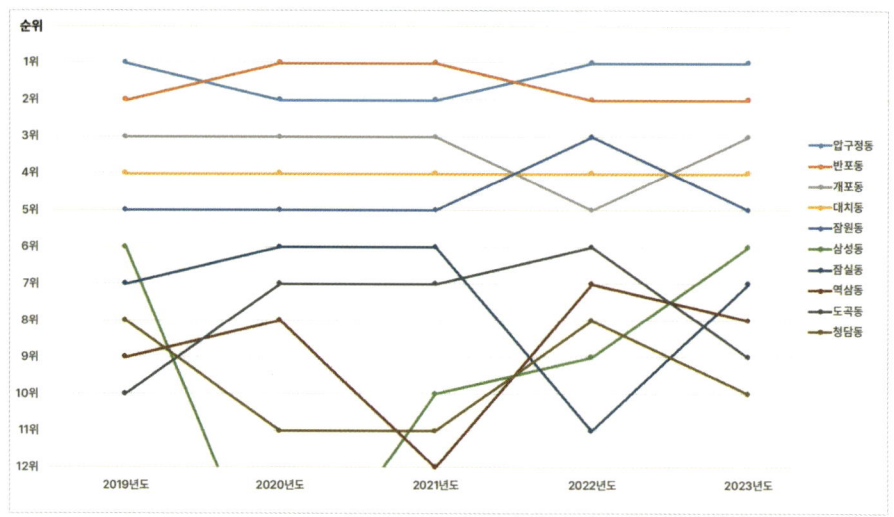

행정구역별 실거래가 순위

위의 자료는 행정구역(읍·면·동)별 직전 5개년 실거래가 순위를 표시한 것이다. 1~5위까지는 연도별로 큰 변화가 없음을 확인할 수 있다. 그러나 6~10위까지의 지역은 도곡동을 제외하면 한 번 이상 10위권 밖으로 밀려난

이력이 있을 정도로, 1~5위까지 지역에 비해 순위 변동 폭이 크다.

따라서 자신의 자금 사정을 충분히 고려하되, 가능하다면 상위 5위권 이내 지역으로 한 번에 진입하는 것을 추천한다. 그만큼 입지의 안정성과 미래 가치가 상대적으로 더 견고하게 유지될 가능성이 높기 때문이다.

(단위 : 만 원)

2015년			2023년			상승률
순위	지역	실거래가	순위	지역	실거래가	
1	압구정	134,090	1	압구정	363,500	271.1%
2	반포동	119,371	2	반포동	300,074	251.4%
3	대치동	104,120	3	개포동	256,145	266.7%
4	잠실동	98,366	4	대치동	251,470	241.5%
5	개포동	96,051	5	잠원동	231,673	274.1%
6	삼성동	93,717	6	삼성동	230,926	246.4%
7	도곡동	90,491	7	잠실동	220,757	224.4%
8	역삼동	87,724	8	역삼동	220,074	250.9%
9	신천동	85,386	9	도곡동	219,379	242.4%
10	잠원동	84,509	10	청담동	213,170	263.5%
11	일원동	83734.03	11	일원동	208,448	248.9%
12	청담동	80887.85	평균			252.9%

잠원동 실거래가 상승률

특히 잠원동의 경우, 2015년도에는 10위를 기록했으나, 가장 높은 상승률 (274.1%)을 보이며 2023년도에는 5위까지 순위가 올랐다. 따라서 잠원동의 순위가 크게 오른 원인을 알 수 있다면, 현재 강남 지역 중 어느 곳을 선택해야 상대적으로 높은 수익률을 거둘 수 있는지 알 수 있을 것이다.

그렇다면, 어떤 이유로 잠원동이 비상하게 되었을까? 그것은 앞에서 배웠던 입지 결정의 세 가지 핵심 지표를 통해 확인할 수 있다.

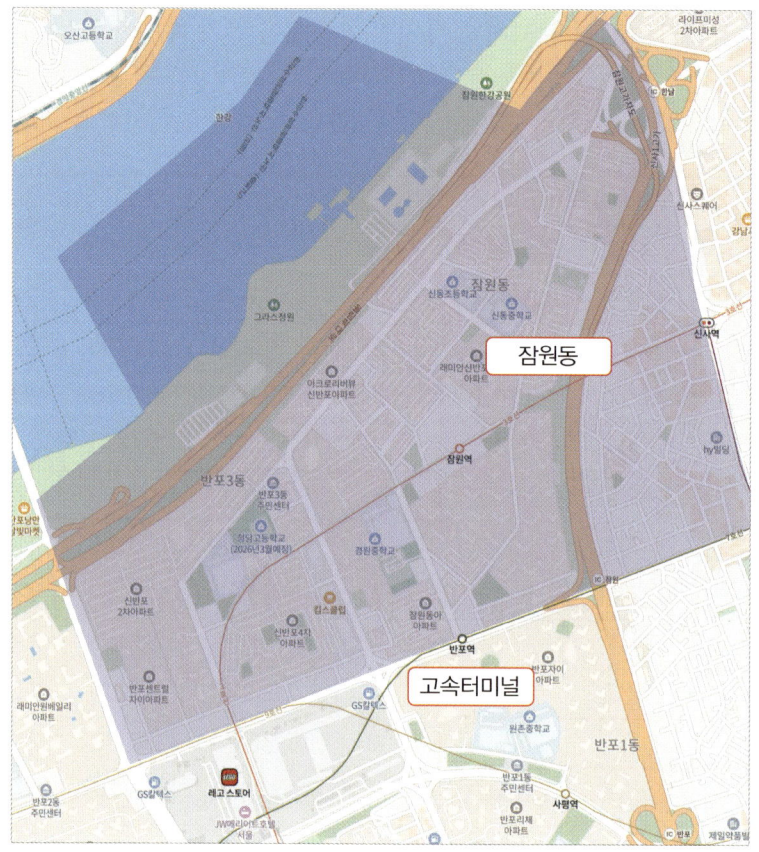

잠원동 입지 분석

먼저 위의 지도를 참고하여 잠원동의 입지를 평가해보자. 직주근접과 환경 지표의 경우, 잠원동은 서울특별시 서초구에 속하면서 한강변과 고속터미널역에 인접해 있어 최상위 입지로 평가할 수 있다.

반면, 학군 측면에서는 다소 아쉬운 점이 있다. 잠원동 내에는 초등학교(반원초, 신동초)와 중학교(경원중, 신동중)는 위치하고 있으나, 고등학교가 존재하지 않는다. 이는 자녀가 고등학교에 진학할 경우, 반드시 다른 지역으로 통학해야 하는 불편함이 발생하는 지역임을 의미한다.

> **청담고 '강남구→서초구 이전' 확정…신반포4지구 기부채납 대체[집슐랭]**
>
> 입력 2023.09.07 10:26:58 수정 2023.09.07 10:45:35 한민구 기자
>
> | 신반포4지구 기부채납시설→학교시설 변경
> | 단독주택 밀집한 안암1구역 425가구 아파트
>
> 서울 강남구 압구정동 소재 청담고등학교의 서초구 잠원동 잠원스포츠파크 부지 이전이 확정됐다.
>
> 7일 서울시는 전날 제13차 도시계획위원회를 열고 이런 내용의 '신반포4지구 주택재건축 정비사업 정비계획 변경안'을 수정 가결했다. 주요 변경 사항은 2017년 정비계획을 결정할 때 추가된 기부채납시설(문화시설)의 일부를 학교시설로 변경해 청담고가 옮겨올 수 있도록 하는 것이다.
>
> 잠원동에는 그동안 고등학교가 없어 원거리 학교로 배정되는 등 학생들이 통학 불편을 겪어왔다. 이에 서초구와 서울시교육청은 2019년부터 청담고 이전을 논의해왔고 지난해 11월 잠원동 잠원스포츠파크 부지를 청담고 이전을 위한 학교 용지로 공급하는 내용의 부지교환 협약을 체결했다.

청담고 이전 관련 기사

그런데 위 기사 내용을 살펴보면, 2017년 신반포4지구 정비계획 결정 당시, 기부채납시설로 문화시설이 반영되면서 해당 지역 내 고등학교 신설에 대한 기대감이 형성되었다.

이후 2019년부터는 청담고의 서초구 이전에 대한 논의가 본격적으로 시작되었고, 학령 인구 감소로 인해 원칙적으로 학교 신설이 어려움에도 불구하고 서초구는 청담고 이전을 오랜 기간 준비해왔다.

그리고 마침내 2023년 9월, 청담고의 서초구 이전이 최종 확정되었으며, 부지는 잠원동 스포츠파크로 결정되었다.

행정 구역	순위					
	2014년	2015년	2016년	2017년	2018년	2019년
잠원동	10위	10위	9위	7위	7위	5위

잠원동 실거래가 변동표

이로 인해, 2014년부터 2019년까지 잠원동의 실거래가 순위는 계속 상승하는 양상을 보여준 것이다. 입지 평가에서 가장 큰 약점이었던 고등학교의 부재 문제가 점차 해결됨에 따라 입지가 재평가된 좋은 사례라고 할 수 있다. 따라서 강남 진입 시 세 가지 지표 중 취약점으로 평가받던 지표가 크게 개선될 지역이 없는지 반드시 확인해야 하고, 그런 지역이 있다면 해당 지역을 선택하기 바란다.

마지막으로, 행정구역까지 선택을 마쳤다면 이제는 해당 지역 내에서 어떤 아파트를 매수할 것인지 결정해야 한다. 다만, 앞서 말했듯 거래 금액이 급격히 커지는 만큼, 높은 취득세와 중개 보수 등 거래 비용이 발생한다는 점을 반드시 고려해야 한다. 그리고 단순히 어떤 아파트든 진입해야 한다는 생각으로 향후 재건축 등 정비사업 가능성이 낮은 소규모 단지의 소형 면적을 매수하는 것은 바람직하지 않다.

만약 같은 지역 내에서 상대적으로 비교 열위에 있는 아파트를 해당 지역에 진입하겠다는 이유만으로 선택한다면, 향후 급상승기가 왔을 때 비교 우위 단지들에 비해 시세 상승 폭이 낮을 수 있다.

따라서 선택한 지역 내에서는 정비사업이 진행 중인 아파트를 매수하는 것이 바람직하다. 이를 통해 현재의 신축 아파트를 직접 매수하는 것보다 훨씬 적은 비용으로 미래의 신축 아파트를 확보할 수 있을 것이다. 특히 조합원 분양 신청 시 넓은 평형을 선택하면, 전용면적 역시 함께 넓힐 수 있어 장기적인 자산 가치 측면에서도 유리한 선택이 될 수 있다.

토지거래허가제와 이를 활용한 투자 전략

'토지거래허가제'란 허가 구역으로 지정된 지역 내에 있는 토지에 대해 소유권이나 지상권을 이전하거나 설정하는 계약을 체결하려는 경우, 해당 계약 당사자들이 공동으로 시장, 군수 또는 구청장의 허가를 받아야 하는 제도이다. 이는 토지의 투기적 거래를 억제하고, 공익적 목적에 맞게 토지가 이용되도록 관리하기 위한 장치로서 기능한다.

즉, 해당 구역의 토지는 일정한 법적 요건을 충족하는 경우에만 정부의 허가를 받아 거래할 수 있으며, 허가 없이는 계약 자체가 효력이 발생하지 않는다. 이로 인해 부동산 시장에서는 일정한 제한이 생기게 되며, 거래의 자유가 부분적으로 제한된다.

이 제도가 적용될 경우, 매도인은 자가 주거를 목적으로 하는 매수인에게만 토지를 매도할 수 있으며, 매수인 또한 특별한 사유가 없는 한 일정 기간 해당 토지를 정해진 용도대로 이용해야 하는 의무를 지게 된다. 주거용의 경우 최소 2년간 실제 거주해야 하며, 그 기간 동안 다른 곳으로 이사하거나 용도를 변경하는 것은 제한된다. 이러한 규정은 토지의 투기적 사용을 막고 실수요자 중심의 거래를 유도하기 위한 것이다.

뿐만 아니라, 허가를 받기 위해서는 관할 지자체에 허가신청서, 토지이용계획서, 토지취득자금 조달계획서 등 여러 서류를 작성해 제출해야 하며, 신청을 받은 날로부터 최대 15일 이내에 허가 여부가 결정된다. 따라서 허가 절차 자체도 시간과 정성이 필요한 과정이며, 매수자와 매도자 모두에게 상당한 부담이 될 수밖에 없다.

결과적으로, 해당 구역으로 지정되면 거래 절차가 까다로워지고 부담이 커지기 때문에, 일반적으로 거래량이 급감하는 현상이 나타난다. 이러한 이유로 많은 사람이 토지거래허가제도가 개인의 재산권을 과도하게 침해하는 위헌적인 제도라고 주장하기도 한다.

> 토지거래허가제는 토지의 처분을 전면적으로 금지하는 것이 아니라 특정 지역에 한해서 일정한 기간을 정하여 정상거래가 아닌 투기적 거래 등일 경우에만 제한하는 것이고, 또한 구제절차로서 토지소유자에게 불허가처분에 대한 이의신청권과 토지매수청구권을 부여하고 있으므로 사유재산권의 본질적인 내용을 침해하는 것이라 할 수 없다.
>
> 헌재 1989. 12. 22. 88헌가1

> 토지허가거래제는 사유재산제도나 사적자치원칙의 부정이 아니라 헌법의 명문(제122조)에 의거한 재산권 제한의 한 형태이고 토지의 투기적 거래를 억제하기 위하여 이 법이 정한 방법과 내용에 따라 그 처분을 일정한 범위 내에서 제한함은 부득이하고도 적절한 것이므로, 그것이 재산권의 본질적 내용을 침해한다거나 과잉금지의 원칙에 위배된다고 할 수 없고 또 헌법상

의 경제질서의 기본원칙에 위배되지도 아니한다 하여 합헌임을 선언하였는 바, 지금도 이와 달리 볼 만한 사정 변경이나 견해의 변경은 없다.

헌재 1997. 6. 26, 92헌바5

그러나 토지거래허가제도는 이미 헌법재판소로부터 합헌 결정을 받은 바 있으며, 현재까지도 법적으로 유효한 제도로 자리잡고 있다. 따라서 해당 제도는 우리가 앞으로도 부동산 투자를 함에 있어서 계속 유지될 가능성이 높은 제도이므로, "피할 수 없으면 즐겨라"는 말처럼 구체적인 내용을 숙지하고, 이를 본인의 부동산 투자에 어떻게 활용할지 고민해봐야 할 것이다.

토지거래허가제도 파헤치기

서울시의 토지거래허가제도 정보를 확인하기 위해서는 '서울 부동산 정보

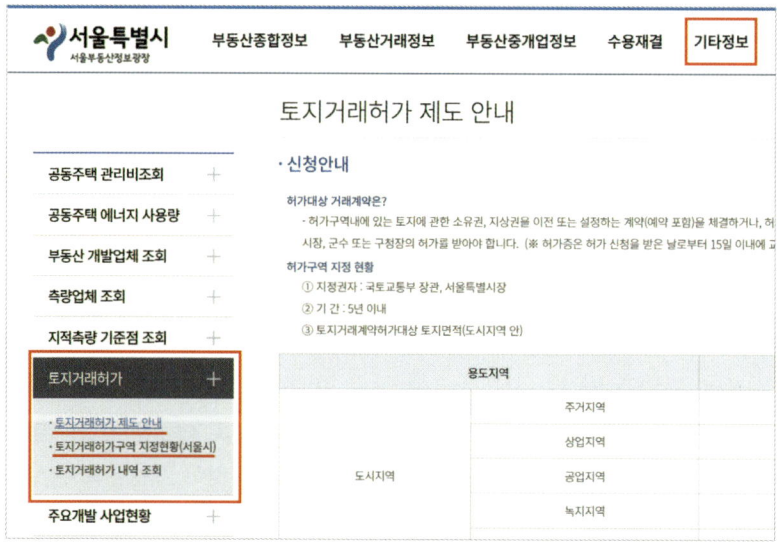

'서울 부동산 정보 광장' 사이트 화면

광장' 안의 토지거래허가제도 안내 화면(land.seoul.go.kr)에 접속해야 한다.

그러면 왼쪽과 같은 화면이 나오는데, 화면의 붉은색 박스를 보면, '토지거래허가제도 안내'와 '토지거래허가구역 지정 현황(서울시)'을 선택할 수 있다.

1. 토지거래허가제도 안내

허가 대상 거래 계약은 '허가 구역 내에 있는 토지에 관한 소유권 또는 지상권을 이전하거나 설정하는 계약(예약을 포함)'으로 명시되어 있으며, 이는 해당 지역 내에서의 토지 거래가 자유롭게 이루어지지 않고, 반드시 사전에 허가를 받아야 함을 의미한다.

허가 구역을 지정할 수 있는 권한은 국토교통부 장관과 서울특별시장에게 있으며, 이들은 부동산 시장의 과열이나 투기 우려가 있는 지역을 대상으로 허가 구역을 설정할 수 있다. 지정된 허가 구역의 유효 기간은 최대 5년 이내이며, 필요에 따라 연장하거나 재지정될 수 있다.

또한 주거 지역의 경우, 거래 대상 토지 면적이 $60m^2$를 초과할 경우 토지 거래계약 허가의 대상이 되며, 이는 일정 규모 이상의 토지 거래에 대해서는 실수요 여부와 자금 조달 계획 등을 확인해 투기 목적의 거래를 차단하기 위함이다. 이처럼 허가 구역 내에서는 면적, 용도, 위치에 따라 거래 시 허가 여부가 결정되므로, 사전에 정확한 기준을 숙지하는 것이 중요하다.

그런데 주거 지역의 토지거래허가 대상 면적인 $60m^2$는 실제로는 상당히 큰 면적이며, 이는 일반적인 아파트의 경우 공급 면적 약 50평(용적률 270% 수준) 이상일 때 해당되는 수준이다. 다시 말해, 통상적인 아파트 단위의 거래는 이 기준에 해당하지 않아 허가 대상에서 제외될 수 있다.

서울특별시 공고 제2024 - 1781호

토지거래허가구역 재지정 공고

「부동산 거래신고 등에 관한 법률」 제10조에 따라 지정한 토지거래허가구역 (서울특별시공고 제2023-3231호)을 다음과 같이 재지정합니다.

2024년 6월 13일
서 울 특 별 시 장

1. 지정지역 : 서울특별시 강남구, 송파구 일원 14.4㎢

대상지역			면적(㎢)	지정대상	비고
서울특별시	합계		14.4	아파트 용도 지정	
	강남구	청담동, 삼성동, 대치동	9.2		
	송파구	잠실동	5.2		

※ 건축법시행령 별표1(용도별 건축물의 종류) 제2호가목인 경우로 한정

2. 지정기간 : 2024년 6월 23일부터 2025년 6월 22일까지

3. 토지거래계약에 관한 허가를 받아야 하는 면적

용도지역		면적
도시지역	주거지역	6㎡ 초과
	상업지역	15㎡ 초과
	공업지역	15㎡ 초과
	녹지지역	20㎡ 초과
	용도지역의 지정이 없는 곳	6㎡ 초과

4. 지형도 및 세부 필지조서 별첨

  * 토지이음(http://eum.go.kr) 및 각 자치구 홈페이지 참조

주거 지역의 허가 대상 면적이 변경되었다

그러나 서울시는 '부동산 거래신고 등에 관한 법률 시행령' 제10조 제3항에 명시된 표 하단의 문구, 즉 "거래 실태 등을 고려하여 해당 기준 면적의 10% 이상 300% 이하의 범위에서 따로 정하여 공고할 수 있음"을 근거로 하여, 실제 허가 면적 기준을 대폭 축소해 적용하고 있다.

이러한 사실은 서울시에서 지난 2024년 6월 13일에 공고한 내용을 통해 명확히 확인할 수 있으며, 해당 공고문에서는 주거 지역의 허가 대상 면적을 60㎡ 초과가 아닌 6㎡ 초과(기준 면적의 10%)로 명시하여 적용하고 있음을 알 수 있다.

결국, 서울시에서는 법령상 허용된 재량 범위 내에서 기준 면적을 현실적으로 조정하여 보다 넓은 범위의 거래에 대해 허가제를 적용하고 있는 셈이며, 이에 따라 실수요 목적의 아파트 거래조차도 토지 거래 허가의 대상이 되는 사례가 늘어나고 있는 상황이다.

다음으로 구체적인 허가 대상과 절차에 대해서 확인해보자. 토지거래허가제도의 허가 대상은 크게 두 가지로 요약된다.

첫째, 허가 구역 안에 있는 토지에 관한 소유권이나 지상권을 이전하거나 설정하는 계약을 체결하고자 하는 경우로, 여기에는 예약 계약도 포함된다.

둘째, 구체적인 허가 대상 거래의 유형 중 하나로, '자기주거용 택지 구입'이 명시되어 있어 실수요자의 주거 목적 매입 또한 허가 대상이 될 수 있음을 보여준다.

허가 절차는 거래 당사자인 매도인과 매수인이 공동으로 신청해야 하며, 이때 필요한 서류는 다음과 같다.

- 허가신청서: '부동산 거래신고 등에 관한 법률' 시행규칙 별지 제9호 서식에 따라 작성해야 한다.
- 토지이용계획서: 이는 토지의 종류에 따라 내용이 다르게 요구된다. 예를 들어, 농지의 경우 '농업경영계획서'를, 임야의 경우 '산림경영계획서'를 제출해야 하며, 각각 '농지법' 시행규칙 서식 제4호와 '토지거래업무처리규정' 별지 제1호에 따른다.

- 토지취득자금의 조달계획서: '부동산 거래신고 등에 관한 법률' 시행규칙 별지 제10호 서식에 따른다.

이처럼 토지거래허가를 받기 위해서는 다양한 서류를 법정 양식에 맞춰 준비해야 하며, 거래 당사자 모두의 협력이 필수적이기 때문에 행정적 부담도 상당한 편이다.

신청인이 관련 서류를 작성하여 제출하면, 관할 시장이나 구청장 등은 제출된 서류를 검토한 후, 관련 부서 또는 기관과의 업무 협의 및 현장 조사를 실시하게 된다. 이 과정을 통해 실제 토지 이용 목적이 적정한지, 자금 조달 계획이 합리적인지, 해당 토지가 허가 대상 요건에 부합하는지를 종합적으로 판단하게 된다.

이러한 절차를 거친 뒤, 허가권자는 허가 여부를 결정하고, 그 결과에 따라 허가증을 교부하거나 불허가 처분 통지를 하게 된다. 일반적으로 허가증은 허가 신청을 접수한 날로부터 15일 이내에 교부되며, 만약 불허가 처분이 내려질 경우 신청인은 1개월 이내에 이의 신청을 제기할 수 있는 권리를 가진다.

이처럼 토지거래허가 절차는 단순한 신청 접수에 그치지 않고, 실질적인 용도 검토와 제반 요건의 충족 여부를 판단하는 행정 절차가 수반되며, 일정 기간이 소요되는 만큼 거래 일정에도 영향을 줄 수 있다. 따라서 토지거래허가구역 내에서의 거래를 계획하는 경우에는 사전에 관련 절차와 소요 시간을 충분히 고려해야 한다.

다음으로 확인해야 할 중요한 사항은 토지이용 의무기간과 이에 따른 벌칙이다. 앞서 살펴본 것처럼, 토지거래허가구역 내 아파트는 자가 주거용에 한해서만 허가를 받을 수 있으며, 최소 2년 이상의 토지이용 의무기간이 설정되어 있다. 이 기간 동안에는 해당 부동산을 허가받은 목적대로 실제 이용해야 하며, 자의적인 전매나 용도 변경은 제한된다.

만약 허가를 받지 않고 토지거래허가구역 내 아파트를 매수한 경우 혹은 허가를 받은 이후에도 해당 토지를 허가받은 목적대로 이용하지 않은 경우에는 벌칙 및 이행강제금이 부과된다. 이는 단순한 행정상 제재를 넘어 형사처벌까지도 포함되는 엄격한 조치이다.

특히 주의해야 할 점은, ①허가 또는 변경 허가를 받지 않고 계약을 체결한 경우, ②사위(詐僞) 또는 부정한 방법으로 허가를 받은 경우에는 2년 이하의 징역형 또는 2,000만 원 이하의 벌금형에 처해질 수 있다. 따라서 토지거래허가구역 내 거래를 진행할 때에는 모든 절차를 정당하게 진행하고, 목적에 맞는 이용을 철저히 지켜야 한다.

2. 토지거래허가구역 지정 현황(서울시)

그렇다면, 현재 서울시 내 토지거래허가구역 지정 현황은 어떨까? 이는 앞서 안내한 '서울 부동산 정보 광장' 홈페이지에 나와 있는 '토지거래허가구역 지정 현황'을 통해 확인할 수 있다.

토지거래허가제도를 활용한 투자 전략은?

1. 신축 및 구축 아파트 투자

먼저 신축 및 구축 아파트(재건축·재개발 제외)에 투자할 경우의 전략을 살펴보기 위해서는, 토지거래허가구역 지정이 실제 시장에 미치는 영향을 이해하는 것이 선행되어야 한다. 특히 토지거래허가구역으로 지정된 아파트와 그렇지 않은 아파트 간의 지정 전후 가격 및 거래량 변화를 비교 분석함으로써, 제도의 실질적인 효과를 파악할 수 있다.

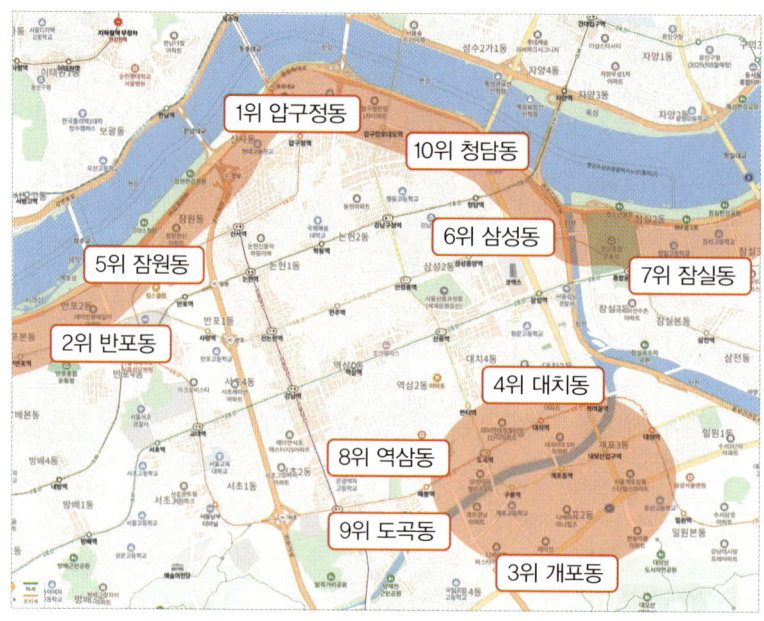

강남 지역 실거래가 순위

이를 위해 앞서 살펴본 자료인 '2023년도 실거래가 기준 상위 10개 지역' 중에서, 토지거래허가구역 지정 효과를 명확히 확인할 수 있는 대표적인 두 개 아파트 단지를 선정하여, 각각의 지정 여부에 따른 가격 및 거래량의 변동을 분석해보겠다.

대표 단지 선정을 위한 지역별 상황을 간략히 살펴보면, 우선 압구정동의 경우 해당 동 전체가 재건축 사업이 활발히 진행 중인 지역으로, 재건축이라는 별도의 변수로 인해 가격과 거래량에 영향을 줄 수 있으므로 비교 대상으로서 일정 부분 유의점이 존재한다.

반면, 대치동 일대는 뛰어난 학군지라는 특수성으로 인해, 토지거래허가구역 지정 효과를 객관적으로 분리해 확인하기 어렵다는 한계가 있다. 따라서 이 두 지역은 이번 분석에서 제외하는 것이 적절해보인다.

이처럼 분석 대상 아파트 단지는 단순한 거래량 상위가 아니라, 토지거래허가구역 지정 여부가 시장에 미친 영향을 직접적으로 추적할 수 있는 대표성 있는 사례를 중심으로 선별하려고 한다.

그렇다면 이제 남은 곳은 반포동(2위), 잠원동(5위), 삼성동(6위), 잠실동(7위), 청담동(10위)인데, 먼저 이곳들을 다음과 같이 구분할 수 있다.

- 토지거래허가구역으로 지정되지 않은 지역: 반포동, 잠원동
- 토지거래허가구역으로 지정된 지역: 삼성동, 잠실동, 청담동

다음으로, 이 두 지역의 신축 및 구축 아파트 중에서 연식이 비슷하면서도 세대수가 많은 아파트 단지 각각 한 곳을 선택해 토지거래허가구역 지정 전과 후의 가격 및 거래량 변화를 비교해보겠다.

토지거래허가구역으로 지정되지 않은 지역의 아파트 중 세대수가 가장 많은 곳은 서초구 반포동에 위치한 반포자이(3,410세대)이며, 토지거래허가구역으로 지정된 지역의 아파트 중 세대수가 가장 많은 곳은 송파구 잠실동에 위치한 잠실엘스(5,678세대)이다.

해당 단지들의 연식을 비교해보면, 서초구 반포자이의 사용승인일은 2009년 3월 13일, 송파구 잠실엘스의 사용승인일은 2008년 9월 30일로, 양 단지 간 사용승인일에 큰 차이가 없기 때문에 토지거래허가구역 지정 효과를 비교하기에 적합한 사례로 판단된다.

따라서 두 단지의 토지거래허가구역 지정 전과 후의 가격 및 거래량 변화를 확인해보면, 토지거래허가제도의 실제 효과를 객관적으로 분석할 수 있을 것이다.

그렇다면, 어느 시점을 기준으로 삼아 비교하는 것이 적절할까? 바로 2020년 6월 23일, 송파구 잠실동이 '잠삼대청'(잠실·삼성·대치·청담동)이라는 별칭으로 불리며 강남권의 대표 토지거래허가구역으로 지정된 시점을 기준으로 삼는 것이 타당할 것이다.

(단위 : 만 원, 건)

구분	반포자이 (3,410세대)		잠실엘스 (5,678세대)	
	가격(연평균)	거래량	가격(연평균)	거래량
2016	149,038	69	105,304	242
2017	168,881	96	126,829	216
2018	217,368	38	161,397	105
2019	236,629	70	178,342	182
2020	266,090	54	210,597	108
2021	302,483	29	243,731	26
2022	365,444	9	213,955	33
2023	318,276	33	221,177	74
2024	354,520	51	246,832	88

반포자이 vs 잠실엘스, 실거래가 비교

이에 따라 두 아파트(전용 84㎡)의 해당일 전(2016년 1월 1일부터 2020년 6월 22일까지) 가격 및 거래량과 해당일 이후(2020년 6월 23일부터 2024년 12월 31일까지) 가격 및 거래량을 국토교통부 실거래가 공개시스템을 통해 확인해보면 위와 같은 결과가 나온다.

위의 자료를 분석해보면, 먼저 잠실동이 토지거래허가구역으로 지정되기 전, 즉 2016년부터 2019년까지 두 아파트(전용 84㎡)의 가격 차이가 평균적으로 약 5억 원 내외로 나타났으며, 거래량에 있어서도 잠실엘스의 거래량이 반포자이보다 평균 약 2.78배 더 많았던 것으로 확인된다.

(단위 : 만 원)

구분	2020	2021	2022	2023	2024
가격 차이	55,493	58,752	151,489	97,099	107,688

토지거래허가구역 지정 후 실거래가

그러나 2020년 6월 23일 잠실동이 포함된 '잠삼대청'이 토지거래허가구역으로 지정된 이후, 특히 2022년에는 두 아파트 간 가격 차이가 15억 원 이상으로 급격히 벌어졌으며, 2023년과 2024년에도 각각 9.7억 원, 10.7억 원의 가격 차이가 유지되고 있는 것으로 나타난다.

(단위 : 만 원, 건)

구분 (2020년도)	반포자이(3,410세대)		잠실엘스(5,678세대)	
	가격(연평균)	거래량	가격(연평균)	거래량
6.23 전	256,469	16	198,840	91
6.23 이후	275,711	38	222,353	17
계	266,090	54	210,597	108

6.23 전후 실거래가 비교

다음으로, 위의 자료 중 2020년도 데이터를 6월 23일을 기준으로, 그 이전과 이후로 구분해 분석한 결과는 다음과 같다. 2020년 6월 23일 이전과 이후의 거래량 변화를 비교해보면, 반포자이는 지정일 이후 거래량이 확연히 증가한 반면, 잠실엘스는 큰 폭의 감소세를 보인 것으로 나타난다.

또한 2021년도 거래량을 확인해보면, 잠실엘스의 연간 거래량은 26건, 반포자이는 29건으로, 잠실엘스가 오히려 적은 거래량을 기록하고 있다. 이것은 단순한 숫자 비교 이상의 의미가 있는데, 잠실엘스가 총 5,678세대로 반포자이(3,410세대)보다 세대수가 훨씬 많음에도 불구하고, 실제 거래량이 적었다는 점에서 거래 위축 현상이 뚜렷하게 나타났기 때문이다.

특히 이는 2019년 이전까지 잠실엘스의 거래량이 반포자이보다 평균적으로 약 2.78배 많았던 점을 감안하면, 토지거래허가구역 지정 이후 거래 심리가 급속히 위축되었음을 방증하는 결과라고 볼 수 있다.

결과적으로, 토지거래허가구역으로 지정되면 앞에서 설명한 여러 요인으로 인해 거래량이 급격하게 감소하게 됨을 알 수 있다. 또한 '풍선 효과'로 인해 토지거래허가구역으로 지정되지 않은 인근 지역으로 수요가 집중되면서 해당 지역의 집값이 급격하게 상승하는 현상도 확인할 수 있다. 이는 자가 주거 목적이 아닌, 이른바 갭투자 수요가 규제를 피하기 위해 인근 지역으로 몰리는 현상으로 해석할 수 있으며, 정부의 규제 의도와는 다른 결과를 초래하는 부분이다.

따라서 재건축·재개발이 아닌 신축 및 구축 아파트에 투자할 경우, 특정 지역이 토지거래허가구역으로 지정되는 시점에 해당 지역 인근이면서도 상대적으로 입지가 우수한 지역의 매물을 선제적으로 매수한다면, 풍선 효과를 활용하여 단기간 내에 높은 투자 수익을 기대할 수 있을 것이다.

다만, 토지거래허가제도 역시 정부의 부동산 시장 안정화 정책 중 하나이며, 향후 시장 상황에 따라 지정 범위가 확대되거나 더 고강도 규제가 추가될 가능성도 존재한다. 그러니 정책 리스크에 대한 경계 또한 필요하다는 점도 명심하자.

2. 재건축 및 재개발 투자

앞서 설명했듯이, 현재 서울시 내에서 진행 중인 대부분의 재건축 및 재개발 사업은 토지거래허가구역으로 지정된 상태이다. 이는 앞서 살펴본 '토지거래허가구역 지정 현황'을 통해서도 확인할 수 있다.

특히 서울의 재개발·재건축 사업은 전국 부동산 시장에 막대한 파급력을 미치는 핵심 변수이기 때문에, 이러한 규제 상황은 아주 특별한 사유가 없는 한 앞으로도 장기간 유지될 가능성이 높다. 따라서 재건축·재개발 투자에 관심이 있다면, 반드시 다음의 사항을 사전에 충분히 고려한 뒤 투자에 접근해야 한다.

첫째, 오직 자가 주거 목적으로만 매수가 가능하다는 점

둘째, 2년의 토지이용 의무기간이 존재한다는 점

앞서 살펴보았듯이, 토지거래허가구역 안의 부동산을 실거주 목적이 아님에도 불구하고 매수할 경우, 허가 자체가 반려되거나 계약금 손실, 더 나아가 2년 이하의 징역형이나 벌금형 등 형사 처벌을 받을 수 있다.

이러한 점들을 모두 고려했을 때, 결론은 앞에서 설명한 강남입성 전략과 동일하다. 즉, 가용한 모든 자금을 총동원하여 입지 조건이 가장 우수한 재건축 및 재개발 물건에 투자하는 것이다. 따라서 자금 여력과 실거주 요건 충족 여부 그리고 장기 보유 의지를 바탕으로 철저히 계획된 접근이 필요하다.

투자 insight 팔지 않는 사람이 결국 부자가 된다

"낮말은 새가 듣고, 밤말은 쥐가 듣는다"는 속담처럼, 부동산 투자에 대해 주변 사람들에게 상담을 해주다 보니, 어느새 회사 안에서도 소문이 나게 되었다. 그로 인해 직원들과 함께 점심을 먹을 때면, 종종 "지금이라도 투자를 시작해야 할까요?"라는 질문을 받게 된다. 그럴 때마다 내가 항상 하는 대답은 같다.

"본격적인 투자는 반드시 부동산부터 시작해야 한다."

사실 주위를 둘러보면, 대부분의 사람이 일정 규모 이상의 종잣돈을 모으기 전부터 주식, 코인 등 소액 투자부터 시작하는 경우가 많다. 여기에는 여러 가지 이유가 있겠지만, 무엇보다도 거래 자체가 간편하기 때문일 것이다.

그러나 주식과 코인처럼 거래가 쉬운 투자에서는, 내가 투자한 자산의 가격이 충분히 상승해 더 높은 수준에서 시장이 형성될 때까지 참고 기다리는 것이 결코 쉬운 일이 아니다. 언제 어디서든 거래가 가능하기 때문에, 가격이 조금만 올라도 수익을 확정하고 싶어지는 것이 사람의 심리이기 때문이다. 반대로 가격이 조금만 하락해도 더 큰 손실이 두려워 매도하게 된다. 결국, 이러한 거래의 반복은 중개 서비스를 제공하는 회사의 수익만 키워주게 된다.

반면, 부동산은 적게는 수천만 원에서 많게는 억 단위로 시세가 변동하지만, 주식이나 코인처럼 쉽게 거래할 수는 없다. 특히 실거주를 겸하고 있는 경우에는 더욱 거래가 어려울 것이다. 그리고 이런 점이 우리 주변에 주식이나 코인으로 부자가 된 사람보다 부동산으로 부자가 된 사람이 더 많은 핵심적인 이유일 것이다.

거의 모든 투자 분야에서 회자되는 명언들은 한 가지 공통점이 존재한다. 바로 팔지 않고 버텨야 큰돈을 번다는 점이다. 운전을 해본 분들은 이 상황을 더 쉽게 이해할 수 있을 것이다. 이는 마치 신호등이 빨간불에서 파란불로 바뀌었더라도, 앞에 다른 차들이 있다면 그 차들이 순차적으로 출발할 때까지 대기해야 하는 상황과 같다.

앞에서도 이미 말했듯이, 부동산 투자는 인플레이션을 통해 수익을 얻는 대표적인 투자 분야이다. 1998년 IMF 구제금융 사태나 2008년 미국발 금융위기와 같은 큰 충격에도, 부동산 하락기가 4년 이상 지속된 적은 없었다. 그만큼 부동산은 장기적으로 매우 안전한 투자처라고 할 수 있다.

따라서 가장 좋은 투자는, 좋은 부동산을 산 후 일시적 하락이 있더라도 끝까지 버티다가 내 차례가 왔을 때 큰 시세 차익을 얻는 것이다. "부자는 팔지 않았기 때문에, 부자가 될 수 있었다"는 말을 반드시 기억하도록 하자.

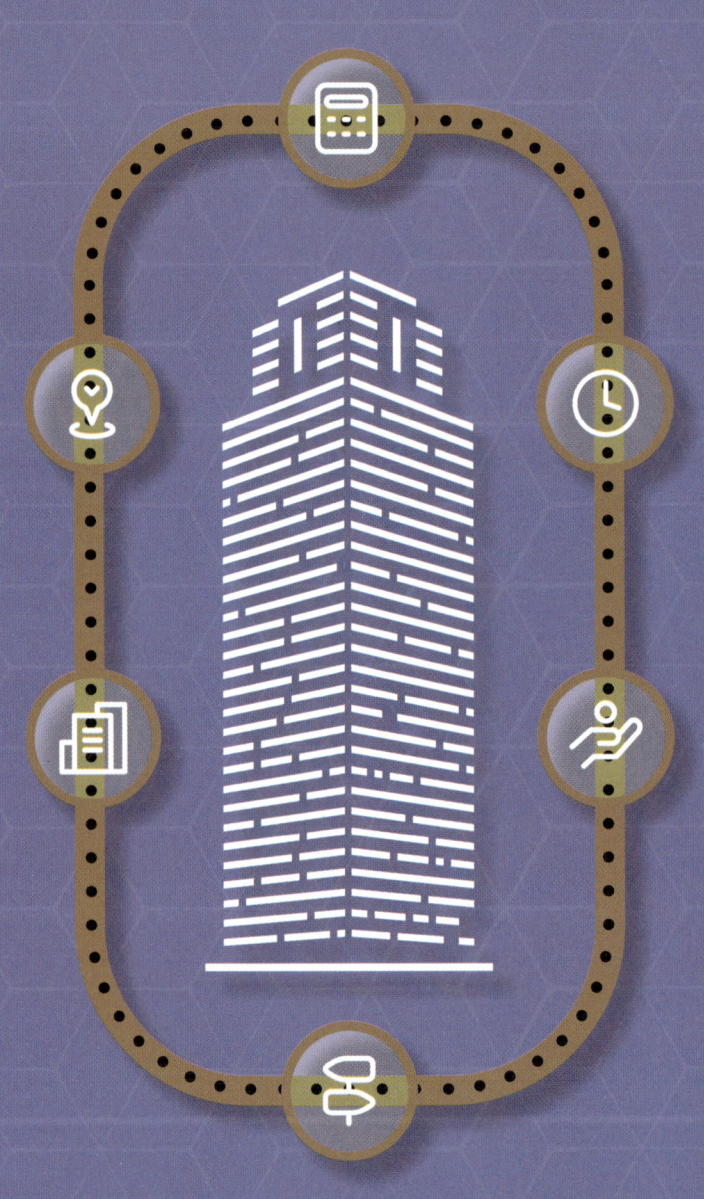

Part 7

1,800만 원으로 이룬 60억 원의 기적

결국 중요한 건
용기 그리고 방향성

강동구에 위치한 '올림픽파크포레온' 아파트를 알고 있는가? 해당 아파트는 과거 둔촌주공아파트를 재건축한 단지로, 총 12,032세대, 대지면적 46만㎡에 달하는, 현존하는 대한민국 최대 규모의 아파트 단지이다. 2022년 12월 5일 특별공급을 시작으로 일반분양 일정이 시작되었으며, 중도금 대출, 전매 제한, 실거주 의무 등 다양한 규제를 둘러싸고 많은 논란이 있었던 단지이다.

부엌뷰 논란(출처: ChatGPT)

그런데 올림픽파크포레온아파트를 떠올릴 때, 나에게 가장 강하게 남은 기억은 바로 부엌뷰 또는 주방뷰 논란이었다. 설계도상으로 84㎡ E주택형과 59㎡ C주택형의 경우 부엌 창문에서 맞은편 가구의 부엌 창문까지 간격이 1.8m에 불과했는데, 이 점을 과하다 싶을 정도로 강조하며 부엌뷰 또는 주방뷰 논란 등의 제목으로 대대적으로 보도했었다.

그리고 이는 당시 하락장을 겪고 있던 부동산 시장 상황과 맞물리면서, 올림픽파크포레온이 저렴한 분양가, 우수한 입지, 대단지 프리미엄, 초품아(초등학교를 품은 아파트) 등의 장점을 지니고 있었음에도 불구하고, 청약 결과는 평균 경쟁률 3.7 대 1이라는 저조한 수치에 그치게 만들었다.

특히 부엌뷰 논란이 있었던 84㎡ E형의 경우 2.69 대 1로 당시 서울 평균 경쟁률인 26.4 대 1과 비교해보면 정말 터무니없을 정도로 낮은 경쟁률을 기록했다. 무엇보다도 올림픽파크포레온의 일반분양 가격이 전용 59㎡의 경우 10억 원 정도, 84㎡의 경우는 13억 원 정도였는데, 이는 당시 인근 대단지 아파트의 동일 면적과 비교해도 최소 4억 원 이상 저렴한 가격이었다.

무주택자에게는 천재일우의 기회였지만, 당시 언론 등 분위기에 휩쓸려 청약을 포기한 사람이 많았다. 그 결과는 어떻게 됐을까? 2025년 5월 기준, 실거래가(최고가)를 확인해보면 전용 59㎡의 경우 22억 3,000만원, 84㎡의 경우 27억 5,000만 원을 기록하고 있다. 따라서 분위기에 휘둘리지 않고 용기를 내 청약을 신청한 사람들은 전용 59㎡의 경우 최고 12억 3,000만 원, 84㎡의 경우 최고 14억 5,000만 원이란 막대한 시세 차익을 거두게 된 것이다.

해당 아파트 청약이 진행될 당시, 나에게 청약을 넣어야 할지 조언을 구하는 사람이 많았는데, 그중 특히 도움을 주고 싶었던 동생이 있었다. 어려운 형편 속에서도 열심히 노력해서 서울 소재의 금융공기업에 입사했고, 항상 열심히 사는 모습을 봤기에 도움을 주고 싶은 마음이 컸다.

그러나 2021년까지 폭발적인 상승을 기록했던 부동산 시장은 강력한 규제 등으로 2022년부터 크게 조정 받기 시작했다. 따라서 당시는 부동산 투자에 대한 대중의 공포심이 다시 형성되는 시기였고, 여기에 부엌뷰 논란까지 터지니 고민하던 것이었다.

하지만 나는 뛰어난 입지의 대단지, 신축 아파트를 시세보다 4억 이상 저렴하게 매수할 기회임을 강조했다. 특히 공급 세대도 4,000세대가 넘는 만큼 경쟁률도 역대급으로 낮을 것이므로, 이번 기회를 절대 놓치지 말라고 신신당부했다. 그런데 청약이 끝나고 확인해보니 회사 일이 너무 바빠 청약을 못했다는 답변을 들었다. 나중에 다시 물어보니, "그동안 부동산 가격이 너무 올라서, 분양가도 지나치게 비싼 것 같아 용기가 나지 않았다"는 답변을 듣게 되었다.

이 일을 경험한 뒤, 부동산 투자를 함에 있어서 용기를 낸다는 것의 의미에 대해 고민하게 되었다. 앞에서 이미 강조했듯이 부동산 투자를 한다는 것은 투자금의 규모를 고려했을 때 누구에게나 굉장히 부담스러운 일이다. 엄청난 부자가 아니라면, 누구에게도 결코 쉬운 결정이 아니라는 거다. 특히 그 대상이 서울 부동산이라면 상대적으로 금액대가 높기에 더욱 그렇다.

따라서 부동산에 투자할 때는 올바른 방향으로 나아가는 것뿐만 아니라, 용기도 있어야 한다. 이때 용기는 부동산 투자에 대한 깊이 있는 공부를 바탕으로 나와야 한다. 그리고 이를 통해, 대중의 예상보다 부동산 가격이 높더라도 확신을 가지고 낼 수 있어야만 할 것이다.

내 기준이 아니라 세상의 기준으로

중세시대 사람들은 대부분 천동설을 믿었다. 우주의 중심이 지구이며, 모든 천체가 지구를 중심으로 움직인다는 주장을 담은 가설이다. 이 가설은 이미 오래전 과학자들에 의해 잘못된 가설로 판명되었지만, 당시 거의 모든 사람이 천동설을 믿었다.

부동산 투자는 모두가 천동설이 옳다고 말할 때, 지동설이 옳다고 말하는 것과 별반 다르지 않다. "그래도 지구는 돈다"라는 갈릴레오 갈릴레이의 유명한 말처럼, 부동산 투자에서도 핵심은 '객관적인 현실'을 직시하는 데 있다.

부동산 투자를 할 때는 결코 자기중심적으로 판단해서는 안 된다. 내 기준에서 가격이 너무 비싸 보인다고 매수를 미루거나, 반대로 너무 좋아 보인다고 쉽게 사는 것은 경계해야 할 태도이다. 언제나 세상의 관점에서 판단해야 하며, 이를 위해서는 관련 지식을 배우고 꾸준히 공부하는 자세가 필요하다.

세상은 결코 나를 중심으로 돌아가지 않는다. 따라서 자신이 원하는 가격까지 떨어지면 그때 집을 사겠다는 생각은 버리는 것이 좋다. 또한 장기간 가격이 올랐다는 이유, 다른 나라의 전쟁이나 각종 국제적인 이슈 등으로 변동성이 크다는 등 온갖 핑계를 대며 투자를 미루는 것도 바람직하지 않다.

그보다는 자신의 현재 상황(청약 가점, 감당할 수 있는 금액과 상환 기간 등)을 분명히 파악한 뒤, 가능한 한 빠르게 올바른 방향성을 유지하며 부동산에 투자할 수 있는 방법을 찾는 데 온 힘을 쏟아야 할 것이다.

방향성은 정해져 있다

작년 추석 연휴를 활용해 전주 한옥마을에 다녀온 적이 있다. 수많은 한옥 사이를 걸으며 화려한 한복을 입은 사람들을 구경하고, 인생 떡갈비라고 할 만큼 맛있는 음식도 맛보았다. 그러다 보니 자연스럽게 전주의 부동산 가격이 궁금해졌고, 가격을 확인해본 결과 생각보다 저렴한 가격 수준에 놀랐다.

서울과 비교했을 때, 상당히 낮은 가격대였으며 국민평형 기준으로 준신축 아파트는 2~3억 원, 구축은 1억 원대 수준이었다. 전주시 내 가장 비싼 신축(국평) 아파트의 가격도 5억 원 정도였다.

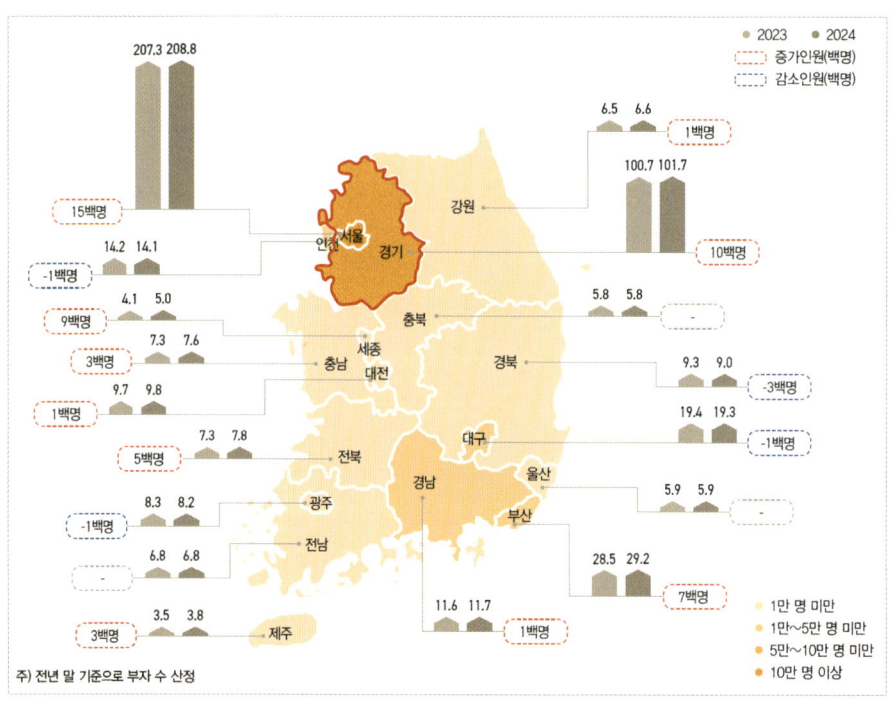

지역별 부자 수 현황과 증감(단위: 천 명)

위의 자료를 보면, 우리나라 부자의 70.3%(약 29만 8,000명)가 수도권에 집중되어 있다는 사실을 확인할 수 있다. 어떤 사람은 이 자료를 보고 빈부 격차가 문제라고 지적할지도 모른다. 그러나 우리는 부동산 투자자이다. 부동산 투자자의 관점에서 본다면, 어디에 투자해야 하는지가 보일 것이다. 답은 명확하다. 바로 서울, 그중에서도 강남이다.

이미 답은 정해져 있다. 물론 당장 강남에 집을 산다는 것은 쉽지 않을 것이다. 특히 지금은 2014년부터 2021년까지 이어진 유례없는 장기 상승장 이후이기에 더더욱 그렇다. 그러나 지금까지 강남 아파트가 투자자들에게 높은 수익을 안겨준 것처럼, 앞으로도 그 사실은 변치 않을 것이다. 부자들이 살고 싶어 하고, 대한민국 최고의 인재들이 모이는 곳, 강남. 부자의 종착지는 이미 정해져 있다.

얼죽신 열풍?
(신축, 대단지만 답이 아니다)

신축이 항상 답은 아니다

'움직일 수 없는 자산'이라는 부동산의 특징처럼, 해당 자산의 가치는 인근에 어떤 인프라가 갖춰져 있는지에 따라 큰 영향을 받게 된다.

그러나 최근 래미안원베일리와 같이 완공되자마자 화제를 모은 신축 단지나, 설계업체 공모만으로도 주목받고 있는 압구정 아파트지구 재건축 사업의 영향 때문인지 신축 아파트에 대한 과도한 프리미엄을 기대하는 사람들이 많아진 것 같다. 그로 인해 상대적으로 입지가 좋지 않더라도, 신축이라는 이유만으로 무조건 높은 수익률을 예상하는 사람들이 늘어나고 있다.

하지만 부동산 가격을 결정하는 가장 핵심적인 요인은 단연 '입지'이다. 같은 상급지 내에서도, 구축 아파트의 입지가 신축보다 더 우수한 경우에는 연식이 10년 이상 차이가 나도 구축의 실거래가가 더 높은 사례가 많다. 이를 확인하기 위해, 같은 상급지인 서초구 반포동 내 두 아파트인 '반포자이'와 '디에이치반포라클라스'를 비교해보겠다.

반포자이 vs 디에이치반포라클라스

위의 두 단지는 모두 서초구 반포동이라는 우리나라 최상급지에 위치하고 있다. 반포자이는 2009년 3월 13일 사용승인을 받아 어느덧 16년 차에 접어든 구축 아파트이며, 디에이치반포라클라스는 2021년 6월 4일 사용승인을 받은 입주 4년 차의 신축 아파트이다.

그러나 지도를 확인해보면, 같은 최상급지 내에 있더라도 반포자이의 입지가 상대적으로 더 우수하다는 것을 알 수 있다. 반포자이는 단지의 왼쪽으로 트리플 환승역(지하철 3호선, 7호선, 9호선)인 고속터미널역이 위치하고 있고, 위쪽으로는 7호선 반포역, 아래쪽으로는 9호선 사평역이 있다. 따라서 지하철 이용이 매우 편리하며, 고속터미널역과 바로 인접해 있어 신세계백화점 및 대형마트 등 상업시설 또한 잘 갖춰져 있다.

또한 반포자이는 단지 내에 원촌초등학교와 원촌중학교를 품고 있으며, 반포 학원가에 대한 접근성도 좋아 교육 환경 역시 우수한 편이다.

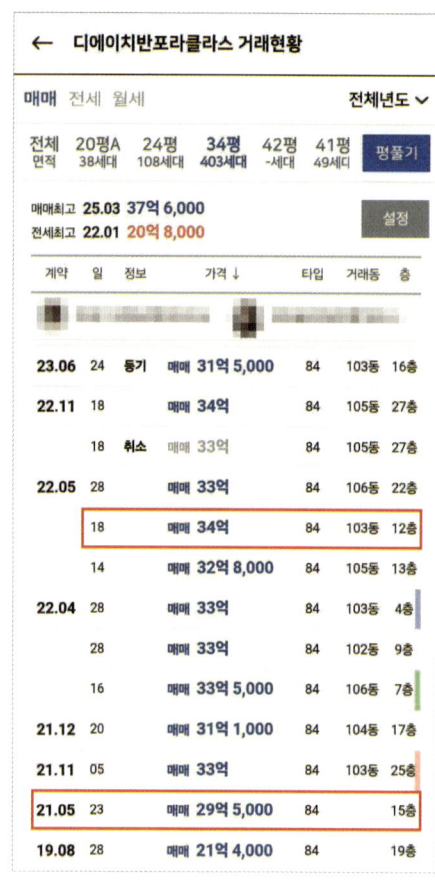

실거래가 비교

그렇다면, 가격은 어떨까? 먼저 반포자이의 경우, 2021년 6월에는 30억 원에 거래되었고, 이후 2022년 5월에는 최고가인 39억 원에 거래된 이력이 있다. 반면, 디에이치반포라클라스는 2021년 5월에 29.5억 원에 거래되었으며, 이후 2022년 5월에는 최고 34억 원에 거래된 것을 확인할 수 있다.

따라서 유사한 기간에 같은 최상급지 내에 위치한 두 단지를 비교해보면,

신축인 디에이치반포라클라스의 실거래가는 4.5억 원(= 34억 원-29.5억 원) 상승하는 데 그친 반면, 오히려 구축인 반포자이의 실거래가는 그 두 배인 9억 원(= 39억 원-30억 원) 상승한 것을 확인할 수 있다. 10년 이상의 연식 차이가 있음에도 불구하고, 입지가 우수한 반포자이의 가격 상승폭이 훨씬 더 컸다는 사실은 연식보다 입지가 부동산 가격에 훨씬 강력한 영향을 미친다는 것을 보여주는 사례이다.

결국 '신축이니까 무조건 좋다'는 주장은 1차원적인 시각에 불과하다. 따라서 부동산 투자에서는 흔들리지 않는 나만의 확고한 기준을 세우는 것이 중요하다.

소규모&소형 아파트의 수익률 동조화 효과

대부분의 사람은 집을 구할 때 꼭 대규모 단지의 아파트를 선택하려는 경향이 있다. 그러나 우리의 최종 목적지인 강남 아파트의 경우, 대규모 단지에 진입하려면 최소 20억 원 이상의 자금이 있어야 한다. 따라서 앞서 언급한 두 번의 투자를 성공했더라도, 원리금 부담이 큰 아파트에 무리해서 진입하는 것은 추천하지 않는다.

그렇다고 해서 강남 입성 시기를 늦춰서도 안 된다. 강남 입성의 기회는 타이밍을 놓치면 순식간에 사라질 수 있기 때문이다. 가장 좋은 방법은 상대적으로 가격이 저렴해 빠르게 강남에 입성할 수 있는 곳을 선택하는 것이다. 그리고 이 아파트는 강남 내 다른 아파트들과 비슷한 수준의 수익률을 기대할 수 있는 곳이어야 한다. 그렇다면, 그런 아파트는 어디일까?

위의 두 아파트(신반포27차, 잠원한신)는 지하철 3호선 잠원역에 인접한 역세권

신반포27차 vs 잠원한신

아파트이다. 그러나 오른쪽에 위치한 잠원한신은 총 7개 동, 540세대 규모인 반면, 왼쪽에 위치한 신반포27차는 단 한 동, 156세대 규모의 소규모 아파트이다.

따라서 같은 가격이라면 단지 규모가 큰 잠원한신을 매수하는 것이 일반적이다. 하지만 잠원한신은 전용면적 84㎡ 주택형만 존재하며, 해당 면적의 실거래가(2023년 9월 기준)는 약 23.5억 원 수준이다. 앞서 언급한 두 번의 투자를 통해 4년 뒤 투자금이 10억 원으로 늘어난다고 해도, 그 기간 동안의 인플레이션과 시장 상황을 고려하면 해당 아파트를 매수하는 것은 현실적으로 불가능하다.

반면, 신반포27차의 경우 전용면적 53㎡와 84㎡ 두 가지 주택형이 존재한다. 이 중 전용면적 53㎡는 면적이 작은 만큼 실거래가도 2023년 11월 기준으로 15.5억 원으로 훨씬 저렴하다. 따라서 과도한 원리금 부담 없이 강남에 입성할 수 있는 현실적인 선택지가 될 수 있다.

구분	매수 (14.초)	매도 (21.9월)	매도 차익	실투자금 (LTV 50%)	수익률
잠원한신	8.6억	25.6억	17.0억	4.30억	395.3%
신반포27차	4.3억	15.6억	11.3억	2.15억	**525.6%**

잠원한신 vs 신반포27차, 수익률 비교

또한 지난 상승기(2014~2021년)의 실거래 내역을 통해, 잠원한신을 매수했을 때와 신반포27차(전용면적 53㎡)를 매수했을 때의 수익률을 비교해보면, 신반포27차가 오히려 더 높은 수익률인 525.6%를 기록했다는 것을 알 수 있다.

물론 잠원한신과 신반포27차는 서로 다른 단지이며, 신반포27차는 훨씬 소규모 단지이기 때문에 단순 비교 시 선호도에서 차이가 발생할 수 있다. 그러나 두 단지가 동일한 위치에 자리하고 있어 입지 조건이 유사하므로, 수익률이 동조화되는 경향을 보였다고 할 수 있다. 이는 부동산 가격을 결정하는 핵심 요인이 '입지'라는 점을 보여주는 사례이며, 선호도가 낮은 소규모·소형 아파트라도 신반포27차처럼 입지가 우수하다면 인근 대단지 아파트와 유사한 가격 상승 효과를 누릴 수 있다는 것을 의미한다.

시간은 결코
당신을 기다려주지 않는다

이 책을 끝까지 읽은 독자라면, 내가 부동산 투자를 함에 있어 가장 중요하게 생각하는 것이 무엇인지 분명히 느끼고 있을 것이다. 바로 강남이라는 방향성이며, 다음의 자료를 통해 알 수 있듯이 부동산 가격은 계단식 우상향 형태로 상승하기 때문에 올바른 방향성만 있다면 반드시 수익을 볼 수 있을 것이다.

너무 당연한 얘기지만, 시간은 결코 당신을 기다려주지 않는다. 그리고 이는 부동산 투자를 하는 사람이라면 항상 명심해야 할 사항이다. 나는 결혼 이후 부동산 투자를 시작했고, 2014년 이후 찾아온 제3차 급상승기 덕분에 엄청난 자산 증가를 이룰 수 있었다.

그러나 나의 지속적인 권유에도 불구하고, 주저하던 많은 사람이 그 시기를 놓쳤고, 짧은 시간 동안 상대적인 빈곤층으로 전락해버렸다.

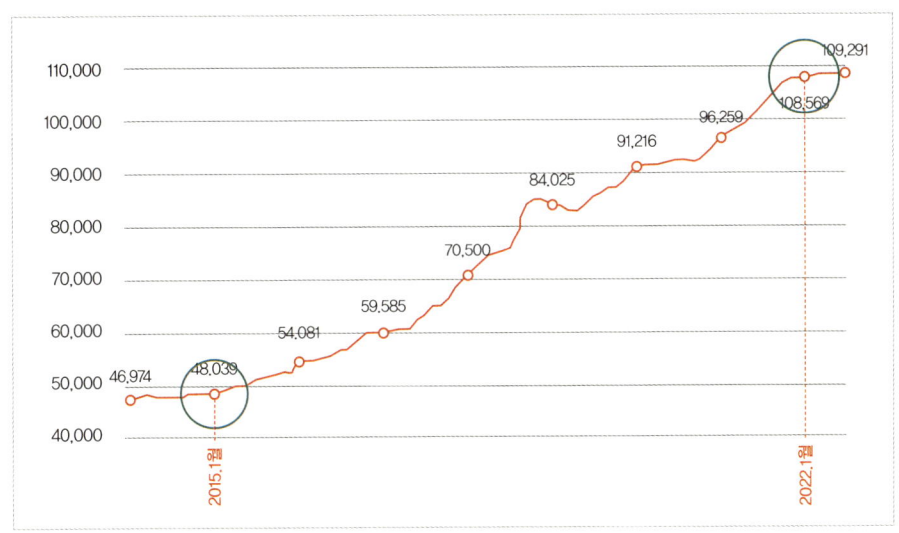

제3차 급상승기 서울 아파트 중위 가격 변화

위의 자료를 통해 이를 보다 구체적으로 확인할 수 있는데, 2015년 1월부터 2022년 1월까지 7년 간 서울 아파트 중위 가격은 6억 430만 원이 올랐고, 이는 평균적으로 매년 약 8,632만 원(= 6억 430만 원÷7년)에 달하는 가격 상승이 발생했다는 얘기가 된다.

또한 이를 매년 국세청에서 발표하는 근로소득자 1인당 평균 총급여액과 비교해보면, 2022년 기준(4,213만 원)으로도 두 배가 넘는 가격 상승이 발생했다는 것을 알 수 있다. 그런데 이때 1인당 평균 총급여액이란 연간 근로소득(연봉)에서 비과세소득(월 20만 원 이하의 식대 등)만 제외한 금액을 말한다.

따라서 보다 현실적인 가정, 즉 1인당 평균 총급여액에서 개인소득세와 최저 생계비 등을 제외하고 2,000만 원(1인당 평균 저축 가능액)을 저축할 수 있다는 가정하에 계산해보자. 이 경우, 제3차 급상승기(7년) 동안 매년 1인당 평균 저축 가능액의 약 4.316배(= 8,632만 원÷2,000만 원)에 달하는 가격 상승이 발생했다는 것을 알 수 있다.

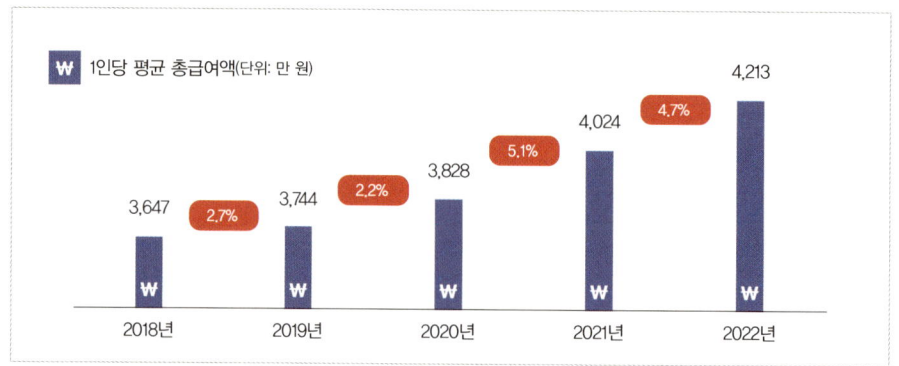

1인당 평균 총급여액 추이

그리고 만약 제3차 급상승기가 시작되기 전에 서울 아파트를 한 채만 매수할 수 있었다면, 근로소득자 4명 이상이 7년 동안 저축해야 모을 수 있는 자산 증가를 한 번에 이룰 수 있었다는 의미이다.

물론 다음 급상승기가 정확히 언제 시작될지 아무도 알 수 없고, 그 시점을 정확히 예측한다는 것은 사실상 불가능에 가깝다. 그러나 인플레이션이 끝없이 지속되는 자본주의 사회에서 살아가는 한, 부동산 시장의 다음 급상승기는 반드시 찾아오게 되어 있다.

또한 지난 제3차 급상승기가 7년 이상 지속된 것을 통해 알 수 있듯이, 부동산 시장의 상승장은 단 몇 분 만에 끝나는 주식이나 코인의 상승장과 달리, 충분한 기간 동안 지속적으로 이어지는 특징이 있다. 따라서 평소 꾸준히 부동산 투자를 공부하고 관심을 유지한다면, 다가올 제4차 급상승기를 통해 충분히 높은 투자 수익을 거둘 수 있을 것이다.

에필로그

늦은 밤, 투자로
잠 못 드는 이유는 무엇인가요?

"죽음의 순간이 오면, 사람은 지나온 삶에서 가장 인상 깊었던 장면이 스쳐간다고 해. 아마 나는 하와이 바다 위에서 석양을 바라보며, 우리 셋이 함께 떠 있었던 그 순간이 떠오를 것 같아."

10년간 쉬지 않고 달려온 투자 여정에 마침표를 찍었고, 가족과 함께 떠난 하와이에서 아내가 내게 한 말이다. 사실 하와이 여행은 아내의 오랜 버킷리스트였다. 한 달간 지겹도록 꿈에 그리던 그곳에서, 우리는 함께 생활했고 그 시간은 우리 가족에게 잊지 못할 선물이었다.

그러나 지난 10년은 내게 고난의 연속이었다. 이 이야기를 마지막에 꺼내는 이유는, 지금 이 글을 읽는 당신이 같은 실수를 반복하지 않기를 바라는 마음 때문이다.

나는 지독하게 투자를 했다. 목돈을 모으는 과정도, 투자의 실행도 쉽지 않았다. 그리고 거의 매순간이 가족의 반대와 부딪혀야만 했다.

처음에는 이런 가족이 못마땅했다. 특히 가족이 반대를 해서 투자하지 못했던 부동산이 막대한 시세 상승을 이뤘을 땐, 견디기 힘들 정도로 스트레스를 받았다. 그리곤 스스로 기회 비용 등을 계산하며 가족과 주위 사람들을 힘들게 만들었다.

이런 경험을 하며 나는 내가 투자하는 이유에 대해 고민하기 시작했다. 밤늦게까지 공부를 하고, 고민에 고민을 거듭하며 투자를 하는 이유는 도대체 무엇일까? 나의 성공을 위하여? 경제적 자유를 이뤄 세계 일주를 하려고?

아무리 생각해도 답은 하나였다. 바로 '가족'이었다. 나와 내 가족의 행복이라는 목적을 달성하기 위해 그렇게 열심히 투자를 했던 것이다. 투자를 계속 하다 보면 이 목적을 상실하기 쉽다. 부동산 투자는 그저 수단에 불과한데, 투자에 매몰되어 있으면 가족이 수단이 되어버린다. 그래서 나는 이 책을 읽는 독자들이 나와 같은 과오를 범하지 않기를 바란다.

아무리 백만장자일지라도, 시간은 돈으로 살 수 없다. 돈이 많아도 불행한 기억만 가득하다면 인생의 마지막 순간에 후회만 남게 될 것이다. 따라서 이제 투자를 시작할 여러분에게 당부하고 싶다. 가족과 함께하라고, 그리고 행복한 투자를 하라고. 그래야 나중에 후회가 없다.

부동산은 끝없는 개발을 거듭하며 계속해서 부가 가치를 만들어내는 분야이다. 그래서 이 책을 끝까지 읽을 정도로 끈기와 노력을 겸비한 사람이 한 번 제대로 공부하고 경험을 쌓는다면, 충분히 많은 돈을 벌 수 있을 것이다.

다시 한번 강조하지만, 돈은 나중에도 충분히 벌 수 있다. 그러니 목적과 수단을 혼동하지 말고, 과정도 항상 행복하기를 진심으로 기원한다.

도서출판

'도서출판 지혜로'는 경제·경영 서적 전문 출판사이며, 지혜로는 독자들을 '지혜의 길로 안내한다'는 의미입니다. 지혜로는 특히 부동산 분야에서 독보적인 위상을 자랑하고 있으며, 지금까지 출간한 모든 책이 베스트셀러 그리고 스테디셀러가 되었습니다.

지혜로는 '소장가치 있는 책만 만든다'는 출판에 관한 신념으로, 사업적인 이윤이 아닌 오로지 '독자를 위한 책'에 초점이 맞춰져 있고, 앞으로도 계속해서 아래의 원칙을 지켜나갈 것입니다.

첫째, 객관적으로 '실전에서 실력이 충분히 검증된 저자'의 책만 선별하여 제작합니다.
실력 없이 책만 내는 사람들도 많은 실정인데, 그런 책은 읽더라도 절대 유용한 정보를 얻을 수 없습니다. 독서란 시간을 투자하여 지식을 채우는 과정이기에, 책은 독자들의 소중한 시간과 맞바꿀 수 있는 정보를 제공해야 한다고 생각합니다. 그러므로 지혜로는 원고뿐 아니라 저자의 실력 또한 엄격하게 검증을 하고 출간합니다.

둘째, 불필요한 지식이나 어려운 내용은 편집하여 최대한 '독자들의 눈높이'에 맞춥니다.
그렇기 때문에 수많은 독자분들께서 지혜로의 책은 전문적인 내용을 다루고 있지만 가독성이 굉장히 좋다는 평가를 해주고 계십니다.
책의 최우선적인 목표는 저자가 알고 있는 지식을 자랑하는 것이 아닌 독자에게 필요한 지식을 채우는 것입니다. 앞으로도 독자층의 눈높이에 맞지 않는 정보는 지식이 될 수 없다는 생각으로 독자들에게 최대한의 정보를 제공할 수 있도록 편집할 것입니다.

마지막으로 앞으로도 계속 독자들이 '지혜로의 책은 믿고 본다'는 생각을 가지고 구매할 수 있도록 초심을 잃지 않고, 철저한 검증과 편집 과정을 거쳐 좋은 책만 만드는 도서출판 지혜로가 되겠습니다.

뉴스 〉 부동산

도서출판 지혜로, '돌풍의 비결은 저자의 실력 검증'
송희창 대표, 항상 독자들의 입장에서 생각하고, 독자들에게 꼭 필요한 책만 제작

도서출판 지혜로의 주요 인기 서적들

경제·경영 분야의 독자들 사이에서 '믿고 보는 출판사'라고 통하는 출판사가 있다. 3권의 베스트셀러 작가이자 부동산 분야의 실력파 실전 투자자로 알려진 송희창씨가 설립한 '도서출판 지혜로'가 그곳.

출판시장이 불황임에도 불구하고 이곳 도서출판 지혜로는 지금껏 출간된 모든 책이 경제·경영 분야의 베스트셀러로 자리매김하는 쾌거를 이룩했다.

지혜로가 강력 추천하는 베스트&스테디셀러

송희창 지음 | 352쪽 | 17,000원

엑시트 EXIT

당신의 인생을 바꿔 줄 부자의 문이 열린다!
수많은 부자를 만들어낸 송사무장의 화제작!

- 무일푼 나이트클럽 알바생에서 수백억 부자가 된 '진짜 부자'의 자본주의 사용설명서
- 부자가 되는 방법을 알면 누구나 평범한 인생을 벗어나 부자의 삶을 살 수 있다!
- '된다'고 마음먹고 꾸준히 정진하라! 분명 바뀐 삶을 살고 있는 자신을 발견하게 될 것이다.

이선미 지음 | 308쪽 | 16,000원

싱글맘 부동산 경매로 홀로서기 (개정판)

채널A 〈서민갑부〉 출연!
경매 고수 이선미가 들려주는 실전 경매 노하우

- 경매 용어 풀이부터 현장조사, 명도 빨리하는 법까지, 경매 초보들을 위한 가이드북!
- 〈서민갑부〉에서 많은 시청자들을 감탄하게 한 그녀의 투자 노하우를 모두 공개한다!
- 경매는 돈 많은 사람만 할 수 있다는 편견을 버려라! 마이너스 통장으로 경매를 시작한 그녀는, 지금 80채 부동산의 주인이 되었다.

송희창 지음 | 332쪽 | 22,000원

부동산 계약 이렇게 쉬웠어?

집 고르는 방법부터 전세사기 예방법,
계약 노하우까지 한 권에 정리했다!

- 대한민국의 모든 부동산 계약 초보를 위한 똑똑한 임차인 되는 필수 지식!
- 누구도 알려주지 않아 최고의 부동산 전문가가 나섰다. 20년 부동산 계약 노하우 대공개!
- 임대차 계약뿐만 아니라 매매 계약까지, 책장에 꽂아두고 계약 때마다 봐야 할 책!

송희창 지음 | 308쪽 | 16,000원

송사무장의 부동산 경매의 기술

수많은 경매 투자자들이 선정한 경매분야 최고의 책!

- 출간 직후부터 10년 동안 연속 베스트셀러를 기록한 경매의 바이블이 개정판으로 돌아왔다!
- 경매 초보도 따라할 수 있는 송사무장만의 명쾌한 처리 해법 공개!
- 지금의 수많은 부자들을 탄생시킨 실전 투자자의 노하우를 한 권의 책에 모두 풀어냈다.
- 큰 수익을 내고 싶다면 고수의 생각과 행동을 따라하라!

송희창 지음 | 456쪽 | 18,000원

송사무장의 부동산 공매의 기술

드디어 부동산 공매의 바이블이 나왔다!

- 이론가가 아닌 실전 투자자의 값진 경험과 노하우를 담은 유일무이한 공매 책!
- 공매 투자에 필요한 모든 서식과 실전 사례가 담긴, 이 책 한 권이면 당신도 공매의 모든 것을 이해할 수 있다!
- 저자가 공매에 입문하던 시절 간절하게 원했던 전문가의 조언을 되짚어 그대로 풀어냈다!
- 경쟁이 덜한 곳에 기회가 있다! 그 기회를 놓치지 마라!

김태훈 지음 | 352쪽 | 18,000원

아파트 청약 이렇게 쉬웠어?

가점이 낮아도, 이미 집이 있어도, 운이 없어도 당첨되는 비법은 따로 있다!

- 1년 만에 1,000명이 넘는 부린이를 청약 당첨으로 이끈 청약 최고수의 실전 노하우 공개!
- 청약 당첨이 어렵다는 것은 모두 편견이다. 본인의 상황에 맞는 전략으로 도전한다면 누구나 당첨될 수 있다!
- 사회초년생, 신혼부부, 무주택자, 유주택자 및 부동산 초보부터 고수까지 이 책 한 권이면 내 집 마련뿐 아니라 분양권 투자까지 모두 잡을 수 있다.

경매 권리분석 이렇게 쉬웠어?

**대한민국에서 가장 쉽고 체계적인 권리분석 책
권리분석만 제대로 해도 확실한 수익을 남길 수 있다**

- 초보도 쉽게 배우고 따라할 수 있는 권리분석 책이 탄생했다.
- 경매 권리분석은 절대 어렵지 않다. 이제 쉽게 분석하고, 쉽게 수익내자!
- 이 책을 읽고 따라하기만 하면 누구나 쉽게 경매에 도전할 수 있다.

박희철 지음 | 328쪽 | 18,000원

대한민국 땅따먹기

**진짜 부자는 토지로 만들어 진다!
최고의 토지 전문가가 공개하는 토지 투자의 모든 것!**

- 토지 투자는 어렵다는 편견을 버려라! 실전에 꼭 필요한 몇 가지 지식만 알면 누구나 쉽게 도전할 수 있다.
- 경매 초보들뿐만 아니라 경매 시장에서 더 큰 수익을 원하는 투자자들의 수요까지 모두 충족시키는 토지 투자의 바이블 탄생!
- 실전에서 꾸준히 수익을 내고 있는 저자의 특급 노하우를 한 권에 모두 수록!

서상하 지음 | 356쪽 | 18,000원

공장 투자 이렇게 쉬웠어?

**대한민국에서 공장 투자를 쉽고,
체계적으로 정리한 첫 번째 책이 나왔다!**

- 그동안 1% 고수들만 알던 부동산계의 블루오션, 공장 투자의 기술을 모두 담았다!
- 10년 만에 공장 투자로 자산을 100배 이상 늘린 검증된 실력자의 노하우!
- 콕 짚어 알려주는 공장 필수 지식과 돈 되는 공장 빠르게 골라내는 체크리스트 활용법 수록!

김덕환 지음 | 336쪽 | 20,000원

1년 안에 되파는 토지투자의 기술

초보자도 쉽게 적용할 수 있는
토지투자에 관한 기막힌 해법 공개!

- 토지투자는 돈과 시간이 여유로운 부자들만 할 수 있다는 편견을 시원하게 날려주는 책!
- 적은 비용과 1년이라는 짧은 기간으로도 충분히 토지투자를 통해 수익을 올릴 수 있다!
- 토지의 가치를 올려 높은 수익을 얻을 수 있게 하는 '토지 개발' 비법을 배운다.

김용남 지음 | 280쪽 | 16,000원

부동산 절세의 기술(전면개정판)

양도세, 종부세, 종합소득세, 임대사업자까지
한 권으로 끝내는 세금 필독서

- 6년 연속 세금분야 독보적 베스트셀러가 완벽하게 업그레이드되어 돌아왔다!
- 세금 설계만 제대로 해도 최종 수익률이 달라진다. 부동산 투자자들의 강력 추천도서!
- 실전 투자자의 경험에 현직 세무사의 지식을 더한 소중한 노하우를 그대로 전수받을 수 있는 최고의 부동산 절세 책!

김동우 · 최왕규 지음
420쪽 | 19,000원

한 권으로 끝내는 셀프 소송의 기술(개정판)

부동산을 가지려면 이 책을 소장하라!
경매 특수물건 해결법 모두 공개!

- 내용 증명부터 점유이전금지가처분, 명도소장 등 경 · 공매 투자에 필요한 모든 서식 수록!
- 송사무장이 특수물건을 해결하며 실전에서 사용했던 서식을 엄선하여 담고, 변호사의 법적 지식을 더한 완벽한 책!
- 누구나 쉽게 도전할 수 있는 셀프 소송의 시대를 연 바로 그 책! 이 책 한 권은 진정 수백만 원 그 이상의 가치가 있다!

송희창 · 이시훈 지음
740쪽 | 55,000원

MEMO